남북교류협력을 위한
북한지리지 2

남북교류협력을 위한

북한지리지 2

— 해주시, 옹진군, 과일군, 순천시, 사리원시, 원산시, 세포군, 고성군

ⓒ 전국남북교류협력 지방정부협의회, 2025
ⓒ 남북경제문화협력재단 북한지리지 편찬실, 2025
ⓒ 내숲, 2025

이 책에 수록된 내용(글, 지도, 디자인 등)은 모두 저작권이 있습니다. 전체 또는 일부분을 사용하고자 할 때는 먼저 저작권자로부터 서면으로 된 동의서를 받아야 합니다.

Regional Geography of D. P. R. KOREA
for the era of exchange and cooperation, Vol.2
— Haeju City, Ongjin County, Kwail County, Sunchon City, Sariwon City, Wonsan City, Sepho County and Kosong County

ⓒ National Local Governments Council for Inter-Korean Exchange and Cooperation(NLGCIK), 2025
ⓒ Foundation for Inter-Korea Cooperation, 2025
ⓒ Stream&Forest Publishing Co., Seoul Korea, 2025

All rights reserved. No part of this book may be reprinted or reproduced or utilised in any form or by any means without permission in writing from the publisher.

남북교류협력을 위한

북한지리지 2

기획 · 전국남북교류협력 지방정부협의회
집필 · 남북경제문화협력재단 북한지리지 편찬실

발간사

남북이 만나는 역사, 《북한지리지》로 시작합니다

남북이 서로 만나는 역사를 다시 준비해야 합니다. 국제 분쟁, 남북 사이 대화 단절 등을 비롯 우리를 가로막는 문제가 많습니다만, 무엇보다 분단을 끝내고 남북 간 평화와 번영의 새로운 시대를 열어야 합니다.

한반도 평화 정착을 위해 역대 민주 정부가 추진해온 노력을 기억합니다. 남북 철도와 도로가 연결되고, 개성공단과 금강산이 남북이 함께하는 화해와 협력의 장으로 만들어지기까지 노력한 정부의 역할을 떠올립니다. 앞으로 어떤 정부가 들어서더라도 끊어지지 않고 이어 달려야 할 빛나는 역사입니다.

대한민국 지방정부가 남북 도시 간 만남을 꿈꾸고, 남과 북 지방 도시가 서로 교류하는 날을 준비하는 것은, 이를 통해 얻게 될 우리 민족의 이익에 주목하기 때문입니다. 그동안 남북이 만나는 자리에서 지방의 역할은 크지 않았습니다. 하지만 다가올 미래는 지방의 고유한 특성에 맞게 남북 도시 간 각종 만남이 활발히 이루어져야 합니다.

지방정부는 '남북교류협력에 관한 법률'에 따라 북한과 직접 남북교류협력 사업을 진행할 수 있습니다. 시민들이 북의 도시를 이웃 동네를 여행하는 마음으로 편하게 오가는 날은 반드시 찾아올 것입니다. 국도 1호선, 목포에서 신의

주까지 달리는 버스를 타고 파주를 지나 개성을 거쳐 평양으로 신의주로 갈 수 있습니다. 압록강을 건너 유라시아를 지나 유럽까지 자유롭게 여행하는 날이 꿈이 아닌 현실이 될 것입니다.

전국의 지방정부가 공동으로 만든《북한지리지》, 이 책은 북한의 어느 지역과 교류할 것인지 상대를 정하고 어떤 내용으로 교류할지, 남북의 겨레가 서로 만나기 위한 준비의 첫걸음입니다.

우리 지방정부는 북한의 평양직할시를 비롯한 시, 군, 지구 202곳 지역에 관해 위치와 지형, 기후, 행정구역과 인구, 교통, 역사와 문화, 산업, 교육, 출신 인물 등을 조사하여, 상대 도시가 지닌 특성을 체계적으로 정리해 나가기로 하였습니다. 첫선을 보이는 이번 두 권에는 평안북도 신의주시, 황해남도 해주시 등 15개 지역에 관한 최신 정보를 수록하고 있습니다.

남북교류협력을 위한《북한지리지》가 전국 각 자치단체뿐만 아니라 남북 사이 평화의 길을 내고자 하는 모든 분들의 앞길을 밝히는 등불이 되고 남북 만남을 위한 안내서가 되기를 희망합니다.

지금 대한민국은 훼손된 민주주의를 회복하는 시간을 보내고 있습니다. 남북 분단에 기대어, 군사적 긴장을 명분으로 내세우는 이들에 의해 시민의 자유가 침해될 수 있음을 목격했습니다. 남북 만남이 이어져야 우리의 평화로운 일상이 가능하다는 것도 생생하게 실감할 수 있었습니다.

새벽은 어둠 뒤에 찾아오듯 남북이 어려운 고비를 넘기면 서로 만나는 역사가 다시 시작될 것입니다. 지방정부는 남북 화해와 한반도 평화의 길에 언제나 앞장설 것입니다.

어렵고 힘든 시기, 《북한지리지》 발간이라는 벅찬 과제 수행을 위해 노력해 준 분들에게 감사 인사를 드립니다. 북한 지역에 관한 정보 접근이 쉽지 않은 상황에서도 오래된 문헌을 비롯해 최근 신문과 잡지 등 다양한 경로를 통해 조사 연구를 진행해준 남북경제문화협력재단 편찬진과 자문위원 여러분들의 노고에 감사드립니다.

2025년 1월 15일.
전국남북교류협력 지방정부협의회
상임공동대표 김병내, 광주광역시 남구청장
사무총장 박승원, 경기도 광명시장

편찬사

북한 지역의 발견이
우리에게도 새로운 길을 열어줍니다

지난 120년 동안 우리나라는 세상 어느 나라 못지않게 격변기를 경과해왔습니다. 20세기 전반부는 일제 식민 통치 아래서 단절과 타율을 강요당했으며, 1945년 8월에 해방을 맞이하지만 곧바로 남과 북이 갈라지는 분단이 시작되었습니다. 2025년 올해는 을사늑약이 있은 지 120년이고, 해방 80년, 분단이 시작된 지 역시 80년입니다. 길이 끊기고 왕래가 끊기다가 1950년에는 기어이 전쟁이 벌어지고 말았습니다. 지난 세기 불행한 일은 식민지 백성으로 살다가 곧이어서 분단되고 동족상잔의 전쟁을 겪었다는 것이지만, 더 불행한 것은 이 일들이 제대로 규명되지도 못하고 관련자들이 입은 상처들이 치유되지 못한 채 방치되어 왔다는 것입니다. 식민지배와 분단으로 우리 사회의 모든 영역이 시간적으로나 공간적으로나 분단되고 말았습니다. 역사도 지리도 분단되었습니다.

이후 우리는 우리의 분단 현실에 관심을 갖기보다는 먼 곳에 관심을 기울이고 잘사는 나라를 동경해왔습니다. 북한에 관해 형제자매로서는 물론 이웃으로도 궁금해하지 않았고, 일본이나 미국, 또는 영국이나 프랑스 같은 나라들에 훨씬 관심이 많았습니다. 사실 내가 누구인가 하는 정체성은, 어디서 났는지,

부모가 누구인지에서 출발하는데, 우리는 우리 자신에게 진지한 관심이 없이 살아왔습니다.

분단 상태가 80년이 되어오도록 우리는 무관심과 무감각으로 일관하며 좁은 시야로 게으르게 살아왔습니다. 그러는 사이 우리는 특히나 남한은 대륙에 딸린 반도가 아니라 섬이 되고 말았습니다. 이 기이한 현상에서 벗어나는 출발점으로 '전국남북교류협력 지방정부협의회'와 '남북경제문화협력재단'은 지역지리[Regional Geography]의 관점에서 북한 지역에 관한 조사 사업을 진행하기로 하였습니다. 지난 2년의 연구와 조사 성과를 이 책에 담아냈습니다. 북한에 관한 정보는 굉장히 빈약할 것 같지만, 그것은 선입견입니다. 어쩌면 찾아보려는 노력, 구하려는 노력이 없었다고 고백하는 게 정직한 태도일지 모릅니다. 북한은 고립된 섬이 아니고, 곳곳에 정보와 증언이 있습니다. 무엇보다 우리는 80년 전까지는 같은 국토와 역사를 공유해온 사이입니다. 우리에게는 공동의 기억, 공동의 역사, 공동의 지리가 있습니다.

우리 편찬진은 공동의 역사와 지리가 보존되어 있는 사전류와 지리 서적을 주된 자료로 검토하였습니다. 20세기 것만이 아니라 19세기로 거슬러올라가 〈대동여지도〉와 〈대동지지〉를 보면서 도움받을 때도 많았습니다. 21세기 현재 그 지역의 모습은 북한의 신문과 잡지를 비롯 매체들의 보도를 충실히 참고하였습니다. 지도를 그려서 제시하는 것이 필수적인데, 편찬실에서 지도를 새로이 직접 그렸습니다. 먼저 그 지역이 속한 더 큰 맥락인 도 지도를 제작하였습니다. 그리고 이어서 주제 대상인 시군 지역 지도를 제작하는데, 해당 지역만이 아니라 그 주변 지역까지를 포괄하였습니다. 더 큰 맥락, 풍부한 맥락 안에서 이해하는 것이 우리에게는 절실하다는 문제의식의 발로입니다. 그리고 도 행정 소재지의 경우 도심 상세도를 그렸습니다. 넓은 범위에서 좁은 범위로 옮겨가면서 지도를 제시하고 있습니다.

지도 제작 방식을 간단히 설명하면, 우리 국토지리정보원에서 제작한 5만분의 1 지도를 기본도로 하되, 《조선지리전서》, 《조선향토대백과》 등 북한에서 출간한 지리서를 참고하여 경계선을 조정하고 지명들을 수정했습니다. 가능한 한 현재 북한에서 통용되는 것으로 표시해주려고 노력했습니다. 행정구역 바뀐 것을 정확하게 파악하기 어려울 경우 면적이 가장 넓을 때를 담아냈습니다. 뉴미디어의 도움으로 위성 사진을 살펴봄으로써, 지형을 파악하고 도로의 현 상태도 살피고, 중요한 장소의 정확한 위치를 찾을 수 있었습니다. 현지 답사를 하지 못하는 한계를 보완하려고 각고의 노력을 기울였습니다마는, 부족한 부분이 있을 수밖에 없겠다는 걱정이 듭니다. 남북교류가 필요함을 다시 한번 상기하는 수밖에 없겠습니다.

기후 편을 서술할 때는, 우리 기상청의 《북한 기상 30년보: 1990~2020》와 〈북한 기상 연보 2023〉을 참고하였습니다. 최신의 매우 좋은 자료들입니다. 이 자료를 활용하여 각 지역의 '기후 그래프'를 직접 작성함으로써 의미있는 성과를 담아낼 수 있었습니다. 기후 그래프를 통해 북한의 서해안과 동해안, 내륙산간지역과 해안지역 기후를 비교해가며 쉽게 이해할 수 있습니다. 주제 지역의 자연지리적 배경(지형과 기후)을 이해하는 데 도움을 줄 것입니다. 그 지역의 위치(위도, 해안, 내륙)와 지형, 해발 고도 등을 종합적으로 고려해보는 등 지리적 사고를 하면서 이 자료를 살펴보면 유익할 것입니다.

남과 북의 언어가 다소 다른 것도 서술 원칙을 정할 때 의논거리였습니다. 본래 조선 팔도의 방언이 다양했고 지난 80년의 시간과 거리가 있으니 이만한 변이 정도야 당연한 일이라고 볼 수 있습니다. 랭면(냉면), 력사(역사) 같은 두음 법칙 적용 여부는 사실 큰 차이도 아니라고 할 수 있습니다. 이 책에서는 대체로 북한식 표현을 존중해서 먼저 적어주고 그뒤 괄호 속에 우리식 표현을 보여주는 곳이 군데군데 있는데, 영어도 배우고 프랑스어도 배우는 세상에 북한식 표현 몇 가지 알아두는 것도 나쁠 것 없지 않을까 생각하였기 때문입니다. 우리에게 표준어가 있다면 북한에는 문화어가 있습니다.

정치 체제가 다르기 때문에 빚어진 용어 차이도 있습니다. 우리 같으면 도청이라는 말이나 행정 소재지라는 말을 쓰는데, 북은 인민위원회 소재지라고 합니다. 해주는 황해남도 인민위원회 소재지이고, 원산은 강원도 인민위원회 소재지입니다. 원산은 실향민들은 함경남도로 기억하겠지만, 해방 이듬해에 강원도 행정 소재지가 되었으니, '강원도 원산'이 된 지 어언 79년입니다. 지난 80년 우리 쪽의 변화도 많았고 북한 쪽 변화도 많았으니, 이제부터 조금씩조금씩 알아가면 좋겠습니다. 우리는 서울이 특별시인데, 북한은 평양이 직할시이고 남포와 개성과 라선이 특별시입니다. 이 정도는 교양 삼아 알아두면 좋지 않을까요? 이 책은 남북 간의 차이를 다양성으로 받아들이기를 바라는 마음에서, 곳곳에서 병기나 혼용을 하고 있습니다. 남한 사람이나 북한 사람이나 다 흥미롭게 읽을 수 있기를 바랍니다.

사전류와 지리서, 신문과 잡지 같은 자료들에서 사실을 모으는 것만으로는 부족했습니다. 무언가 결정적인 것이 부족했는데, 그것은 다름아니라 그 시공간을 살아간 사람들의 땀과 눈물이었습니다. 우리는 문인들의 글에서 길을 찾앉고 희망을 발견했습니다. 특히나 20세기에 북방에서 출생한 문인들이 자신의 삶에서 길어올린 시와 소설과 산문들은 우리 편찬진에게 그 어떤 공식 역사보다도 값진 기록물이었음을 고백합니다. 일제시대의 백석, 김기림, 이용악, 강경애, 해방 뒤의 전혜린, 김종삼, 이정호 등이 남긴 글에서 우리는 '땅의 사람들'에 관한 생생한 증언을 얻을 수 있었습니다. 지난 100년, 200년 동안 많은 게 바뀌었을 것 같지만, 그렇기도 하고 아니기도 합니다. 이러한 조사와 연구 끝에, 우리 편찬진은 각 지역의 지형, 기후 등의 자연지리적 정보와 역사와 문화, 현대의 산업 현황, 교육 등 인문지리적 정보까지 모아 그 지역의 전체적 모습을 그려볼 수 있었고, 최선을 다해서 문장에 담아냈습니다.

책에서만 보아온 곳, 시인들이 전해준 풍문으로만 어렴풋이 접하던 곳, 희미한 옛 사랑의 그림자 같은 북녘의 고장들을 이 책에서 새롭게 만납니다. 1권에 수록된 7개 지역(신의주시, 중강군, 삼지연시, 청진시, 김책시, 신포시, 함흥시)은 평안북도, 자강도, 량강도(양강도), 함경북도, 함경남도에 속하는 먼 고장들입니다. 근대 들어서 중요성이 부각된 지역들입니다. 신의주는 일본 제국주의에 의해 20세기 들어 개발된 신도시입니다. 저들이 파악한 바 이 일대의 가장 가치 있는 자원은 목재였습니다. 신의주에서 압록강을 따라 올라가면서 중강신, 삼지연에서 아름드리 나무들을 만납니다. 중강군은 일제강점기 내내 독립운동가들의 피가 어린 항전지요 보금자리였으며, 삼지연시는 우리 민족의 발상지 백두산 천지를 품은 고장입니다. 빙 돌아서 청진에서 무연한 동해바다를 만나고 남으로 향하며 김책시, 신포시, 함흥시로 발길을 옮깁니다. 청진시와 김책시, 신포시, 함흥시는 모두 중요한 해안도시들입니다.

2권에는 8개 지역(해주시, 옹진군, 과일군, 순천시, 사리원시, 원산시, 세포군, 고성군)을 담았습니다. 황해남도, 평안남도, 황해북도, 강원도 지역으로 우리와 가까운 고장들입니다. 서해 바다의 해주에서 시작해 동해 바다의 고성군과 해금강으로 맺습니다. 해주시, 옹진군, 과일군은 모두 고려의 도읍 개성 가까운 유서 깊은 고장들로, 이 고장들에서 고려와 조선의 숨결을 느껴볼 수 있습니다. 순천시와 사리원시는 둘 다 교통의 요지로, 현재도 중요한 곳이지만 남북 관계가 순조로워지면 한층 더 중요해질 것이 틀림없는 도시들입니다. 강원도 행정 소재지인 원산과 세포군, 고성군, 이 세 지역은 독특하고 수려한 관광 자원을 품고 있는 매력적인 고장들로, 강원도의 힘을 가늠해볼 수 있는 지역들입니다.

　　지역마다 사진을 실어주었습니다. 북한 매체에 실린 사진, 《조선향토대백과》 속 사진, 우리나라 문화 유산 관리 기관과 박물관의 사진, 그리고 플리커(Flickr.com)에 올라 있는 작가들의 사진, 연구자의 사진 등을 사용했습니다. 사용 허락을 해주신 '평화문제연구소'를 비롯 사진작가 분들과 연구자들에게 깊이 감사드립니다.

　　그동안의 북한 관련 책은 거의가 평양 중심의 책들입니다. 이 책은 시군 단위 지역을 다루고 있는 것이 큰 특징입니다. 이러한 차별화된 장점이 북한을 풍부한 맥락 안에서 보게 해주고, 새로운 인식의 지평을 열어줄 것이라 생각합니다. 남측과 북측의 도시들이 자매결연을 맺고 교류를 하노라면 서로 배우는 것도 많고 세계가 확장되는 기쁨을 누리게 될 것입니다. 지리학은 본래 자연환경과 인문환경의 상호 관련성에 중점을 두는, 관계 지향적이고 상생을 목표로 하는 학문입니다. 그럼에도 '북한지리지'라는 책 제목 앞에 '남북교류협력을 위한'이라는 말을 달아주었습니다. 교류와 소통에서 중요한 것은 무엇보다도 '의향'이라는 것을 강조하고 싶었기 때문입니다. 우리 편찬진의 노력과 의도가 독자들께 잘 가서 닿기를, 독자에게서 열매 맺기를 희망합니다.

전문적이고 학술적인 지리학 서적은 아니지만 일반 독자가 쉽게 읽을 수 있는 유용한 책이라는 것이 이 책의 강점입니다. 그러면서도 깊이 있는 내용과 구체적인 정보들을 풍부하게 제시하고 있습니다. 인문학 독자들에게는 좋은 교양서가 되고, 정책 기획자들에게는 실무를 준비할 때의 지침서이자 기본 정보서 노릇을 하기에 모자람이 없도록 최선을 다했습니다.

이 책이 소통과 교류의 물꼬를 틈으로써 머지않은 장래에 통행, 통신, 통상의 3통 시대가 열리기를 희망합니다. 80년 세월의 공백을 메우고, 과거와 현재를 잇는 길에 나서기를 희망합니다. 새로운 역사, 새로운 지리로 나아가는 발걸음에 부디 많이 이들이 어깨동무하고 동행해 주시기를 바라는 마음 간절합니다.

2025년 1월 20일,
남북경제문화협력재단 북한지리지 편찬실,
김기헌, 남우희, 박소연, 선우정, 유경호, 정숙경, 황주은

차례

발간사 | 남북이 만나는 역사, 《북한지리지》로 시작합니다 · 4
편찬사 | 북한 지역의 발견이 우리에게도 새로운 길을 열어줍니다 · 7

황해남도 해주시 · 18

위치와 지형 · 22 / 기후 · 25 / 행정구역과 인구 · 27 / 교통 · 29 / 역사와 문화 · 32 / 여행 · 50 / 산업 · 52 / 교육 · 60 / 인물 · 67 / 교류협력 · 69

새로운 길 ― 윤동주 · 72

황해남도 옹진군 · 74

위치와 지형 · 78 / 기후 · 80 / 행정구역과 인구 · 81 / 교통 · 83 / 역사와 문화 · 84 / 산업 · 94 / 교육 · 102 / 인물 · 103 / 교류협력 · 104

어린 고기들 ― 권태응 · 106

황해남도 과일군 · 108

위치와 지형 · 112 / 기후 · 115 / 행정구역과 인구 · 116 / 교통 · 120 / 역사와 문화 · 121 / 여행 · 132 / 산업 · 134 / 교육 · 140 / 인물 · 143 / 교류협력 · 144

길 ― 김소월 · 146

평안남도 순천시 · 148

위치와 지형 · 152 / 기후 · 155/ 행정구역과 인구 · 156 / 교통 · 158 / 역사와 문화 · 160 / 산업 · 168 / 교육 · 182 / 인물 · 185 / 교류협력 · 185

엄마야 누나야 ― 김소월 · 187

황해북도 사리원시 · 188

위치와 지형 · 192 / 기후 · 195 / 행정구역과 인구 · 197 / 교통 · 200 / 역사와 문화 · 203 / 여행 · 211 / 산업 · 216 / 교육 · 228 / 인물 · 233 / 교류협력 · 234

그리움 ― 이용악 · 236

강원도 원산시 · 238

위치와 지형 · 242 / 기후 · 244 / 행정구역과 인구 · 245 / 교통 · 248 / 역사와 문화 · 251 / 여행 · 258 / 산업 · 264 / 교육 · 274 / 인물 · 277 / 교류협력 · 278

북쪽 동무들 ― 권태응 · 280

강원도 세포군 · 282

위치와 지형 · 286 / 기후 · 288 / 행정구역과 인구 · 290 / 교통 · 291 / 역사와 문화 · 294 / 여행 · 299 / 산업 · 305 / 교육 · 315 / 교류협력 · 317

옥류동 ― 정지용 · 318

강원도 고성군 · 320

위치와 지형 · 324 / 기후 · 328 / 행정구역과 인구 · 330 / 교통 · 332 / 역사와 문화 · 335 / 여행 · 344 / 산업 · 357 / 교육 · 363 / 교류협력 · 364

기후 그래프(14개 지역) · 368 / 북한 철도망 · 373 / 참고 문헌 · 374 / 사진 저작권 · 379

사리원시 경암호

황해남도

해주시
海州市

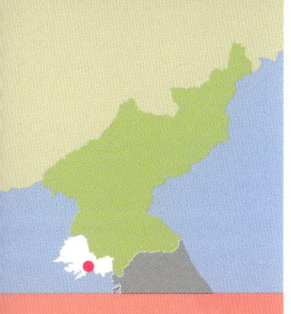

해주(海州)는 바닷가 고을로 유서 깊고 아름다운 고장이다. 황해도를 대표하는 큰 고을로 황해도(黃海道)는 '황주'와 '해주'에서 온 말이다. 뒤에서는 수양산이 든든하게 받쳐주고 있으며 앞으로는 너른 바다가 펼쳐지는 청초한 고을이다. 비옥한 평야에서는 곡식과 채소가 잘 자라며 바닷가에도 먹을거리가 많다. 들과 산과 바다가 조화롭게 어우러지고 날씨 또한 온화하여 긴 세월 온갖 풀과 나무와 벌레와 동물들을 먹이고 길러왔으며 우리 민족에게도 평온한 보금자리를 제공해주었다. 옛사람들도 해주 하면, 산하가 아름답고 역사가 유구한 이름 높은 고장이라고 입을 모았다.

신석기, 고구려, 고려 때의 유산이 조선으로 이어지면서 조상들의 숨결과 혼이 밴 불교 유적과 유교 유적이 즐비한 역사의 고장이다. 오랜 역사 속에서 해서(海西) 지방* 문화의 중심지로서, 어머니 같은 고장이다. 개성이 가깝고 서울 또한 멀지 않으며 사람과 물산이 다 넉넉한 고장으로 경제의 중심지로서도 중요한 곳이다. 해주만이 남으로 경기만으로 이어지므로 향후 서해안 메가리전(mega-region)** 구상에서 중요한 지점이 될 수 있는 곳이다. 메가리전은 한반도 안에서 구상될 수도 있고, 중국까지 연계해서 구상될 수도 있다. 평화로 가는 길에서 소중한 역할을 할 곳이다.

* 해서(海西) 지방: 남쪽의 영남 지방, 호남 지방이라는 말처럼 황해도 일대는 흔히 해서 지방이라고도 하였다.

** 서해안 메가리전(mega-region): 2007년 남북정상회담 때 해주~개성~파주를 잇는 통일경제 특구 개발에 합의하였다. 산업, 물류, 교통 벨트 구상에서 해주는 중요한 지점이다.

위치와 지형

해주(海州)는 바다로 열린 고장이다. 이름처럼 바다 같은 고장이다. 황해남도의 행정 소재지(인민위원회 소재지)이다. 서쪽에 벽성군(碧城郡), 북쪽에 신원군(新院郡), 동쪽에 청단군(靑丹郡)이 바로 붙어 있고, 남쪽이 황해이고 해주만이다. 바로 남쪽으로 물 건너에 강령군이 있다. 중심지 기준 동경 125°42′, 북위 38°03′에 위치한다. 룡당포(용당포)로 38°선이 지나간다. 면적은 206.93㎢이다.

뒤로는 수양산이 병풍처럼 둘러 있고 앞으로는 바다가 펼쳐지는 배산임수의 자리이다. 풍수 볼 줄 모르는 사람 눈에도 매우 아름답고 평안하며 살기 좋은 고을이다. 수양산줄기[首陽山脈]의 가장 높은 봉우리는 설류봉(雪留峯, 946m)이고 이어서 장대산(將臺山, 686m), 북숭산(北崇山, 652m), 금봉(錦峯, 519m), 창검산(蒼劍山, 540m), 상산(518m) 등이 있다. 수양산이라고만 간단히 지칭할 때는 설류봉을 가리킨다. 북한은 수양산 일대를 식물보호구로 지정하여 가꾸고 있다.

수양산줄기는 남부로 오면서 급격히 낮아지는데, 남산(南山, 122m), 선녀산(善女山, 169m) 등이 있다. 그 외에도 시의 북쪽에 룡수산(龍首山, 또는 뢰수산)이 있으며, 소의 귀처럼 생겼다는 우이산(牛耳山)도 있다. 동쪽에는 학날개처럼 생긴 학우령(鶴羽嶺, 학우고개, 126m)이 있다.

금봉의 금이 비단 금(錦) 자인 것으로 알 수 있듯이 산도 아름답고 산에서 바라보는 바다풍경도 아름답다. 남산에서 해주만 쪽으로 룡당(龍塘)반도가 뻗어 있는데, 이 남산에서 바라보는 룡당포 앞 바다 풍경도 매우 아름답다. 이를 '남포관조'라 하는데 해주팔경의 하나이다.

수양산 설류봉에서 발원한 읍천(邑川)이 해주시와 청단군 사이로 흐르다가 바다로 들어간다. 길이 30㎞이고, 유역 면적은 146.3㎢이다. 그다음 중요한

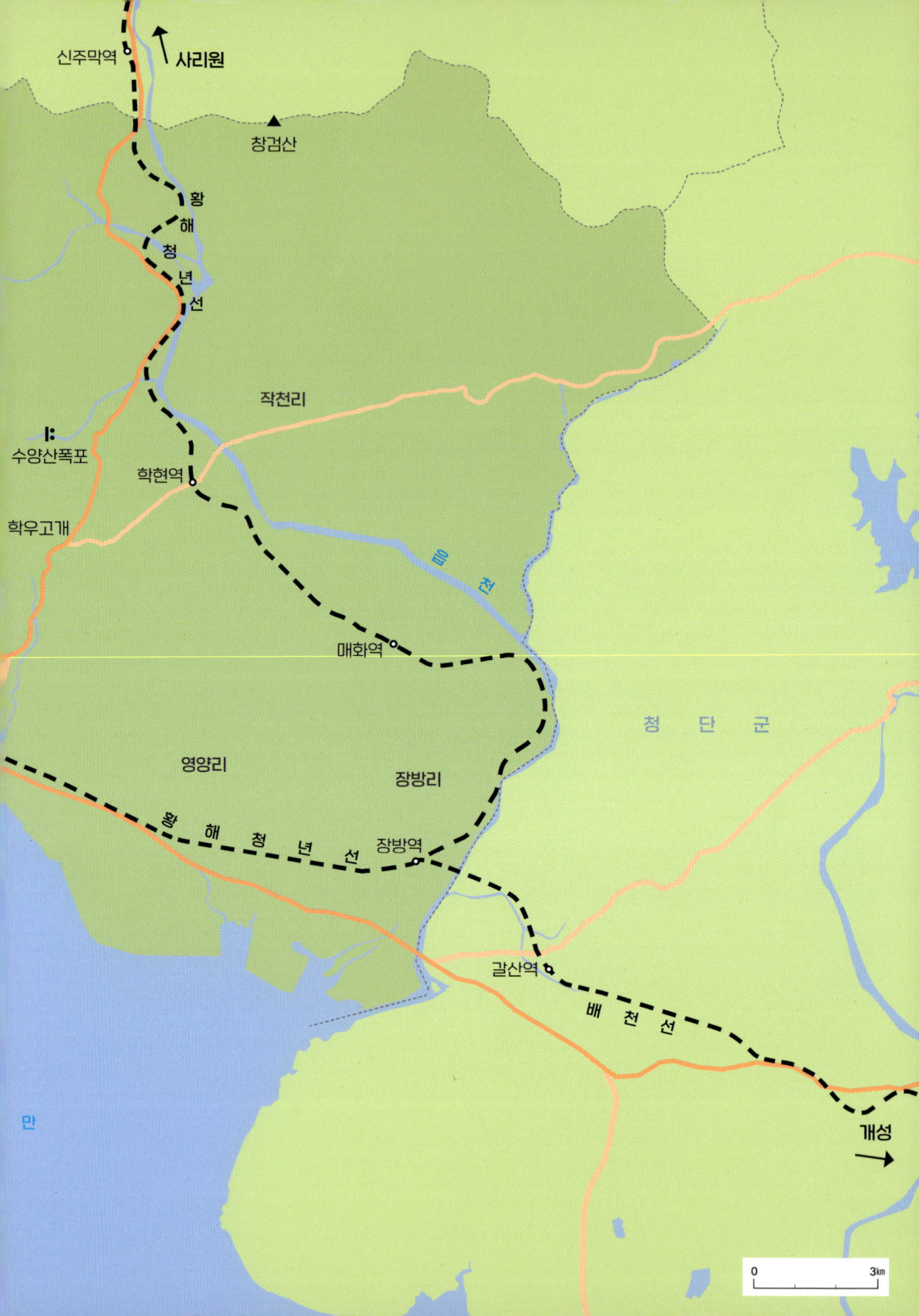

하천이 광석천(廣石川, 7.6㎞)으로 수양산 남쪽에서 발원하여 시가지를 지나서 바다로 들어간다. 이 광석천을 옥계천이라고도 하며, 널따란 바위 위로 흐른다 하여 '돌내'라고도 한다. 상류에 옥계저수지가 2곳이나 있다. 하구에서는 밀물

수양산폭포. 높이 128m, 화강암을 타고 흘러내린다. 사계절 내내 아름다운 폭포로, 해주팔경의 하나이다.

의 영향을 받는다. 서쪽의 벽성군과의 사이로는 신광천(神光川, 11㎞)이 흐르며 해주만의 황해로 흘러들어간다. 인근에 저수지를 만들어서 생활용수, 농업용수, 공업용수 등에 사용하고 있다.

해주시 수양산식물보호구

면적은 1,400정보(14㎢)이다. 1976년 식물보호구로 지정되었다. 갈색산림토양이 대부분이며, 소나무와 참나무류로 이루어진 침엽수와 활엽수의 혼성림이다.

온대북부식물과 온대남부식물의 점이적인 특징을 나타내는 지대로서 식물 분포가 다종다양하다. 학술적 가치가 높은 지역이다. 신갈나무와 상수리나무들은 응달진 북쪽과 북서 경사면에 치우쳐서 자란다. 나무숲 가운데층에서 달피나무와 함께 남부식물인 쪽동백과 서어나무가 자란

북한 이름은 '북숭미나리', 우리 쪽 이름은 '돌방풍'이다. '북숭'은 '북숭산'에서 온 표현, 이 식물의 상위 분류가 미나리목이다.

다. 나무숲 아래층에는 남부식물인 보리수나무가 싸리나무 등의 관목과 섞여 자란다. 한편 추운 지방에서 자라는 마가목이 산 위와 산허리에 드문드문 보인다.

수양산에는 세계적으로 1과 1속인 북숭미나리(*Carlesia sinensis*, 우리 쪽 이름은 돌방풍)가 있다. 숲에는 산나물과 약초 자원도 많다. 그런가 하면 신광사 터 부근에는 다른 곳에서 옮겨온 죽도화, 일본목련 등 관상용 식물들이 자란다.

해주만

해주시, 벽성군, 강령군, 청단군으로 둘러싸이고 남쪽이 서해로 트인 만. 갯벌이 넓게 펼쳐지며, 해안선의 굴곡이 심하다. 신생대 마지막 빙하기 이후 해수면이 상승하면서 강령반도와 구월반도 사이가 바닷물에 잠기면서 형성되었다. 만의 경계는 개머리와 룡매도 서쪽 끝을 연결한 선이다. 남으로 경기만과 이어진다. 만 어귀 너비는 23.7km, 해안선의 길이는 203km이다. 만에 많은 섬들이 있고, 남쪽 멀리에 대연평도와 소연평도가 있다. 연평도까지 약 40km이다. 연평도에서 해주시가 보인다.

기후

남쪽에 바다가 펼쳐지고, 북쪽에는 수양산줄기가 병풍처럼 둘러서 있어 온화한 기후를 보인다. 1991~2020년 평년값[1]으로는 연평균기온 11.9℃, 최한월인 1월 평균기온 −2.7℃, 무더운 8월의 평균기온 25.3℃로 연교차는 28℃이다. 2023년은 1월 기온 −2.2℃, 8월 26.4℃로 평균보다 더 커서 연교차 28.6℃를 보였다.

[1] 기후 평년값: 0으로 끝나는 해를 기준 30년간 기온, 강수량 등의 기상요소 평균값을 말한다. 세계기상기구(WMO)의 권고에 따라 10년마다 산출한다.

강수량은 30년 평년값은 연간 1,069.4㎜, 여름철 석 달

강수량은 666㎜, 겨울철 강수량은 42.1㎜이다. 2023년도에는 비와 눈이 더 많이 내려서 여름철은 770.5㎜, 겨울철은 78㎜를 기록했다. 이 해에는 11월에도 비가 많이 내렸다. 서해안 지방들이 다 비슷하였는데 해주는 136.2㎜, 신의주는 120.1㎜의 비가 내렸다.

해주시는 사계절 내내 바람이 센 곳이다. 겨울에서 봄 사이에는 북서풍이

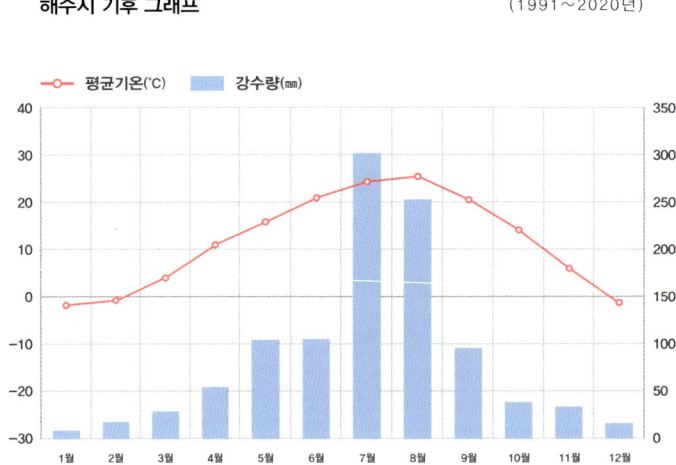

해주시 기후 그래프   (1991~2020년)

	30년 평균	2023년
연평균기온(℃)	11.9	13.1
최한월(1월) 평균기온	-2.7	-2.2
최난월(8월) 평균기온	25.3	26.4
연교차	28.0	28.6

	30년 평균	2023년
연강수량(mm)	1069.4	1317.2
여름 강수량 (6, 7, 8월)	666.0	770.5
겨울 강수량 (12, 1, 2월)	42.1	78.0
평균 풍속(m/s)	2.1	2.2

출처: 대한민국 기상청 〈북한 기상 연보〉

세게 불고, 여름철과 가을철에는 종종 태풍이 불어닥친다. 평균 풍속은 2.1㎧이다.

행정구역과 인구

황해도(黃海道)는 황주(黃州)와 해주(海州)에서 온 말로 왕조 시대에는 두 곳 다 중요한 곳이었다. 조선 팔도가 1896년에 13도로 바뀔 때에도 하나의 황해도였고, 1954년에 비로소 남도와 북도로 나뉘었다. 그전에도 해주는 황해도의 도청 소재지, 나뉜 뒤에는 황해남도의 소재지이다. 조선시대에도 중요한 곳으로 황해도 감영이 있었으며, 조선조 말부터는 도시화가 빠르게 진행되었다. 1938년에 해주군 해주읍이 해주부로 승격될 때에 군의 나머지 지역은 벽성군으로 개편되었다.

황해남도 전체 인구(2008년 현재)는 231만 485명이다. 그중 해주시 인구는 27만 3,300명이다. 도시 인구가 24만 1,599명, 농촌 인구가 3만 1,701명이다. 황해남도에서는 유일한 시이다. 27개 동(결성동, 광석동, 광하동, 구제동, 남산동, 대곡동, 룡당1동, 룡당2동, 부용동, 사미동, 산성동, 새거리동, 서애동, 석미동, 석천동, 선산동, 승마동, 양사동, 양지동, 연하동, 영광동, 옥계동, 읍파동, 장춘동, 학현동, 해운동, 해청동)과 5개 리(신광리, 연양리, 영양리, 작천리, 장방리)를 두고 있다.

수양산에 백이숙제 추모비가 있고 백세청풍(百世淸風)이라고 적혀 있다. 여러 가지 예스러운 지명들이 많았지만 현대 들어서 사라지기도 하고 아주 다른 이름으로 개명되기도 했다. 청풍동은 새거리동으로 바뀌었다. 서애동(西艾洞)은 룡당포 서쪽에 쑥이 많은 동네라는 뜻으로 새로 만들어진 지명이다. 하지만 여전히 역사를 품은 고장다운 이름이 많다. 지명들만 보아서도 이 고장의 내력과 면모를 짐작할 수 있다. 특히나 부용동(芙蓉洞), 사미동(四美洞), 연하동(煙霞洞), 옥계동(玉溪洞) 등은 이 고장이 아름답고 유서 깊은 고장임을 보여준다. 평양에

해주시 인구 현황 개괄　　　　　　　　　　　　(단위: 명)

인구수	남자	여자	도시	농촌
273,300	131,554	141,746	241,599	31,701

출처: 2008년 북한 중앙통계국 발표 인구 센서스

해주시 인구 피라미드

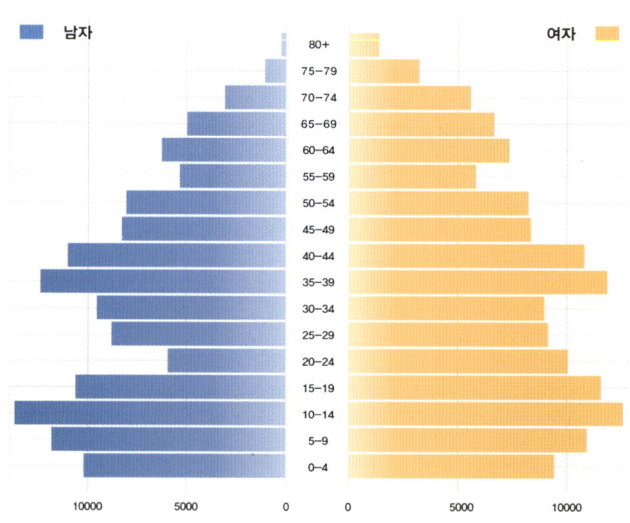

* 위 인구 피라미드는 2008년 북한 중앙통계국 발표 인구 센서스 자료를 바탕으로 연령대별 인구를 추산하여 작성한 것으로 참고용이다.

있는 식당 중 해주 음식점인 옥계각은 이 옥계동의 옥계골에서 유래한 이름이다.

구제동(九濟洞)은 구제천이라는 개울을 안고 있는 마을이다. 구제천은 오래된 이름으로 옛적에 아홉 개의 서당이 있는 마을로 흐른다 해서 붙여진 이름이다. 선비를 기른다는 뜻의 양사동(養士洞)도 있고, 예전에 하마비가 있었다는 승마동(乘馬洞)도 있다. 양지동(陽地洞)은 양지바른 곳이라는 뜻이다.

해운동(海雲洞), 해청동(海淸洞)은 해주와 같은 바다 해(海) 자를 쓴다. 바닷가 큰 고을 해주에 걸맞는 동리 이름들이다.

교통

철도

해주시는 황해남도 교통의 요지이다. 평양철도국 산하에 해주분국이 있다.

🚉 **황해청년선**(黃海靑年線)은 황해남북도를 연결하는 간선 노선이다. 해주와 사리원을 연결하는 노선으로 73.3㎞이다. 해주청년역, 장방역, 매화역, 학현역을 지나 신원군 영역으로 들어가 신원역, 하성역 등을 지나 **사리원청년역**까지 간다. **사리원청년역**에서 🚉 **평부선**(평양~부산이라는 뜻이지만 실제로는 평양~개성 간의 노선으로, 구 경의선)과 연결된다.

❗ 역 이름이나 노선 이름에 '청년'이라는 단어가 꽤 자주 보이는데, 청년들의 수고 덕분에 건설되었다는 뜻이다. '청년'을 빼고 말하기도 한다. 황해청년선은 황해선, 사리원청년역은 사리원역이라고 해도 다 통한다.

장방역에서 지선인 🚉 **배천선**(白川線)이 갈라진다. 배천선은 해방 전의 토해선(해주와 당시 개성의 토성역 사이를 오가는 노선)을 개명한 것으로 60㎞ 길이의 노선이다. 장방역을 출발해서는 바로 청단군의 갈산역, **청단역** 등을 지나 연안군으로 들어가 **연안역, 온정역** 등을 지난다. 이어서 배천군으로 들어가 **배천역** 등을 지나 종점인 **은빛역**에 다다른다.

해주청년역 광장에는 '해주~하성 철길 유래비'가 세워져 있다. 노동하는 청년들 군상을 조각상으로 표현해 세웠다. 하성역은 신원군 하성로동자구에 있는 역이다. 1950년대에 해주 세멘트공장에서 생산된 시멘트가 다른 곳에서도 절실하게 필요했는데, 그러자면 철도 운송을 위해 궤도를 통일해야 했다. 1958년에 청년 노동자들의 결의와 호소가 있자, 이에 많은 이들이 호응하여 넓은 철길로 교체하고 정비하는 일에 나섰다. 마침내 이 해 8월 1일, 해주를 떠난 240톤의 세멘트가 평양에 무사히 당도하였다. 당초 1년은 걸리리라는 예상을 깨고 75일 만에 해낸 것이다. 오래 전 일인데도 여전히 그 일에 헌사를 바치고 있다.

해주청년역에서는 사리원 가는 본선 외에 **왕신선**이 있다. 왕신~서해주 간을 오가는 3.3km의 노선이다. 또한 이 역에서 **옹진선(甕津線)**과도 연결되는데, 벽성군, 강령군 영역을 거쳐서 옹진군까지 간다.

도로

도로망은 **해주~사리원 간 도로**, **해주~개성 간 도로**가 놓여 있다. 황해남도 안에서 여러 군과 이어지는 도로망 또한 잘 구축되어 있다. 버스로도 인근 군을 오갈 수 있다. 해주~장연, 해주~리목(신천군), 해주~룡연, 벽성~해주, 재령~해주, 신원~해주 사이로 정기 버스가 운행되고 있다. 시 안에서도 버스들이 운행되고 있어서 이동이 편리하다.

해운과 항공

룡당반도(용당반도) 남쪽에 정도(鼎島)라는 섬이 있었는데 일제 강점기 때 육지화되고 ⚓ 해주항이 건설되었다. 룡당포라는 자그마한 포구가 현대적인 큰 항구로 변신하기 시작했다. 현재 ⚓ 해주항은 북한의 대표적인 무역항(1급 항구) 9곳 중 하나이다. 하역 능력 240만톤, 접안 능력 7천 톤, 수심 7~12m, 부두 연장 길이는 1,350m이다. 다른 항구들과 뱃길로 연결되어 있다.

항만 물류 수송을 위한 철도 노선으로 **정도선**이 놓여 있으며, **정도역**(해주항역)이 있다.

✈ 해주비행장이 있는데, 활주로 1,900m이며 비포장 상태이다.

해주항의 분주한 모습

역사와 문화

해주는 바다를 향해 트여 있으면서도 수양산이 안온하게 감싸주고 있는 고장이다. 아주 먼 옛날부터 우리 겨레가 삶을 영위해오고 문화를 가꾸어왔다.

고대

룡당포는 신석기시대의 조개무지(패총)와 집터가 있는 곳이다. 고대 유물들이 출토되었는데, 곰배괭이, 갈돌대, 그물추, 활촉 같은 도구들, 그리고 여러가지 모양으로 빚은 다양한 토기들이 있다. **해주 역사박물관**에서 보존 관리하고 있다.

고구려 때 이 일대를 내미홀(內米忽)이라 했는데, 내미(나미, 누미)는 '못'이나 '늪'의 이두 표기이고 '홀'은 성이나 고을을 가리키는 말이다. 지성(池城) 또는 장지(長池)라고도 하였다. 고구려 멸망 후 신라는 폭지군(瀑池郡)으로 이름을 바꾸었다.

🛖 내미홀 터 보존 유적 제909호

고구려 때의 관청 있던 곳으로 국가 지정 유적이다. 학현동에 있다. 길이 41.8m, 너비 10m이다. 3m 길이의 네모난 주춧돌 100여 개가 남아 있다.

🛖 수양산성(首陽山城) 보존 유적 제241호

수양산에 있는 옛 성터. 북쪽에 높게 솟아 있는 장대산을 중심으로 좌우의 낮은 산봉우리를 연결시키는 전형적인 고루식(高樓式) 산성이다. 고구려 때 축성을 시작하였지만, 이후로 계속 고쳐 쌓아서 고구려 때의 것은 얼마 남지 않았고 대부분 조선 시대의 자취이다. 임진왜란 때 왜적을 섬멸한 곳이기도 하여 관련 전설이 내려온다.

성벽 전체 둘레는 5,258m, 높이는 5m 안팎이다. 지금 남아 있는 높이 6~7m의 성벽은 밑너비가 7~8m, 윗너비는 3~4m이며, 남문 부근의 성벽 두께는 14m나 된다. 성벽은 외면축조방법과 양면축조방법을 배합하여 쌓았다. 성벽의 중요한 지점들에는 치(雉, 돌출부, 기어오르는 적에게 화살을 쏨)를 설치하여 방어력을 강화하였다.

성문은 동서남북에 각각 한 개씩 냈고 'ㄱ' 자 모양의 옹성을 갖추었다. 장대를 여러 곳에 설치하였는데, 그중 장대산의 것은 다른 장대들도 볼 수 있는 곳으로 전투 지휘처이다.

고려

고려 태조가, 남으로 큰 바다에 면해 있는 고을이라는 뜻으로 '해주(海州)'라 명명하였다. 기록에는 태봉국 때인 905년부터 '해주'라는 이름이 등장한다. 중요한 불교 유적들이 많아서 고려 불교의 본향 중 한 곳이다.

광조사(廣照寺) 터, 5층탑 보존 유적 제987호과 진철대사비 국보 유적 제85호

학현동에 있는 유적. 수양산성의 북쪽에 수미산이 있고 그곳에 광조사가 있었다. 932년(고려 태조 15)에 왕명으로 창건되었다. 이엄(利嚴, 870~936)이 수양산에 머물면서 선풍(禪風)을 일으킴으로써 수미산문(須彌山門)이 형성되는데, 구산선문(九山禪門) 중 하나로서 고려 시대 내내 중요한 사찰이다. 태조 왕건이 그의 사후에 진철(眞澈)이라는 시호를 내리고 비석을 세우도록 하였으며 '진철대사 보월승공 탑비(眞澈大師寶月乘空塔碑)'가 보존돼 있다. 937년(태조 20)에 세웠다. 비 높이 2.28m, 너비 1.15m. 비문은 36행이며 1행에 77자이다. 최언휘(崔彦撝)가 대사의 학문과 생애를 적어 새겼으며, 신라말 고려초 역사 연구에 중요한 자료이다.

절 터에 고려 후기의 5층 석탑도 남아 있다. 1342년(충혜왕 3)에 건립되었는데, 2층으로 된

기단(基壇) 위에 5층의 탑을 올려놓았다. 2~5층의 옥개석(屋蓋石)에는 모두 두 줄의 고임을 주었으나 1층의 옥개석만은 고임을 주지 않았다. 또 1층 탑의 몸체는 가운데에 네모진 불감(佛龕)을 파놓은 것이 특이한데 불상을 안치하기 위해 파놓은 것으로 보인다. 층층이 줄여가는 것이 알맞춤하고 비례가 조화로우며 요소요소가 섬세하고 아름답다.

절은 1900년도 이전에 문을 닫았다.

해주 다라니석당(海州陀羅尼石幢) 국보 유적 제82호

다라니석당은 다라니경을 새겨 기둥처럼 세운 돌 구조물을 말한다. 원래는 전국에 4곳 있었다 하는데 현재 2곳만 남아 있다. 하나는 평안북도 피현군 성동리에 있는 것이고 다른 하나가 이

진철대사 비석

해주 다라니석당

해주 것으로 둘 다 매우 귀중한 유적유물이다. 해청동에 있다.

높이 4.64m. 석당의 6면 전체에는 '대불정다라니경(大佛頂陀羅尼經)'을 음각하였다. 최상단의 옥개석 상부에는 상륜부를 조성한 흔적은 있으나 현재는 유실된 상태이다. 지대석과 하대석, 옥개석, 연꽃받침 등 건축술이나 조각술이나 정교하고 아름다워서 고려 불교 예술의 진수를 보여준다. 이와 같은 석당은 중국에서 당나라 말 오대(五代)시대에 유행한 것으로, 고려 왕조가 이를 받아들여 꽃피운 것으로 보인다.

🏠 신광사(神光寺) 터 보존 유적 제910호 무자비(無字碑) 보존 유적 제1686호와 5층탑 보존 유적 제988호

신광리는 신광사를 품고 있는 마을이다. 신광사는 고려 초 이전부터 있었을 것으로 추측한다. 보광명전, 응진전, 약사전, 명부전 등이 있는 큰 절이었다. 승려 풍계당(楓溪堂, 1634~1705)의 행적을 기록한 비, 승려 월파당(月波堂, 1684~1767)의 행적을 기록한 비가 남아 있다. 숙종 때인 1720년에 절을 보수하고 나서 이 절의 내력 등을 적어서 세운 사적비도 남아 있다. 그런가 하면 김홍도(金弘道, 1745~1806?)가 그린 그림 중에 〈신광사 가는 길〉이 있는데, 그림 여백에 권필(權韠, 1569~1612)의 시 〈해주(海州) 신광사(神光寺)에서 소공(蘇公)이 부쳐준 시에 차운하다〉 속 구절이 인용되어 있다. 문인이나 화가에게도 신광사가 소중한 절이었음을 알 수 있다. 6·25 때 폭격으로 불타 없어지고 현재 5층 석탑과 무자비(無字碑, 비문 없는 비석), 부도 보존 유적 제1688호가 남아 있다.

무자비(無字碑)는 높이 2m, 너비 89cm. 네 발과 머리를 빼어든 거북 모양 받침, 양 옆면의 용 조각, 머리 쪽의 봉황새 돋을새김 등이 섬세한 듯 힘차게 느껴지는 비석이다. 기법이 광조사 진철대사탑비와 비슷한 면도 보인다.

해청동 다라니석당 옆에는 역시 고려시대의 석탑인 9층탑 국보 유적 제70호이 남아 있으며, 옥계동 수양산 기슭에도 고려시대 5층탑 국보 유적 제71호이 남아 있다. 해주는 불교사 연구, 미술사 연구에서 중요한 고장이다.

김홍도가 그린 〈신광사 가는 길〉. 아름다운 곳에 자리잡은 도량일 뿐더러 절의 규모도 컸던 것으로 추측되지만, 오늘날은 볼 수 없다. 오로지 이 김홍도의 그림으로 남았다.

🏛 문헌서원(文憲書院) 터

수양산 부엉이바위 아래 있는 옛 서원 자리. 1549년(명종 4)에 창건되었으며 최충(崔沖)·최유선(崔惟善) 부자의 위패를 모셨다. 해주는 제2의 개성이라는 말이 있을 정도로, 수도 개성과 가깝고 풍속이나 생활제도 등이 비슷했다. 고려의 관료 중 해주 출신이 많으며 최충도 그중 한 사람이다. 그 밖에도 흥미로운 전설이 하나 전해내려온다. 고려말 홍건적의 난 때에 해주목사 최씨가 못에 뛰어들어 자결하니 기르던 개도 주인을 따라갔다는 이야기이다. 이율곡이 해주에서 지낼 때 그의 순직을 추모하는 시를 써서 묘에 바쳤다고 한다.

🏛 해주읍성 보존 유적 제919호과 순명문(順明門) 터 국보 유적 제72호

1391년(고려 공양왕 2)에 해주읍성을 축성하였다. 그때 같이 완공한 남쪽 문이 순명문이다. 높이 4m, 너비 약 9.5m의 축대와 그 위에 세운 2층 문루로 이루어져 있었다. 제국주의 일본이 해주시를 개발하고 길을 내면서 문루를 없애버리는 바람에 터와 축대만 볼 수 있다. 돌로 쌓은 축대의 한가운데 홍예문 길을 내고 홍예문 길 좌우 밑부분에는 각각 2단씩의 장대석을 놓고 그 위에 11개의 돌로 무지개를 틀었다. 홍예문 정점 위에는 괴수의 얼굴과 연꽃을 도두새기고 축대의 윗면 양쪽에는 거북머리 조각을 두었다.

🏛 해주성 개축비(海州城改築碑) 보존 유적 제994호

영광동에 있는 유적. 1746년(영조 24)에 이 읍성을 네 번째로 고쳐 쌓았는데 그동안의 내력을 적은 비석이다. 이천보(李天輔)가 글을 짓고 임정(任珽)이 글씨를 썼다.

조선

> 수양산(首陽山) 바라보며 이제(夷齊)를 한(恨)하노라
> 주려 죽을진들 채미(採薇)도 하는 것가
> 아무리 푸새엣 것인들 그 뉘 땅에 났더니

조선조 세조(수양대군)가 단종을 폐하고 왕위에 오르는 것을 반대하다 죽은 성삼문(成三問)이 지었다는 시조이다. 이제(夷齊)는 중국 고대 은나라의 두 충신으로 백이 숙제를 가리킨다. 새로운 나라를 섬길 수 없다 하여 산속에서 은둔하여 나물 캐어먹다 죽었다는 전설적인 충신들이다. 그 산 이름이 수양산(중국 산시성山西省에 있음)으로 이곳 수양산과 이름이 같다 하여 우리나라 선비들이 이곳 수양산도 사모하였다. 그 추모 열기는 조선 후기에 이르면 더욱 높아져서 마침내 1687년(숙종 13)에는 이 지역 유생들이 사당을 건립하였고, 1701년에는 왕이 '청성묘(淸聖廟)'라는 친필 편액을 내려주었다. 청성묘가 정식 명칭이지만, 흔히는 수양사(首陽祠), 이제사(夷齊祠)라고 하였다. 1728년(영조 4)에는 황해도 관찰사(감사) 이언경(李彦經)이 주자의 글씨 중 '백세청풍(百世淸風)'의 네 글자를 얻어와서는 돌에 새겨서 마당에 세우게 한다. 1828년(순조 28) 이 청성묘를 크게 중수하였다. 흥선대원군의 서원 철폐 정책 때에도 없어지지 않고 남은 곳 중 한 곳이다. 현재 '백세청풍' 비석이 남아 있다.

부용당(芙蓉堂) 국보 유적 제68호

순명문 북서쪽에 부용당이 있다. 16세기 초반 두 차례에 걸쳐 해주목사들에 의해 세워진 것으

로 응향각(凝香閣)과 부용당, 두 채이다. 연못에 기둥을 박고 못 안에 세운 아름다운 정자이다. 응향각이 먼저 지어졌는데 정면 5칸, 측면 3칸이다. 부용당은 ㄱ 자 모양으로 정면 4칸, 측면 4칸에, 서쪽 딸린채도 4칸이다. 임진왜란 때 선조가 의주로 피란 갔다가 서울로 돌아오던 길에 1593년(선조 26) 8월 18일에서 9월 22일까지 머무른 곳이다. '주필당(駐畢堂)'이라는 현액이 내려졌으며 연못가에 선조대왕주필기적비(宣祖大王駐畢紀蹟碑)가 세워져 있다.

16세기의 발달된 누정 형식과 건축술을 잘 보여주는 웅장하고 화려한 건물로서, 아름다운 주변 환경과 어우러져서 해서팔경(海西八景)의 하나로 일컬어졌다. 1951년에 폭격으로 다 없어지고 돌기둥과 주춧돌만 남아 있었는데, 2003년에 복원하였다.

부용당. 해주를 대표하는 아름다운 정자. 전쟁으로 불타버린 것을 2003년에 복원했다.

부용당 개구리 전설

부용당 속 개구리들이 밤새 울어대니, 사또가 잠을 잘 수가 없어서 괴로웠다. 어느 날 아랫사람에게 명령하였다. "이 동리 사는 백성들을 시켜서 못에 돌을 던지게 하여라. 개구리가 울지를 못하도록 밤새 돌을 던지라는 말이다." 이때 한 총명한 선비가 나서서 자신이 원만히 해결해 보겠노라고 했다.

선비는 궁리 끝에 개구리들을 타일러 보자고 생각하였다. "개구리들아, 너희들이 비록 미물이라도 농사일에 바쁜 백성들의 고생을 모를 리야 없지 않느냐. 어서 울음을 그치어라." 이렇게 글을 써서 못에 던지자, 그날부터 개구리가 울지 않았다.

글줄 대신 부적이 등장하기도 한다. 강감찬 장군이 등장하는 이야기도 있고, 남이 장군이 등장하는 것도 있다. 우리나라에 개구리 전설이 내려오는 3대 고장이 있는데 경주, 남원, 해주이다.

부용당은 황해도 관찰사의 집무실 곧 해주감영과 가까운 곳이다. 감영을 선화당(宣化堂)이라고 하며 이 또한 보기 좋은 전각이었는데, 6·25 때 소실되었다.

해주는 살기 좋기로 유명한 고장이었지만, 조선 후기에 더욱 관심을 받은 고장이다. 선조가 의주로 피난갔다가 서울로 돌아가던 중 이곳 해주에 머물렀다. 전주사고본 실록을 이리 옮겨 한동안 보관하였다. 그리고 이곳에서 왕손이 태어났는데, 그가 인조 임금이다. 선조 이후의 왕들이 모두 선조의 후손이므로 조선 후기 왕과 신하들이 이 고장에 각별한 관심을 기울였다.

태봉각(泰峯閣) 보존 유적 제212호

황해남도 해주시 영광동에 있는 비각. '인조대왕 탄강구기비(仁祖大王誕降舊基碑)'라는 비석이 들어있는 비각[!]이다. 임진왜란 때 선조가 의주로 피난 갔다가 서울로 돌아가던 중 1595년에 해주에 머물렀다. 그때 왕손이 태어났고 이가 훗날의 인조이다. 태를 묻은 것을 기념하여 1690년(숙종16)에 조성하였다. 비석은 1720년(숙종46)에 세우며 거북받침 위에 비몸(비신碑身)을 올렸는데 높이는 2.96m이다. 이관명(李觀命)의 글, 이정신(李正臣)의 글씨이다. 비각은 앞면 3칸(9.15m), 측면 2칸(4.19m)의 2익공 겹처마 합각지붕이다.

[!] 비석이 들어 있는 건물은 비각. 종이 들어 있는 건물은 종각.

태봉각

🏛 지환정(志歡亭)과 사미정(四美亭) 보존 유적 제213호

광석천(옥계천) 주변에 예나 지금이나 아름다운 쉼터가 많다. 지환정은 18세기 말에 세워진 정자로 정면 3칸, 측면 2칸에 합각지붕을 이은 아담한 정자이다. 6·25 때 파괴된 것을 1981년에 복원했다. 물을 따라 조금 내려가면 사미정이 있는데, 동서남북이 다 아름답다 하여 사미정(四美亭)이다. 1867년에 세워진 정자로, 6·25 때 파괴된 것을 1966년에 대보수하고 1976년에 단청을 하였다. 모를 약간 죽이고 정교하게 다듬은 4각 돌기둥 위에 나무기둥을 이어세우고 그 위에 합각지붕을 얹어놓은 것이 마치 학이 날개를 펼친 듯한 모습이다. 네 모서리의 돌기둥은 처마선까지 거의 닿게 높으며 그 밖의 돌기둥들은 전체 기둥 높이의 절반 만한 높이이다. 맑은 물이 흘러가는 속에 청량한 경치가 펼쳐진다. 사미정 옆에는 고려시대의 것인 돌사자 상도 남아 있다.

🏛 해주 석빙고 보존 유적 제69호

옥계동에 있는 유적. 빙고는 얼음 제조소로, 나라에서 운영한 기관이다. 이곳 석빙고는 거의 완벽하게 보존되어 경주 석빙고와 함께 귀중한 유적이다. 빙실의 길이 28.3m, 너비 4.5m, 높이 6m. 고려 초에 처음 축조되었으며 지금의 것은 1735년(영조 11)에 개축한 것이다.

일정한 모양의 화강석으로 1.4m 정도의 사이를 두고 12개의 궁륭식 지지 골조를 세우고, 그 사이에 길쭉한 판돌을 건너대어 활 모양의 둥그런 반구형 천장을 만들었다. 화강석 판돌로 맞물리게 하면서 견고하게 축조한 것이나 궁륭식 천장으로 내부 공간을 크게 만든 점이나 다 뛰어난 건축술을 보여준다. 밖에는 2m 두께로 흙과 석회를 섞어 다져서 덮고 그 위에 잔디를 입혀 무더운 여름철 태양열을 막도록 하였다.

해주 석빙고

근대

구한말과 일제 강점기 때에도 황해도 지방의 행정 중심지로서 역할을 하였다. 제국주의 일본은 1932년에 해주항을 건설한 뒤 이 항구를 통해서 농산물과 지하자원을 약탈해갔다. 1932년에 개성과 해주를 잇는 철도가, 1936년에 사리원과 해주를 잇는 철도가 잇따라 놓이며 교통이 더욱 편리해졌다. 교육도시로서는 1890년대에 근대적 교육기관이 세워진 이래, 20세기 들어서서는 농업학교가, 곧이어 공립중학교가 남학교 여학교 다 들어섰다.

이때에도 청초하고 아담하고 살기 좋은 곳이라는 평이 자자하였다. 소설가 박화성(朴花城, 1904~1988)은 선구적인 신여성이었는데 1933년 9월 23일 해주

여행길에 나섰다. 새벽 5시 40분에 대구역에서 기동차(길지 않은 기차)를 타고 이 고장으로 와서 오래 머무르다가 초겨울에 마무리하고 떠났다. 그리고 이 여행의 기록은 이태 뒤인 1935년 12월 3일부터 17일까지 조선일보 지면에 〈해서 기행(海西紀行)〉이라는 제목으로 실렸다. 박화성의 여행 동기는 해주를 둘러봄은 물론이고 율곡 이이의 시 〈고산 구곡가(高山九曲歌)〉❶의 현장을 찾아가 직접 자신의 눈으로 살펴보고 싶은 것이었다.

그는 '백세청풍' 비에 대해서는 중국인을 추모하는 것이라며 비판적인 눈으로 보았다. '지환정'에 관해서는 여름 삼복더위도 잊게 해준다며 해주 사람들이 얼마나 행복할지 부럽다고 하였다. 시장에 가서는 자신의 고향 시장과 견주는데, 박화성의 고향은 목포이다. 해주 시장이 목포 공설 시장만큼 크지는 않지만 이 역시 바다 고을이니만치 해산물이 풍부하다고 적었다. "좋은 집을 보면 선화당처럼 꾸몄다고 하더니 과연 선화당이란 퍽이나 화려한 집이었습니다."하고 지금은 없어진 선화당에 관해서도 찬탄의 말을 붙였다. 그는 해주에 와서 상당히 좋은 인상을 받았고 기분이 유쾌하였다. 특별히 여인들을 칭찬한 것이 이채롭다.

> 해주는 그 이름이 참하고 아담한 것처럼 산수와 시가지도 곱고 맑고 깨끗한 곳이었습니다. 산들은 과히 높지 않으나 어찌 그리 아름답게 빼어났으며 물구비는 많지 않으나 그 하나라도 어찌 그리 차고 맑게 흐릅니까? (……) 해주에서 내가 가장 감탄한 것은 이곳 아낙

❶ 이이(李珥, 1537~1584): 강릉 외가에서 태어났지만, 6살 때 친가가 있는 파주로 와서 성장기를 보냈다. 관직에서 물러난 뒤에는 처가가 있는 해주에서도 꽤 오래 머물면서 은거하였다. 그의 호 중에서 율곡(栗谷)은 파주의 지명이며 또 다른 호 석담(石潭)은 해주의 지명인데, 석담은 현재의 행정구역으로는 벽성군에 있다. 〈고산 구곡가〉는 석담리에서 지은 것이다. 그는 파주 율곡리에서는 자운서원을, 해주 석담리에서는 소현서원을 열어서 후학을 양성하였다.

네들의 인물과 말소리가 몹시 곱고 부드러운 것이었습니다. 하얀 수건 아래 갸름하게 혹은 달덩이처럼 나타난 그네의 희고 잘생긴 얼굴이며 길거리에서 서로 만나서나 시장에서 물건 사면서 말하는 부인들의 태도와 부드럽고 매력 있는 말소리는 단연 조선 13도 부인 중에서 왕좌를 차지할 것입니다. '내가 만일 남성이었다면 반드시 해주 부인을 모실 것을' 하는 생각을 하였습니다. (……)

—〈해서 기행(海西紀行)〉 중에서, 《조선일보》 1935년 12월 5일

근대 해주의 모습에서 백자 문화를 빼놓을 수 없다. 조선의 공식 분원이 폐지된 19세기 말부터 20세기 중반까지 해주 일대의 민간 가마에서는 새롭고도 독

높이 70.8cm의 해주 항아리. 국립민속박물관(파주)에서 소장하고 있다.

황해남도 해주시 45

특한 백자를 생산하여 유통시켰다. '해주 백자' 또는 '해주 항아리'라고 한다. 전통을 이으면서도 새로운 모습을 보여준 백자로, 마지막 백자라고 할 수 있다. 분원에서는 왕실에 바치는 백자를 만들며 절제된 미를 보여주었다면 이 해주 백자는 생동하는 세계를 적극적으로 표현했다. 대부분이 큼지막하며 이를 화폭 삼아 과감한 필치로 모란, 물고기, 국화, 파초, 소나무 등을 자유롭게 그려넣었다. 온고지신(溫故知新)하는 듯, 현대적 느낌을 준다.

드디어 1945년 해방이 되지만 그 기쁨은 얼마 못 가고 새로운 단절이 시작된다. 북위 38°선을 기준으로 우리 지리가 분단되기 시작한다. 해주 룡당포(용당포) 위로 날벼락 같은 선이 그어진다.

민간인(民間人) ― 김종삼

1947년 봄
심야(深夜)
황해도(黃海道) 해주(海州)의 바다
이남(以南)과 이북(以北)의 경계선(境界線) 용당포(浦)

사공은 조심조심 노를 저어가고 있었다.
울음을 터뜨린 한 영아(嬰兒)를 삼킨 곳.
스무 몇 해나 지나서도 누구나 그 수심(水深)을 모른다.

―《현대시학》, 1970년 11월

김종삼(金宗三, 1921~1984)은 황해도 은률 출신이다. 1947년의 용당포 밤바다, 검은 바다가 배경(背景)이자 전경(前景)인 시이다. 제목부터 의미심장하다. 전쟁 발발 직전 상황을 숨죽인 목소리로 웅변하는 시로, 어떤 리얼리즘 소설보다 생생한 이야기를 품고 있다. 발표 당시 표기는 한자가 많았는데, 용당포의 경우 세 글자 다 한자로 적는 대신 '용당浦'라고 적어 놓았다. 수심을 모르는 깊은 '바다' 밑으로 가라앉은 진실을 의식하게 만든다.

현대

황해남도 소재지인 만큼, 도서관, 극장, 문화회관, 체육관, 병원 등이 설치 운영되고 있다. **황해남도 예술단**은 〈몽금포의 풍어맞이〉와 같은 가극을 공연해 왔고, 〈제대군인 병사들 연백벌로 왔다네〉 같은 노래도 불렀다. 황해남도 사람들의 삶의 역사를 예술로 담아낸다. 해주는 곳곳이 역사의 숨결이 밴 유적지이니 만큼 오늘날에도 유산을 잘 살려가고 있다. 모두의 공원이자 쉼터로 단장하고 가꾸어가고 있다. 남산공원, 선산공원, 수양산 유원지, 광석천 유원지 등이 있다.

유서 깊은 이 고장의 역사를 특별히 보존하고 관리하는 주체는 **해주 역사박물관**으로 양사동에 있다. 1949년에 처음 문을 열었고, 자료를 꾸준히 모아서, 원시시대로부터 1919년 3·1운동에 이르기까지의 유적유물자료들을 전시 교육하고 있다.

원시-고대관에는 해주시 룡당포 등의 유적지에서 출토된 도끼, 보습, 그물추, 자귀, 가락고동, 반달칼, 질그릇 등의 신석기 유물이 전시되어 있다. 역시 이 도 안의 은률군 관산리 고인돌 유적지에서 출토된 비파형 단검, 좁은놋단검

광석천 옆에 '동서남북 사방이 다 아름다운 정자' 사미정이 서 있다. 뒷배경이 수양산의 금봉이다.

등이 전시되어 있는데 고조선, 부여, 진국의 성립과 발전을 보여주는 자료이다.

고려관에는 이 도의 배천군 원산리 가마터에서 발굴된 상감청자들이 전시되어 있다. 특별한 것으로 고려 말에 제작된, 길이 153.5㎝, 지름 14.5㎝의 화포(火砲)가 있다. 조선관에는 백자 위주의 생활자기들이 많이 전시돼 있다. 〈석담구곡도〉 병풍이 있는데, 이 계곡을 노래한 여러 선비들의 시구를 넣고 판화 형식의 그림을 배치하였다. 역시 조선 시대에 제작된 190×140㎝의 방장(房帳, 외풍을 막기 위해 치는 휘장)이 있는데, 방장은 고구려 벽화무덤 중 하나인 안악3호분에서부터 보이는 것으로, 겨울철 풍속사 연구의 귀한 자료이다.

이 고장의 특산품인 해주먹과 벼루도 전시하고 있다. 해주는 예로부터 먹 생산지로 명성이 높았다. 치레도 멋지고 향도 그윽했다는 상등품 먹 **한림풍월**

해주비빔밥. 멋있고 맛있고 건강한 요리이다.

(翰林風月)을 전시하고 있다. 시인묵객의 사랑을 받은 해주벼루도 전시되어 있다.

조선 후기부터 전국적으로 인기를 끈 해주소반도 전시하고 있고, 해주탈도 전시하고 있다.

해주시 여행

해주는 예로부터 맑은 공기와 아름다운 풍광으로 이름이 높았다. 산과 바다를 다 즐길 수 있는 여행지이고 편안한 휴양도시이다. 유적지를 돌아보며 불교와 유교의 높은 정신문화를 감상할 수 있고, 박물관에서 시간 여행을 떠나 볼 수 있다.

관찰사 영이 있고 오랫동안 도청 소재지였던 만큼 황해도의 풍부한 물산을 바탕으로 음식 문화도 발달했다. 옥토에서 거둔 곡식 덕에 밥 종류든 떡 종류든 다양하며 주식이나 별미나 다 넉넉하다. 수양산에서 캐온 산나물 찬도 한몫한다. 바닷마을답게 어류와 해초류도 밥상을 풍성하게 해준다.

2019년 태양절 요리축전 때 '해주시 사회급양관리소'에서 출품한 요리 세 가지는 ▣ 해주비빔밥과 ▣ 서해낙지숙회와 ▣ 숭어구기자즙찜이다.

해주비빔밥은 해주교반(交飯)이라고도 하는데, 예나 지금이나 해주를 대표하는 요리이다. 평양의 '옥계각'이라는 해주 전문 음식점에서도 맛볼 수 있는데, 근사한 요리라기보다는 자연이 준 선물을 잘 담아낸 건강한 요리이다. 재료나 만드는 법이 한 가지일 수는 없지만, 대체로는 밥을 지어서 살짝 볶은 다음 그 위에 고사리, 미나리 등의 산나물을 얹는다. 닭고기 등 고기도 조금 얹는다. 해삼을 데쳐서 얹기도 한다. 그리고 이 고장의 특산품인 김을 얹는다.

산업

이 지역은 전통적으로 농업과 수산업이 발달한 곳이고, 일제 강점기 때에는 근대적인 교육과 행정 도시로서의 기능이 보태진 곳이다. 해방 후에는 황해남도 소재지로서 도 전체에 일용품, 건재 등을 공급하기 위해 경공업이 발달하기 시작했다.

농림어업

① 농축산업

황해남도 일대를 서해 곡창이라고 한다. 이 일대의 농업 생산성을 높이기 위해 다각도로 애쓰고 있는데, 그중 하나가 관개수로 정비이다. 최근에 '황해남도 대규모 자연 흐름식 물길'을 건설하였다. 2016년에 1단계로 신원군 장수호로부터 해주시, 벽성군, 옹진군에 이르는 240km 구간 공사를 마쳤고 2020년에는 봉천군, 청단군, 룡매도 사이 60km 구간의 공사를 완성하였다. 이 물길(수로)은 기본적으로 농업 용수의 안정적인 확보를 위한 것이며, 식수와 공업 용수 확보에도 크게 기여한다. 큰물(홍수) 피해를 막는 데도 도움이 될 것으로 기대하고 있다.

이 과정에서 황해남도 체신관리국은 통신 설비를 정비하는 공사에 나서, 빛섬유케블(광섬유케이블) 공사를 진행하는 등 새로운 통신 설비 설치 작업을 마쳤다. 또한 물길 주변에 나무 수십 만 그루를 심어 숲 가꾸기 사업도 벌였다. 북한은 나무 심는 것을 가리켜 '양심을 심는 일'이라고 하고 있다. 양심은 선한 마음이라는 뜻이니 좋은 권면이다. 우리의 식목일 비슷한 것으로 북에는 식수절(植樹節)이 있다.

농경지는 시 전체에서 20.9%를 차지하며 그중 논이 40%, 밭이 47%, 과수밭이 11%, 뽕나무밭이 1%이다. 곡류로 벼, 옥수수, 콩, 팥 등을 거두고 있고, 채소류로는 배추, 무, 가지, 오이, 호박, 가두배추(양배추), 파, 고추 등을 거둔다. 과일은 배, 사과, 복숭아, 감, 밤 등이 산출된다. '해주배'가 예로부터 이 지역 특산물로 알려져 있다. 감 또한 특산물로 두 가지 종류가 자랑거리이다. '해주빈씨감'이라는 품종이 있는데, 씨앗이 없는 것이 특징이다. 110~250g쯤의 무게로, 내한성이 강하고 검댕이병이 덜 걸린다. '해주 청풍감'도 있는데 빈씨감보다는 좀 작으며 역시 추위와 병에 강한 품종이다. '해주딸기'도 특산물이다. 이 딸기는 포기가 왕성하고 수확량이 많으며 병에 잘 걸리지 않으며 온실에서도 잘 자란다.

작천 협동농장, 연양 협동농장, 석미 협동농장, 영양 협동농장, 석천 남새전문협동농장, 장방 협동농장, 신광 협동농장 등이 있다. 협동을 빼고 그냥 농장이라고도 한다. 해주 버섯공장도 현대적인 설비를 갖추었으며 멸균 시스템과 바구니 사출기 개발 등에서 선도적이다.

해주시는 초지 분포와 온열 조건 등이 적당하여 축산업에 유리하다. 작천리가 대표적이며, 영양리, 장방리의 협동농장에서도 닭공장, 돼지목장, 오리공장 등을 운영하고 있다. 염소, 토끼 등도 많이 기른다.

황해남도 일대에서 양잠업이 성하며, 해주시에 고치생산사업소가 있다. 작천리, 영양리, 신광리에 뽕밭이 있다. 북한은 중앙에 '잠업비단공업국'이 있고, 전국 각지에 고치생산사업소가 있다. 좋은 품종을 심고 사름률(활착률活着率의 북한식 표현)을 높이고 병충해를 막기 위해 비배(비료의 북한식 표현) 관리를 잘해주며, 최종적으로 뽕잎 생산을 늘리는 것이 목표이다.

수예품 및 초물¹ 공장이 있는데, 꽃무늬돗자리(화문석) 등 30여 종의 초물 제품을 생산한다. 이 공장에서는 바닷가에 흔한 조개껍데기로도 생활용품을 만든다. 민간 예술이라고 할 수 있다. 우리의 민예품이나 공예품, 토산품과 비슷하다.

> ¹ 초물(草物): 지푸라기나 부들, 칡넝쿨 등을 재료로 써서 만드는 바구니, 광주리, 방석, 자리 등. 우리는 짚풀 공예품이라 한다.

② 임업

산림은 전체 면적의 42%를 차지하며 다 수양산줄기에 있다. 참나무와 소나무가 대표적이라 할 만큼 널리 분포한다. 그리고 이깔나무, 잣나무, 물푸레나무, 고로쇠나무, 단풍나무, 느티나무, 아까시아나무 등도 많이 자란다. 달피나무, 쪽동백나무, 오리나무, 버드나무, 팽나무 등도 자란다. 아열대 수종인 서어나무, 초피나무도 자란다. 수양산 식물보호구는 다양한 나무와 풀들이 자라는 보배로운 지역이다. 약초 자원으로 삽주, 세신, 으아리, 시호, 은시호, 룡담(용담), 승마, 돌쩌귀, 고본, 산함박꽃, 인동덩굴, 현삼, 초피나무 등이 자란다. 산나물로는 고사리, 도라지, 참나물, 화살나무 등이 자란다. 산열매를 얻는 나무로는 밤, 도토리, 머루, 다래, 보리수, 산딸기 등이 자란다.

신광리는 시의 북서쪽에 위치하며 벽성군과 붙어 있다. 예전 사람들에게는 '벽성'은 해주의 별칭이었다. 수양산 자락에 있는 아름다운 마을이다. 산림이 리 전체 면적에서 65%인데 소나무, 참나무, 잣나무, 단풍나무, 싸리나무 등이 많다. 배는 예로부터 맛이 좋은 것으로 널리 알려져 있다. 돌배나무, 살구나무가 자라는 재(고개)도 있으며, 오리나무가 자라는 개울도 있다.

영양리에 호두나무숲이 있으며 원림사업소가 있다. 장방리에 소나무, 잣나무, 참나무 등이 자란다. 읍파동에 밤나무가 많은 곳이 있고 소리개산에는 과수밭이 있다.

③ 수산업

황해남도 앞바다는 한류와 난류 흐름의 영향을 다 받는 수역이고, 물고기 서식 조건으로도 좋아서 정착어나 회유어나 다 많이 서식한다. 주로 갈치, 조기, 민어, 까나리, 전복, 해삼 등을 얻고 있다. 조개류, 바다나물(해초) 등을 양식하는 데에도 유리한 조건을 가지고 있다. 물고기류 40종, 조개류 15종, 바다나물류 10여 종, 갑각류 15종을 비롯하여 120여 종의 수산 자원이 있다. 해주의 수산물로는 숭어, 전어, 조개, 굴, 바스레기(바지락), 김 등이 있다. 일부는 젓갈로 가공되어 공급된다. 황해남도 수산관리국 아래 **해주 수산사업소, 해주 세소어업**(細小漁業)**사업소**를 두고 있다. 세소어업은 작은 규모의 어업을 가리킨다. 생산협동조합으로 룡당 수산협동조합 등이 있다.

경공업
① 일용품 공업

해주 일용화학공장에서는 주민들이 일상생활에서 사용하는 물품들을 생산하고 있다. 비누 생산에 드는 원료 기름 조달 문제를 해결하여 생산 원가를 낮추고 있다. 북한의 대부분의 공장이 원가 절감을 위해 노력하고 있고 새로 설비를 바꿀 때는 전기 절약형, 환경 보호형이어야 한다는 것을 점점 더 강조하고 있다. 가성소다 생산과정에서 나오는 유해 가스를 잡아 염산과 표백물, 중조와 탄산소다도 생산할 수 있는 길을 열었다. 해주 수지▪ 제품공장도 있다. 해주청년종이공장에서는 종이 및 종이 가공제품을 생산한다. 나무에서 펄프를 얻는 대신에 갈대, 옥수숫대, 볏짚, 폐지 등을 원료로 하여 종이를 생산하는 지방 기업이다. 그 밖에도 학용품을 생산하는 공장, 연필공장, 장난감 공장 등이 있다. 가정에서 쓰는 세간을 만드는 가구공장도 있다.

▌수지(樹脂)는 본래는 나무에서 나오는 진액을 말하는데, 어느덧 플라스틱 같은 합성수지를 가리키는 말이 되었다. 북한에서는 '파수지'라는 말도 쓰는데, 재활용할 폐(廢)플라스틱을 뜻한다.

② **식료품 공업**

식료품 공업에서는 곡산공장(谷産工場)과 제분공장이 중요하다. 곡산공장은 곡물을 가공하는 종합 공장이며, 제분공장은 주로 전분, 전분당, 밀가루(소맥) 등을 생산하는 공장이다. 주민들에게 직접 공급하는 제품도 만들고, 식료품 가공

해주 대경가공사업소. 판김 가공 작업장 모습.

공장에 원료를 공급하기도 한다.

해주 곡산공장은 종합 가공공장답게 물엿, 사탕, 기름(식용유), 과자를 비롯한 여러가지 식료품을 생산한다. 해주 기초식품공장(장류 생산), 해주 김치공장, 수양산 종합식료공장, 해주시 제분공장 등이 있다.

학현동과 작천리에 있는 샘물이 예로부터 약수로 유명했는데 2020년 말에 **좌양산 샘물공장**이 건설되어 샘물(생수)을 공급하고 있다. 심혈관을 튼튼하게 해주는 성분이 들어 있는 약수이다.

2021년에는 해주 대경가공사업소를 만들었는데, 판김 가공 작업을 비롯 여러가지 수산물 가공을 맡은 일터이다.

③ 방직, 피복 공업

의생활을 책임지는 공업이다. 해주 직물공장, 해주 편직공장, 해주 은하피복공장 등이 있다. 해주 직물공장에서는 혼방천, 스프천(인조섬유, 스테이플 파이버 staple fiber), 비단천 등 여러 가지 천을 생산해서 전국에 공급하고 있다. 해주 편직공장에서는 편직물, 내의류, 양말 등을 생산한다. 2023년 12월 31일에는 해주 학생교복공장을 준공하였는데, 현대적인 설비와 디자인으로 공을 많이 들인 공장이다.

④ 신발 공업

해주 신발공장, 해주 구두공장이 있다. 가죽신발, 운동화는 물론 농사일 할 때 신는 고무장화 등도 생산한다. 해주 가방공장도 있다.

중공업

① 건재(건설 재료)업

해주 세멘트공장, 해주 판유리공장, 해주 흄관공장, 해주 주철관공장, 해주 위생자기공장, 해주 마감재공장 등의 건재 공장이 있다. 북한에서도 건재품의 다종화, 다양화, 다색화 실현에 박차를 가하고 있다.

가장 크고 중요한 공장은 **해주 세멘트공장**(룡당동 소재)이다. 여기서 생산되는 시멘트는 전국 각지로 공급되고 있으며 예전에는 수출한 적도 있다. 해주시 북동쪽에 붙어 있는 신원군에 석회석이 많이 매장되어 있어 이를 이용하면서 발달한 공업이다. 이것을 수송하기 위해서 해주~하성(신원군) 간 철도 노선 정비가 이루어진 바 있다. 해주항이 책임지는 화물 중에서도 시멘트가 큰 비중을

해주 편직공장

차지한다. 화물 수송을 위해 정도선이라는 철도를 이용한다.

② 기계 공업

황해남도 일대가 곡창 지대이므로 농기계 생산이 중요하다. 크고 작은 공장들이 많은데 대표적인 업체로는 **해주 련결(連結)농기계공장, 해주 농기계공장, 해주 뜨락또르부속품공장** 등이 있다. '련결농기계'는 뜨락또르(트랙터)에 연결해서 사용하는 농기계를 말한다. 해주 관개기계공장에서는 양수기와 부속품을 생산한다.

2023년에 해주 농기계공장에서는 소형 '벼 수확기' 시제품을 보급하였다. 동력전달 장치를 개선하였고, 변속장치와 조향장치를 새로 도입하여 공정별 작업과 이동 편리성을 높였다.

농기계 외에도 식료공업, 일용품공업 부문의 설비를 비롯한 여러가지 기계들과 부속품들도 생산한다. 그리고 지질탐사 및 채취공업 부문에 필요한 탐사기계와 광산 기계 및 그 부속품을 생산하고 있다. 선박수리공장도 있다. 또한 건설기계, 전기기계, 과수기계, 축산기계 등 여러 부문의 기계와 부속품을 생산하고 있다. 해주 금강기계공장 등이 대표적 업체이다.

③ 금속 공업

해주 금강청년제련소(구 '해주10월13일청년제련소', 석미동 소재)는 북한 서해안에 건설된 최초의 연(鉛, 납) 전문 생산 제련소이다. 일본에서 용광로와 전해 설비 등을 도입하여 1985년 10월에 완공되었으며, 부지 39만㎡, 건평 약 2만㎡의 기업소이다. 연간 생산능력은 연 3.5만 톤, 금 0.01톤 수준이다. 1998년 9월 용광로직장 전기용광로 개보수 확장사업을 추진하였으며, 2004년 전기로 시설을 증설함으로써 생산능력이 3.5만 톤으로 확대되었다. 2006년 명칭을 현재의 해주 금강청년제련소로 변경하고 용광로직장에 경동식 전기용광로를 건설하였다. 원료인 연 광석은 황해남도 락연, 옹진, 은동, 장연 광산과 황해북도 서흥, 멱미, 문무리 광산 등에서 공급받고 있고, 전력은 평양화력과 북창화력발전소에서 공급받고 있다. 도로가 잘 연결되어 있으며, 철도는 해주와 옹진을 잇는 옹진선을 이용할 수 있으므로 물류 기반도 잘 갖추어져 있다.

룡당동에도 해주제련소가 있다. 과인산석회, 황산, 동 등을 제련해내고 있다.

교육

북한은 전반적 12년제 의무교육을 시행하며, 우리나 대동소이하다. 유치원 1~2년, 소학교 5년, 초급중학교 3년, 고급중학교 3년으로 편성되어 있다. 해주는 황해남도 소재지이고 인구 수도 많은 만큼 각급 교육기관이 갖추어져 있다. 새로운 세기에 맞게 교육조건과 환경을 일신하기 위해 많은 노력을 기울이고 있다. 교실 안의 각종 비품은 물론 실습 기구들을 현대화하고 인터넷 등의 뉴 미디어 장비도 들여놓았다. 운동장에 나무을 심어 가꾸는 일에도 정성을 기울이고 있다. 모든 인민이 학부형의 마음이 되자고 하며 후원도 끌어내고 있다.

광하 유치원, 구제 유치원, 대곡 유치원, 사미 유치원, 새거리 유치원, 영광 유치원, 옥계 유치원 등 50개쯤 유치원이 있다. 육아원과 애육원은 근래에 더 적극적인 활동을 격려하는 뜻에서 크고 넓게 증축하였다. 북에서는 교사를 가

위는 구제유치원 활동 모습, 아래는 영광동에 있는 아동공원 모습

리켜서 소학교 이상은 교원이라 하고, 유치원은 교양원이라고 한다. 유치원 교양원은 어린아이들에게 관찰력, 기억력, 판단력, 표현력 등을 잘 가르침은 물론이고, 예술과 체육 활동도 열의를 갖고 지도한다. 결성 소학교, 광석 소학교, 남산 소학교, 남연 소학교, 룡당 소학교, 새거리 소학교, 양사 소학교, 해운 소학교 등이 있다. 남한에 5월 5일 어린이날이 있다면 북한에는 6월 1일 '국제아동절'이 있다. 사회주의권 국가들의 기념일로 '륙일절'이라고도 하며 크게 행사를 벌이고 기념하는 어린이들의 명절이다.

중등교육 기관으로 부용 초급중학교, 양사 초급중학교 그리고 광석 고급중학교, 부용 고급중학교, 산성 고급중학교, 서해주 고급중학교, 석미 고급중학교, 석천 고급중학교, 수양 고급중학교, 승마 고급중학교, 신광 고급중학교,

바둑원

연하 고급중학교, 영양 고급중학교, 옥계 고급중학교, 읍파 고급중학교, 창검 고급중학교, 학현 고급중학교, 해청 고급중학교 등이 있다. 창검 고급중학교는 수양산 골짜기에 자리한 학교이며, 더 깊은 산골에는 수미창분교가 있다. 북한은 분교 운영에 큰 열의를 갖고 있으며 섬 지역과 산골 오지 등 곳곳에 분교가 있고, 학생들이 통학에 불편함이 없도록 지원하고 있다. '찾아가는 교육'의 모습이다.

북한에서는 음악, 체육, 요리 등 다양한 활동을 통해 전인 교육을 펴가고 있으며, 주제별 경연 대회도 다양하다.

대부분의 학교에서 합창단이나 중창단 활동도 활발하다. 광석 고급중학교, 옥계 고급중학교는 취주악대가 우수하다.

연하고급중학교

해주시 고급중학생들을 대상으로 하는 요리 경연이 열리기도 한다. 참가자들은 여럿이 한 조를 이루어 밥류, 탕류, 나물류, 지짐류, 튀기류(튀김) 등을 만든다. 다 이 지역의 재료들로 우리식 요리를 만든다. 남에서는 한식이라고 하고 북에서는 민족음식이라고 표현한다.

양사 초급중학교는 2015년의 전국 대회에서 태권도와 예술체조에서 1등의 영예를 거머쥐었다. 이 학교는 축구 실력도 뛰어나다. **부용 초급중학교**는 2017년 전국 초급중학교 축구 대회에서 3등을 하였고, 전국 바둑경기에서는 2차례나 1등을 차지하였다. 2019년 전국대회에서는 **광석 소학교**의 태권도, **새거리 소학교**의 육상, **양사 초급중학교**의 태권도와 탁구, **광석 기술고급중학교**의 여자배구 등이 좋은 성과를 보이며 학교와 시를 빛낸 바 있다. 그 밖의 학교들도 다들 축구, 배구, 탁구, 달리기 등에 열심이다.

근래 들어 해안 지역 학교들에서는 수영 교육 열풍이 불고 있으며 여름철 체육활동으로 인기가 높다. 가슴헤염(평영), 누운헤염(배영)은 물론 장거리를 오가는 릴레이경주도 가르치고 있다.

해주시 청소년체육학교가 있고, 마라손(마라톤), 유술(유도) 등의 지도에서 역량을 보이고 있다. '수양산체육단'을 운영하고 있다.

또한 **소년단 야영소**, **청년 야외극장** 등도 운영하고 있어, 자연 속의 활동과 각종 문화 활동을 고취하고 있다.

고등교육 기관으로 20여 개의 전문학교, 10여 개의 대학교가 있다.

조옥희 교원대학은 소학교 교원과 유치원 교양원을 양성하는 곳이다. 1997년에 조옥희를 기리기 위해 이렇게 개칭되었다. 교원학과, 교양원학과, 체육학과 등이 있다. 2022년 12월에 현대화한 건물로 교체되었다. 종합강의실, 실습실 등을 과학화, 정보화하고 기숙사도 현대적으로 개건하였다. 전자도서관, 체육관도 잘 갖추었다. 황해남도 안에 분교도 많아서 산골과 섬 등에 180여 개 있는데, 이러한 도의 실정에 맞게 교원을 양성하고 있다.

중등 교원을 양성하는 곳으로 김종태 제1사범대학과 해주 제2사범대학이 있다.

해주 공업대학은 1961년에 세워진 곳으로, 일하면서 배우는 교육 체계의 일환으로 해주 세멘트공장 노동자들을 대상으로 하여 발족되었다. 화학공학과, 기계공학과, 전기공학과 등 여러 학과들과 관리일꾼 양성반이 있으며 화학공학강좌, 기계공학강좌, 전기공학강좌, 공업경영학강좌 등의 강좌들이 개설되어 있다. 실험실, 실습실, 도서실이 잘 갖추어져 있다.

해주시의 농업대학과 의학대학을 좀더 자세히 살펴본다.

김제원(농업)대학

1960년 해주농업대학으로 출발하였다. 1990년에 농민 김제원에 바치는 뜻으로 개칭되었다. 농학부, 과수학부, 산림하천학부, 농기계학부, 농업경영학부 등이 설치되어 있다. 황해남도의 농업 관련 연구에 주력하고 있다. 산성 토양 개량에 좋은 활성 석회현탁액과 농작물 뿌리 활성 및 빛합성(광합성) 강화제, 생물 활성 비료 등에 관한 그동안의 연구를 협동농장에 도입하는 것을 중심과제로 삼고 있다. 지력을 회복시켜 땅이 건강하게 살아나게 하는 것도 주된 관심사이다.

이 대학에서 개발한 '수양산 2호'는 황해남도 토양에 맞는 살초제(제초제)이다. 김은 잡고 볏모의 생육에는 안전하도록 만들어졌다. 자연 유기 비료를 연구하고 물 관리 연구도 한다. 2023년 12월에는 농업과학원 과수학연구소 산하 해주과수연구분소가 건설되었다. 과일군을 비롯 황해남도 일대가 과일을 많이 생산하는 곳이라 이를 더욱 발전시키기 위한 걸음이다.

해주의학대학

1959년 9월에 발족, 황해남도와 당시 개성시의 보건일꾼 양성을 위해 세워졌다. 북에서는 평양, 함흥, 청진에 이어 4번째로 세워진 의학대학이다.

1962년에 새로 대학청사를 건설하였는데, 부지 5만㎡, 건평 2만㎡가 넘는다. 의학부와 고려의학부, 약학부, 의생학부를 비롯한 본학부 및 특설학부가 설치되어 있다. 우리의 의대, 한의대, 치의대, 약학대 등이 한 군데 다 같이 모여 있는 셈이다. 북한의 의대는 대체로 이 비슷하다. 한의학은 고려의학으로 불리며 정책적으로 중시되고 있다. 이 밖에도 일하면서 배우는 통신학부, 오랜 현직 보건일꾼들을 대상으로 하는 의사재교육학부가 있다. 과학연구사업의 주관부서인 박사원과 연구소가 있으며 제약공장이 있다. 수십만 종의 도서를 갖춘 도서관과 출판소가 딸려 있다.

이 대학은 현대적인 황해남도 병원과 황해남도 소아병원, 그리고 기타 황해남도 내의 각급 병원들과 전문과 병원들을 임상실습지로 삼고 있다.

김제원대학 전경

✚ 해주의학대학병원

1946년 1월 9일 황해도 인민병원으로 발족된 이래, 수 차례 개편 확장되고, 1971년에 대대적으로 증축 준공되었다. 외래환자 치료건물, 입원실, 방사성 동위원소과, 병리해부과, 약국 및 기타 후방 부서 건물들로 이루어져 있다. 뢴트겐 분야의 전문화된 연구 중심으로서의 사명도 수행하고 있다. 여러 가지 뼈이어붙이기 수술법과 심장수술, 후두전 적출술, 콩팥 부분절제술, 간엽절제술을 비롯하여 정형외과, 심장외과, 이비인후과, 복부외과, 비뇨기외과 등 여러 분야의 수술 치료법을 완성하여 임상에 도입 일반화하였다. 이 밖에도 황해남도의 풍토병과 전염병 등을 퇴치하는 데서도 성과를 이룩하였다. 그리고 고려의학 연구 사업도 활발히 진행하고 있다.

인물

백범 김구(金九, 1876~1949)가 해주에서 난 인물이다.

안중근(安重根, 1879~1910)의 고향이 또한 해주이다. 이토 히로부미를 저격한 안중근 의사는 해주 광석동에서 태어났다. 대대로 이 고장의 유서 깊은 양반 가문 출신으로, 어려서 수양산과 옥계골을 보며 호연지기를 길렀다. 7살 때 신천군 두나면으로 이사를 갔고 현재 그곳에 '안중근 렬사 집터 자리'라는 표지가 있다.

미술사학자이자 국립중앙박물관장 등을 역임한 **최순우**(崔淳雨, 1916~1984)는 개성사람이지만 유년 시절을 해주에서 보낸 바 있다. 방송인 **송해**(宋海, 1927~2022)는 재령 출신으로 해주예술학교에서 성악을 공부했다. 음악가 **장일남**(張一男, 1932~2006)은 해주에서 출생하여 해주사범학교, 평양음악학교에서 수학하였다. 그가 작곡한 〈기다리는 마음〉에는 해주의 바닷바람이 들어 있다.

최음전(崔音全, 1915~2007)

해주 생. 장구잽이. '서해안 배연신굿, 대동굿' 전승자이다. 35세가 되던 해부터 해주 일대에서 큰 명성을 날리던 방수덕 큰만신(1905~1971, 일명 조천물 만신) 굿판에서 장구를 배운 후 줄곧 황해도굿 상장구로 활동하였다. 6·25 전쟁 뒤에는 인천 등지에서 활동했다. 나이가 많이 들어서도 김금화(金錦花, 1931~2019) 만신의 굿에서 하루종일 장구를 쳤다.

배연신굿은 배를 가지고 있는 선주가 벌이는 굿으로, 안전과 풍어를 기원하는 굿이다. 배를 띄워 놓고 배 위에서 하는 굿이다. 대동굿은 음력 정월이나 이삼월에 마을 사람들이 다 함께 즐기는 축제 같은 마을굿이다. 황해도 굿판에서는 악사를 '기대'라고 한다. 기대 중에서 가장 중요한 사람이 바로 장구를 치는 장구잽이이다. 황해도 지방의 굿에서 장구를 치지 않는 굿거리가 없을 만큼 장구가 중요한 악기일 뿐 아니라, 장구잽이가 만신의 재담을 받아치며 굿을 이끌어 가기 때문이다. 황해도굿은 만신과 장구잽이, 이 둘이 중심이 되어 이루어진다고 볼 수 있다. 그래서 장구잽이를 '상장구할마이' 또는 '상기대'라고 하여 상

김금화

안승삼

최음전

(上) 자를 붙여서 불렀다.

    국가무형유산 제82 - 나호 '서해안 배연신굿, 대동굿'은 해주, 강령, 옹진 등의 해안가 지방에서 놀던 굿이다. 1985년에 처음 무형문화재로 지정되었으며, 김금화, 안승삼(安承三, 1909~2008)과 최음전, 이렇게 3인이 예능 보유자이다. 김금화는 연백 태생으로 외할머니가 황해도 일대를 휘젓고 다닌 무당이었다 한다. 안승삼은 최음전처럼 해주 토박이이다. 룡당리 포구 출신으로 이 지역에 내려오는 '배치기 소리'를 잘하는 소리꾼이자 굿청을 꾸미는 화공이다. 화공은 옷도 만들고 꽃도 만들고 각종 도구를 만드는 장인으로, 화가이자 조각가이며 무대 연출을 책임지는 미술감독쯤 된다. 이 굿은 현재 인천광역시에서 보존해 가고 있다.

교류협력

서해평화협력 특별지대

2007년 10월 2일부터 4일까지 평양에서 열린 남북정상회담 때 노무현 대통령이 북한 측에 서해 일대의 평화를 가져올 방안을 제시한 바 있다. 해주 인근 서해는 남북 모두의 군사력이 밀집된 지역으로, 이 일대에 경제협력 특별지대가 설정되면 군사적 긴장을 완화시킬 것이라는 뜻에서 제안되었다. 우리 측 제안 사항 중 세목 몇 가지를 소개하면 다음과 같다.

- 공동 어로 구역과 평화 수역: 공동 어로 구역을 같이 이용하고 제3국의 불법 조업은 방지하며 공동의 이익을 향유한다. 한강 하구와 연평도 사이의 어로 불가능 지역은 평화 수역으로 설정한다.

− 한강 하구 공동 이용: 한강 하구의 골재 부존량은 10억 8천만㎥로 수도권에서 20년 이상 사용 가능한 규모다. 또한 한강 하구 준설 시, 임진강 수위가 1m 낮아져 수해 방지 효과가 있다.

최종적으로 남북 정상은 '서해평화협력 특별지대'를 설치하는 것에 폭넓게 합의하고 '10·4 선언'을 채택하였다. 안타깝게도, 이후 북에서는 핵 문제가 다시 대두되고, 남에서는 이듬해에 대통령이 바뀌면서 모든 게 중단된 상태이다.

화성시의 남북협력 제안

2021년 11월 경기도 화성시는 해주시 등에 남북협력 사업을 제안했다. 농업과 보건 분야, 환경과 경제 분야, 도시협력, 사회문화 등으로 이루어져 있다. 세목을 보면, 환경과 경제 분야 교류로는 공유 부지를 활용 소규모 태양광 발전소 건립을 통해 신재생 에너지 분야 인프라를 구축하고, 탄소 배출권을 확보한다는 내용이 들어 있다. 사회문화 교류로는 화성-해주 문화예술단 교류와, 화성의 전곡항과 궁평항에서 해주까지 뱃길을 연결하는 남북 페리 관광을 제안하였다. 이밖에 보건 및 의료시설 현대화 지원사업, 상하수도시설 확충 및 정비사업, 스마트 물류사업 등도 담겨 있다.

또 한 가지 특별한 제안이 있는데, 화성시는 습지 공원이 있는 지역답게, 한반도 습지 보전을 위해 연대하자는 제안도 제출하였다. 해주시가 아니라 동북단에 있는 라선특별시에 있는 습지를 파트너로 생각하며 제안하였다. 북한도 람사르협약 가입국이다. 청천강 하구 '문덕 철새 보호구'와 두만강 하구 '라선 철새 보호구'가 람사르 습지로 등재돼 있으며, 앞으로도 더 찾아내 등재해갈 것이다.

잃어버린 시간을 찾아서 통일향수(統—鄕水) 전

2017년 통일부는 실향민을 위한 특별한 프로젝트를 진행했다. "마르셀 프루스트의 소설 《잃어

바다내음

버린 시간을 찾아서》에서 주인공이 마들렌 향으로 어린 시절 추억을 떠올린 것처럼, 고향에 대한 향기로 이산가족의 사라져가는 기억을 되살아나게 하고 싶었습니다. 갈 수 없는 고향의 '향수(鄕愁)를 담은 물', 통일향수(統一鄕水)는 이북 5도 이산가족 다섯 분의 그리움을 담은 스토리가 핵심원료입니다. 스토리를 지닌 향이 잊었던 과거의 순간을 일깨우듯, 통일향수가 이산가족의 기억을 조금이나마 되살려 고향의 추억을 마주하는 '따뜻한 위로'가 되길 바랍니다."

조향사 이성민이 실향민을 찾아가 고향 이야기를 듣고 그 이야기를 원료 삼아 향수를 만들어 전달하는 것이다. 해주 출신 송용순(1921년생)이 들려준다.

"산 좋고 물 좋은 곳이 해주입니다. 바다 가까워요. 우리집은 오거리 모서리에 있었어요. 아버지가 단오 때 그네도 매어주고 정월에는 널 뛰라고 널도 놔주고 했습니다. 집 근처 개울, 광석천, 그 개울 흘러내려가는 물줄기가 제일 그리워요. 용당포 바닷물의 바다 냄새도 생각납니다."

해주를 주제로 한 향수 이름은 '바다내음'이다.

새로운 길

윤동주(尹東柱)

내를 건너서 숲으로
고개를 넘어서 마을로

어제도 가고 오늘도 갈
나의 길 새로운 길

민들레가 피고 까치가 날고
아가씨가 지나고 바람이 일고

나의 길은 언제나 새로운 길
오늘도…… 내일도……

내를 건너서 숲으로

고개를 넘어서 마을로

— 1938. 5. 10.

황해남도

옹진군
甕津郡

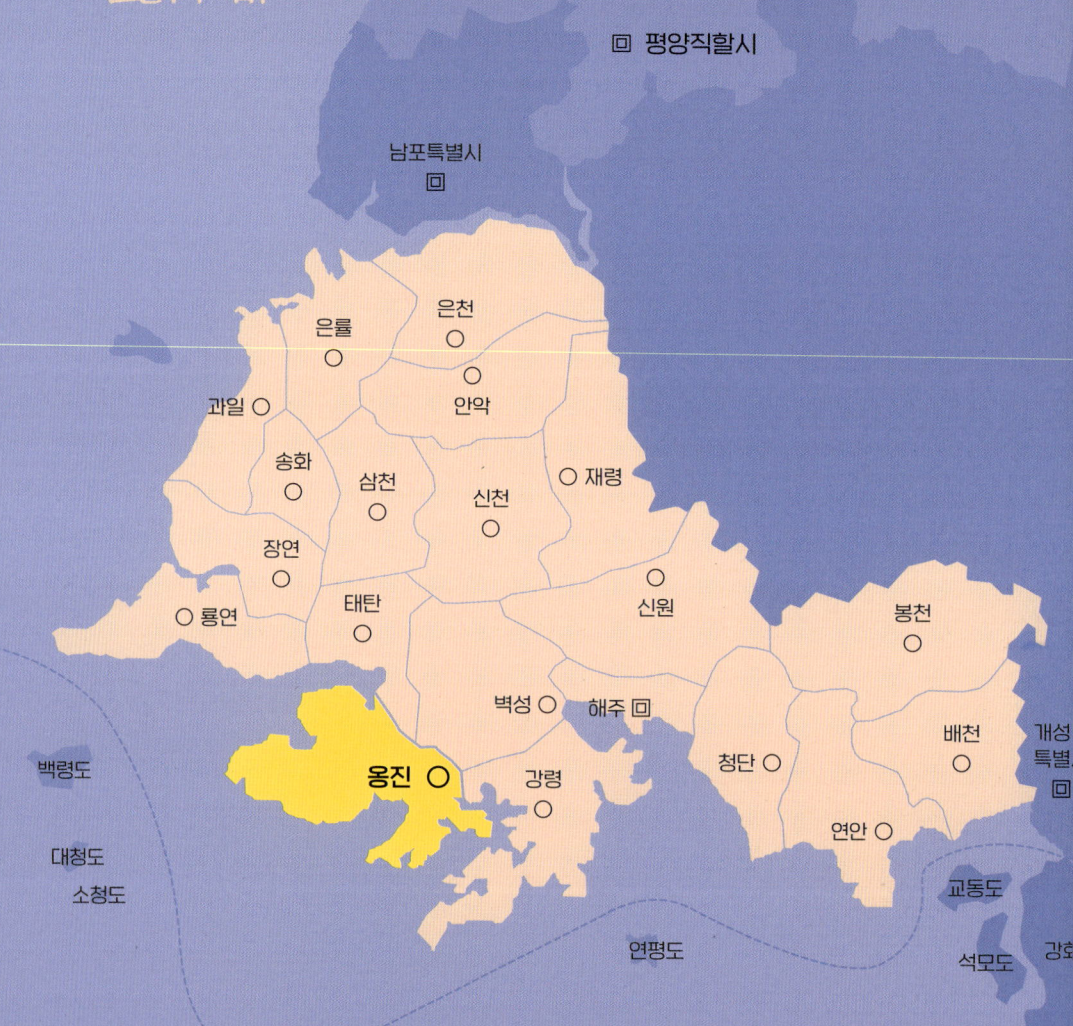

옹진군은 황해남도의 서남쪽 끝자락에 위치하는 바닷가 마을이다. 해안선이 길고 구불구불하다. 해안선의 굴곡이 만들어내는 반도 지형의 땅과 여러 섬들로 이루어져 있다. 어업과 농업을 생업으로 하여 순박하게 살던 바닷가 고장은 전쟁으로 많은 게 변하고 말았다. 북위 38°선 아래이지만, 6·25 전쟁이 끝난 뒤에 대부분의 땅이 북한으로 귀속되고, 백령도·대청도·소청도·대연평도·소연평도의 서해 5도는 남한에 귀속되었다. 현재 남한의 서해 5도를 관할하는 행정 단위 역시 옹진군이라는 이름을 쓰며 인천광역시에 속한다. 옹진군은 남과 북으로 나뉜, 분단의 살아 있는 증거이다.

　개방적이고 쾌활한 나라 고려가 벽란도(碧瀾渡)를 중심으로 서해 바닷길을 적극적으로 활용할 때 이 옹진군 일대 역시 경제와 국방 면에서 중요성이 부각되었다. 국경 경비에다 해상 무역 보호 임무 등이 더해지면서 군사적 요충지로 중요하였던 것이다. 조선시대에도 서해안 방비의 역할을 이어받으며 수군 본영이 설치되는 등 군사도시로서 중요시되었다. 현대 들어서는 남북 대치 상황으로 인해 중요한 곳이 되었으며, 갈등과 평화 사이의 갈림길에 놓이게 되었다. 평화로 가는 길을 선택한다면 해주, 강령과 함께, 그리고 남쪽의 강화, 인천, 서울 등과 한데 어우러져서 새로운 걸음을 내디딜 수 있다.

위치와 지형

황해남도 남쪽 끝에 위치한 고장으로 북부는 태탄군, 동부는 벽성군, 강령군과 닿아 있고, 남부와 서부는 다 바닷가 마을이거나 섬이다. 옹진반도라고 하지만, 강령군 가까운 쪽은 마산반도(馬山半島), 서해 바다 면한 쪽은 읍저반도(邑底半島)라고 한다.

해상에 크고 작은 섬들이 30여 개 흩어져 있다. 마산반도 동쪽 강령군과의 사이에 신도(薪島, 0.91㎢), 위도(0.46㎢), 파도(0.58㎢), 룡호도(龍湖島, 2㎢)가 있다. 마산반도 서쪽 옹진만에는 이 군에서 가장 큰 섬인 창린도(昌麟島, 7.15㎢)가 있다. 창린도 서쪽에는 두 번째로 큰 섬인 기린도(麒麟島, 7.04㎢), 읍저반도 서남쪽에는 마합도(0.94㎢)가 있다.

전체 면적은 638.69㎢로 황해남도에서 가장 넓다. 섬들의 면적만 계산해보

남해로동자구 오리골 앞바다

면 약 18.51㎢이다. 해안선의 길이는 314.2㎞이다. 경도는 옹진읍 기준 동경 125°20′, 위도는 북위 37°56′이다. 위도 상으로는 춘천쯤 된다. 황해남도 행정 소재지(인민위원회 소재지)인 해주까지 철길로 42.8㎞, 평양직할시까지는 195.4㎞이다.

옹진반도는 대부분 평야와 야트막한 구릉지로 이루어져 있다. 북부가 높고 서부와 남부, 바다 가까이 가면서 점차 낮아진다. 북동부 지역에 있는 국사봉(國師峯, 527m)이 가장 높은 산이며, 여기서 벽성군과 태탄군과 옹진군이 서로 갈라진다. 국사봉 서쪽 옆, 태탄군과의 경계에 계명산(鷄鳴山, 293m)이 있다. 중부에 천장산(天長山, 433m)이, 서부에는 진경봉(陣景峯, 159m), 개룡산(開龍山, 192m)이, 남부에 태행산(泰行山, 208m), 봉화산(烽火山, 99m)이 솟아 있다. 서부에 만진(萬珍)벌, 중남부에 옹진벌이 넓게 펼쳐져 있다.

긴 해안선을 갖고 있으며 서쪽으로 대동만(大東灣), 남쪽으로 옹진만 곳곳에 구불구불한 만과 곶 지형이 형성되어 있다. 밀물과 썰물이 오가면서 만드는 갯벌이 드넓게 펼쳐진다.

옹진반도에는 여러 갈래의 강하천들이 있으며 흘러흘러 서해 바다로 간다. 은동천(隱洞川)은 군의 북동부 수대산(秀垈山)에서 발원하여 삼산리와 진해리 사이에서 대동만으로 흘러들어가는 강으로 길이는 15.1㎞, 유역 면적은 72.7㎢이다. 또한 중앙을 흐르는 수대천(秀垈川), 광산천(鑛山川) 등이 있고, 강령군과의 경계 지역을 흐르는 로호천(蘆湖川)이 있다. 저수지로는 은동천을 막아서 만든 은동저수지가 있고, 국봉저수지(國峯貯水池)와 수대저수지, 단천저수지(丹川貯水池), 련봉저수지, 두무항저수지 등이 있다.

옹진읍에 온천이 있는데, 예로부터 좋은 온천으로 유명하였다.

기후

기후는 서해 바다의 영향을 받는다. 북한에서는 가장 따뜻한 지역에 속한다. 연평균 기온은 10.6℃, 1월 평균기온은 -4.4℃, 8월 평균기온은 24.7℃, 연교차 29.1℃이다. 최고 극기온은 34℃(1978년 7월 29일), 최저 극기온은 -17.3℃

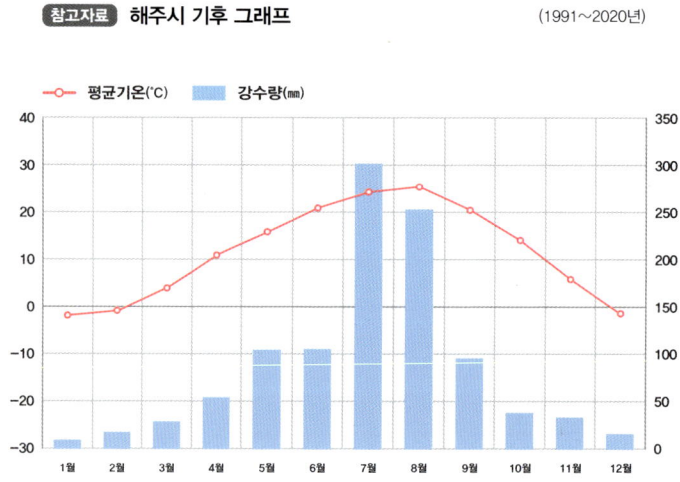

참고자료 **해주시 기후 그래프**   (1991~2020년)

	30년 평균	2023년
연평균기온(℃)	11.9	13.1
최한월(1월) 평균기온	-2.7	-2.2
최난월(8월) 평균기온	25.3	26.4
연교차	28.0	28.6

	30년 평균	2023년
연강수량(mm)	1069.4	1317.2
여름 강수량 (6, 7, 8월)	666.0	770.5
겨울 강수량 (12, 1, 2월)	42.1	78.0
평균 풍속(m/s)	2.1	2.2

출처: 대한민국 기상청 〈북한 기상 연보〉
옹진군의 최근 기후 자료를 구하지 못하므로 가까운 해주시의 자료를 참고한다.

(1970년 1월 5일), 10℃ 이상 적산온도는 3,729℃, 연평균 일조율은 58%이다.

연평균 강수량은 1,015.7㎜이다. 봄철 강수량은 161.9㎜, 여름철은 601.8㎜, 가을철은 188.6㎜, 겨울철은 63.4㎜이다. 전체 강수량의 59.3%가 여름에 내리고, 18.6%가 가을에, 15.9%가 봄에, 그리고 6.2%가 겨울에 내린다.

첫서리는 10월 하순, 마지막 서리는 4월 중순에 내린다. 서리 없는 기간이 약 180일이다.

바람은 여름에 남풍이, 겨울에 북서풍이 우세하다. 태풍의 피해를 많이 입는 곳이다.

행정구역과 인구

전쟁 뒤에 서해 5도(백령도, 대청도, 소청도, 대연평도, 소연평도)를 뺀 섬과 반도로 옹진군이 되었고 1954년 황해남도 신설 뒤에는 그 아래 속하게 되었다. 강령군이 신설되어 분리 독립될 때에 이 군의 일부 지역을 강령군에 부속시켰다. 면들을 없애고, 노동자가 많은 곳은 '로동자구'로 재편하였다.

황해남도 전체 인구는 2008년 현재 231만 485명이다. 그중 옹진군 인구는 15만 2,878명으로 도 안에서는 인구가 많은 편이다. 배천군, 연안군도 인구 수 15만 넘는 군이며, 옹진군이 그 다음이다. 이 중 도시 인구가 6만 6,263명, 농촌 인구가 8만 6,615명이다. 북한은 읍 거주 인구를 도시 인구로 분류하므로, 여기서 도시 인구 수는 읍과 로동자구 거주 인구를 합한 숫자이다.

행정구역은 1읍(옹진읍), 3구(구곡로동자구, 남해로동자구, 옹진로동자구), 24리(구랑리, 국봉리, 기린도리, 대기리, 랭정리, 련봉리, 룡천리, 룡호도리, 립석리, 만진리, 본영리, 삼산리, 서해리, 선풍리, 송월리, 수대리, 원사리, 은동리, 장송리, 전산리, 제작리, 진해리, 창린도리, 해방리)로 구성되어 있다. 옹진군 소재지는 옹진읍이다.

옹진군 인구 현황 개괄

(단위: 명)

인구수	남자	여자	도시	농촌
152,878	71,997	80,881	66,263	86,615

출처: 2008년 북한 중앙통계국 발표 인구 센서스

옹진군 인구 피라미드

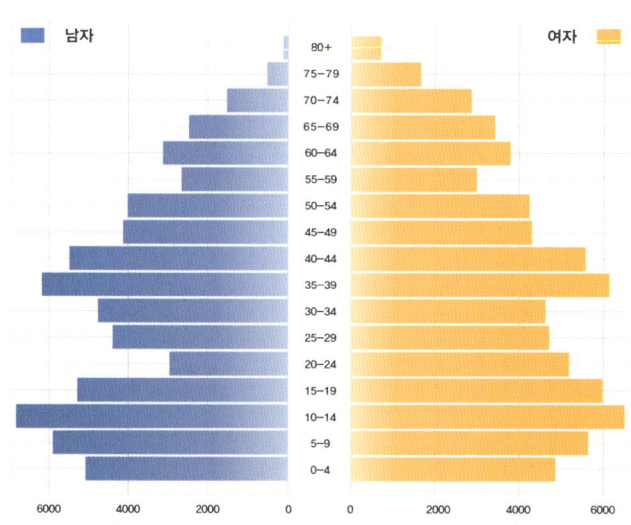

* 위 인구 피라미드는 2008년 북한 중앙통계국 발표 인구 센서스 자료를 바탕으로 연령대별 인구를 추산하여 작성한 것으로 참고용이다.

본영리(本營里)는 조선시대에 황해도 수군의 본영이 있었다 해서 붙은 이름이고, 국봉리(國峯里)는 봉화를 올리던 봉우리가 있는 마을이라는 뜻이다. 수대리(秀垈里)는 수대산이 있는 곳이다.

그 밖에 많은 지명이 새로운 행정구역 체제에 발맞추어 붙여진 이름들로, 구랑리(鷗浪里), 송월리(松月里), 삼산리(三山里), 서해리(西海里), 해방리(解放里) 등은 1950년대에 생긴 지명이다. 련봉리(蓮峯里)는 연꽃처럼 생긴 봉우리가 있다 하여 붙은 이름인데 예전에는 소강리였다. 수군 행영이 있던 소강리를 1977년에 련봉리로 고쳤다. 선풍리(先豊里)는 1990년대에 신설된 리로, 풍년을 먼저 가져오는 마을이라는 뜻이다. 원사리(院寺里)는 원집과 절간이 있던 마을이라는 뜻으로 역시 1990년대에 새로 생겨난 지명이다. 원사리는 그전까지는 로호리였다.

창린도, 기린도, 룡호도는 큰 섬들로 각각 하나의 리(里)를 이루고 있다.

> 북한은 1952년 행정구역 개편 때에 '면'을 없앴다. 그리고 군 소재지가 있는 곳은 '읍'으로, 나머지는 다 '리(里)'로 편성하였다. 군 소재지를 옮기면, 읍이라는 명칭도 떼고 새로운 곳이 '읍'이 된다.
> 그리고 노동자(농업 부분 제외)가 400명 이상 거주하는 지역으로, 인구 중 65%가 산업노동자로 구성된 지역을 '로동자구'로 지정하였다. 위계상 읍과 리의 중간, 시의 동(洞)과 동격으로 볼 수 있다.

교통

철도

철도는 ❚ 해주청년선의 지선인 ❚ 옹진선이 들어온다. 해주시, 벽성군, 강령군을 거쳐서 옹진군에 들어와 **랭정역**(冷井驛)이 있고 **옹진역**이 마지막 역이다. 이 노선은 해방 전에는 해주와 옹진 사이를 오간다 해서 **해옹선**이라 하였다.

철길로 해주까지 42.8km이다.

도로

🛣 옹진~벽성 간 도로, 🛣 옹진~강령 간 도로, 🛣 옹진~태탄 간 도로가 놓여 있다. 옹진~강령 간, 옹진~태탄 간, 옹진~사곶 간, 옹진~은동 간, 옹진~본영 간, 옹진~제작 간, 옹진~송월 간에는 정기 버스 노선이 있다.

해운과 항공

남해로동자구 남동부 바닷가에 사곶(沙串)이 있다. 옹진읍에서 사곶까지 16km로 가깝다. 이곳에서 배편을 이용할 수 있다. 뱃길을 통해 룡호도 등 섬들은 물론, 강령군의 부포, 해주까지 이어진다.

✈ 옹진비행장이 있는데, 활주로 2,000m이며 비포장 상태이다.

역사와 문화

고대

원시시대부터 이 일대에 우리 조상들이 살았음을 보여주는 자취가 있다. 백령도에서는 신석기시대의 조개무지(패총)가 발견되었다. 우리나라는 곳곳에 고인돌이 많이 남아 있는데 이곳에서도 볼 수 있다. 삼산리 고인돌 **보존 유적 제946호**, 로호리(현재 지명은 원사리) 고인돌 **보존 유적 제224호**이 있다.

    4세기 초부터 고구려 영토가 되었다. 고구려 때는 지금의 옹진은 옹천(甕遷),

강령은 부진이(付珍伊), 백령도는 곡도(鵠島)라 불렸다.

삼산리 고인돌과 로호리 고인돌

🏛 본영리 토성과 읍성 보존 유적 제255호와 256호

본영리 서해안 가까이에 있는 옛 성터. 옹천성, 화산산성(花山山城), 옹진고성이라고도 한다. 본영리라는 말은 조선시대에 황해도 수군의 본영이 있었던 데서 유래된 이름이다.

  성의 축조 방식과 출토된 기와 무늬 등으로 보아 고구려 때에 쌓은 성으로 볼 수 있다. 4세기 초, 고구려가 황해도 지역을 차지한 뒤 쌓은 7성의 하나로 추정되고 있다. 광대산의 여러 봉우리들과 너른 골짜기들을 품고 있는 포곡식(包谷式) 산성이며, 흙과 돌을 함께 사용해서 쌓은 산성이다. 성은 중간에 성벽을 쌓아 외성인 평지성(본영 읍성)과 내성인 산성(본영 토성)으로 구분하고 있다. 고려시대부터 조선시대에 걸쳐 이곳이 군사상 요충지이므로 지속적으로 수리하고 개축하였다. 옹천성(옹천홀)이라고도 불리는데, 성이 독[甕]을 눕혀 놓은 모양 같고 성 밖은 급경사(벼랑, 벼루)로 되어 있어 옹천[독벼루]이라고 하였다. 해안 방어의 요새이자 해상 군사 활동을 벌이기 유리한 자연지리적 조건을 가지고 있다. 현재 성터 내성의 서문은 비교적 잘 보존되어 있다.

고려

고려 건국 직후부터 옹진이라 불렀다. 옹천에서 '옹' 자를 따오고 이 고장에 나루가 있다 하여 나루 '진(津)' 자를 붙여 이름지었다. 옛 문헌을 보면 옹진의 한자 표기가 한 가지가 아니다. 甕津으로도 적고 때로는 瓮津으로도 적었다. 1018년 곡도(鵠島)에 군사 요새를 두기로 하면서 백령진(白翎鎭)이 설치되었다. 지금의 백령도라는 이름이 이때 시작되었다.

  고려는 벽란도를 중심으로 국제무역을 활발히 전개하였다. 개경 바로 옆이라 해주, 강령, 옹진 등 이 일대가 다 정치와 경제와 국방 등 모든 면에서 중요하였다.

🏛 옹진 고려자기 가마터 보존 유적 제1004호

옹진군 은동리에 있는 가마터. 12~13세기의 고려자기 가마터이다. 비탈진 곳에 기차굴 모양으로, 2개의 가마터가 70m 사이를 두고 나란히 놓여 있다. 그중 남쪽의 것이 제1 가마터, 북쪽의 것이 제2 가마터이다. 제1 가마터는 길이가 60m쯤이며 2개의 굵을 내었다. 천장이 높아 사람이 서서 다닐 수 있으며 아궁이가 깊다. 제2 가마터는 파괴된 정도가 심해서 알아보기가 쉽지 않은데, 굵은 한 개 냈다. 천장이 높고 소성 도구로서 그릇받침대와 흙구슬만 나온 것으로 보아 다량을 빨리 생산할 수 있는 시설이었다고 보고 있다. 생산품은 접시, 대접, 항아리, 배뚜리, 기름병, 꽃병 등 여러가지이다. 고려자기 연구에서 중요한 유적이다.

1257년(고종 44)에 몽골군이 창린도에 침입하여 옹진의 현령 이수송(李壽松)이 격퇴하였다. 하지만 이태 뒤인 1259년에 새 현령 정숭(鄭崇)이 결국 항복하였다. 이 일은 전란으로 옮겨온 새 도읍 강화도의 안위를 걱정하게 만들었다.

🏛 수항문 기적비(受降門 奇蹟碑) 보존 유적 제922호

본영리 화산산성(花山山城) 터에 있는 비. 몽골군의 항복을 받아낸 것을 기념해 문을 세우고 기림비도 세웠다. 수항문 비에는 다음의 이야기가 전해오고 있다.

고려 때 이용상(李龍祥)이라는 사람이 있었는데, 원래 중국 송나라 때 안남(安南, 월남, 베트남)의 왕족이다. 전란이 일어나고 안남이 망할 것을 예견한 그는 강대국이면서도 문명하고 예의도덕이 밝은 고려밖에는 갈 곳이 없다고 생각한 끝에, 배를 타고 옹진현에 귀화하였다. 이곳에 정착해서 낮에는 농사짓고 밤에는 책 읽으며 조용히 살던 중, 몽골군의 침략을 당하였다. 몽골 수군이 이 일대 해안 지방을 침범하고 약탈하자, 그는 전략을 세워 마침내 몽골군을 격퇴하였다. 그가 몽골 수군의 항복을 받아낸 것을 기념하여 이 비를 세웠다. 그후 왕은 이용상의 공로를 높이 평가하여 화산군(花山君)으로 봉하고 땅 30리, 민호 3,000호를 식읍으로 주었다. 이용상은 우리나라 화산 이씨의 시조이다.

조선

고려를 이어 조선에서도 국방의 요충지였다. 뱃길로 강화도가 가깝고 인천이며 서울이며 다 오가기 쉬운 곳이라 정치적으로 중요하였다. 우리나라는 전쟁 대비 체제로 봉홧불 올리는 것이 삼국시대부터 고려시대에 걸쳐 완성되었고 조선에 전수되었다. 룡천 봉수터 ^{보존 유적 제981호}도 그중 한 곳이다.

1718년(숙종 45)에는 황해도 수영이 설치되었다. 그러나 별도의 수군절도사를 파견하지 않고 옹진현의 수령 곧 현감을 부사로 승격시키고서는 그가 수군절도사를 겸하게 하였다. 행정 책임자가 군사 책임자를 겸하게 된 것이다. 옹진의 것은 본영(本營)으로 하고 소강(所江 혹은 蘇江)의 진(鎭)을 행영(行營)으로 삼았다. '본영-행영'은 집무처를 이원화하여 두 곳에 지휘부를 두고 계절에 따라 오가는 방식이다. 옹진부사는 군사 책임자로서 3월부터 8월까지는 이 행영인 소강진에 머무르며 집무를 보았는데, 바람이 잔잔한 때라 중국 배들이 노략질을 일삼았기 때문이다. 나머지 6개월은 본영에 머무르면서 집무를 보았다. 소강은 지금의 읍저반도 끝, 련봉리 남단으로 창린도가 바라보이는 곳이다.

이의현(李宜顯, 1669~1745)이 옹진현감으로 봉직하던 시절에 쓴 시가 전한다. 을미년(1715, 숙종 41) 작으로 이때는 아직 현일 때이다.

1872년(고종 9) 옹진군 지도. 본영과 행영을 비롯해 섬들까지 잘 찾아볼 수 있다.

옹진현에 머물며[次甕津縣 乙未] ―이의현

산자락에 기댄 외진 작은 고을
깊은 바다가 마치 담장처럼 두르고 있네
관방은 소강진(所江鎭)이고
사적은 수항문(受降門)이로다
대낮에도 물고기와 용이 노닐어
언제나 안개 끼고 비 내려 어둡다오
곳곳을 둘러보매 선대의 자취 어려 있으니
백성들의 억울함 살피는 일 어찌 감히 잊으랴

근대

동학 농민전쟁 때에 동학당이 휩쓸어서 이 고장도 상하였다. 1909년에 이웃한 강령이 옹진군에 합쳐졌다. 1919년 동학당 곧 천도교도들이 중심이 되어 기미만세 시위를 벌였다. 1930년 12월에 철도가 들어오면서 철도역 인근이 도시화되기 시작했다. 지금의 옹진읍 일대이다. 그전까지는 수군 본영이 있는 곳 주위가 북적대는 곳이었다.

　이 고장은 문화의 산실이었다. 문화를 이끌어갈 예술가 집단과 후원자들이 있었던 덕분이다. 이곳이 넉넉한 고장이었음은 부민면(富民面, 지금의 강령군 부민리)이라는 지명으로도 알 수 있다. 조선 후기부터 강령, 옹진 일대에서 탈춤 놀이가 성행하기 시작했다. 해주탈춤이라고도 하고 강령탈춤이라고도 한다.

풍어굿 또한 널리 행해졌는데, 훗날 '서해안 배연신굿, 대동굿'으로 명명해 무형 유산으로 지정하게 된다. 굿놀이 때는 신(神)을 모셔 놓고 판을 벌이는데, 이 일대가 수군 주둔 지역이라 장군신이 영험하다 믿어졌다. 연평도에서는 임경업 장군이 조기 어업의 수호신으로 받들어졌다. 배연신굿과 대동굿은 둘 다 풍어와 안녕을 기원한다는 점에서는 같으나, 배연신굿이 선주(船主)가 주도하는 것이라면 대동굿은 마을 전체의 화합을 기원하는 굿놀이로 오늘날의 공동체 축제 비슷하다.

현대

이 지역은 북위 38°선 이남 지역으로 해방 공간에서는 미군정 관할 지역이었으

옹진 식물원

나, 6·25 전쟁 이후에 북한 영토가 되었다. 다만 서해 5도는 남한에 귀속되었다. 1954년에 황해도가 남도와 북도로 나뉘었다. 곧이어 옹진군과 강령군으로 분화되었다.

전통적으로 농업과 어업의 고장인데, 현대 들어와 경공업 공장들이 세워졌다. 1967년에 옹진 기차역 근처에 옹진로동자구를 설치하고, 각종 편의시설과 경공업 기업소들을 세워서 발전시켜 왔다. 옹진역 북쪽 구곡리에는 1963년에 **중앙식물원 옹진분원이** 설치되었다. 외교 행사 때에 외국 수반으로부터 받은 식물 중 남방계 식물을 보존 관리하고 있다.

1972년에는 이 일대에 구곡로동자구가 설치되었다. 이 구 안에 구곡광산이 들어 있다. 1981년에는 마산반도 서해리, 남해리 일대에 남해로동자구가 설치되었는데, 수산업 관련 기업소들이 들어서 있다.

옹진 김고추장구이

작은보름날(음력 정월 14일)에 '복쌈'이라고 하여 김이나 남새 잎에다 밥을 얹어 쌈싸 먹었다. '명쌈'이라고도 하였다.

황해도 사람들은 '김고추장구이'라는 요리도 해먹었는데 옹진 지방의 것이 일품이다. 흰찹쌀가루에 고추장을 풀어 넣고 되직하게 풀을 쏜다. 김에다 그 고추장풀을 여러 번 바르고 깨를 뿌려 말리고 난 다음 석쇠에 굽는다.

옹진의 특산물로 만든 별미, 김고추장구이

옹진군 문화회관을 비롯 인민도서관, 옹진책방, 옹진체육관 등이 있다. 수중체육 경기장에서는 수구 경기가 열린다.

보건기관으로는 옹진군 인민병원을 비롯한 크고 작은 병원과 요양소가 있다. 특히 약수와 온천이 유명하며 요양처로 알려져 있다.

읍저반도 대기리의 서북쪽에 한동약수 료양소가 있다. 해발 200m 자리로, 음용천일 뿐 아니라, 수량이 많아서 멱을 감을 수도 있다. 약수에는 수소탄산이온과 칼슘 및 철 이온이 들어 있어, 만성위염, 위 및 십이지장궤양, 만성 장염, 간염과 빈혈, 그리고 비뇨기계 만성염증 등에 효험이 있다.

본영리에도 약수가 있는데 소화기 질환에 좋은 샘물이다.

온천려관. 옹진의 온천은 병의 치료와 심신 안정에 좋기로 유명하였다.

♨ 옹진온천 천연기념물 제136호과 온천기후요양지

5백 년 역사를 자랑하는 온천이다. 예전에는 마산온천(馬山溫泉)이라고 했는데, 현재의 행정구역으로는 옹진읍이다. 라돈과 메타규산을 많이 함유하고 있는 염화나트륨 온천이다. 상당히 높은 온도의 물이 솟는데, 103~104℃이다. 심장질환, 고혈압, 당뇨병, 위장질환 등에 효험이 있다고 한다. 외상 및 수술 후유증을 없애는 데에도 좋다. 10여 곳에서 솟아나고 있는데 그중 두세 곳을 적극 개발해서 사용중이다. 평화로운 들판 가운데 요양시설을 지어서 운영하고 있다. 온천물은 수영장에도 공급되고 있으며, 주변 공장들과 농장들은 물론 주민들 거주지 난방에도 활용되고 있다.

산업

농림어업

① 농업

옹진군도 '황해남도 대규모 물길' 완공의 덕을 보는 곳 중 한 곳이다. 황해남도 전체가 곡창지대로 중요한데, 그중 밀과 보리는 강령군과 옹진군이 핵심 생산기지이다.

농경지 중 논이 40%, 밭이 40%, 과수밭이 9%, 뽕밭이 2%, 갈밭이 7%쯤 된다. 만진리, 국봉리, 진해리, 본영리, 옹진읍, 랭정리 등에서 벼농사를 짓고 있다. 온천물을 이용, 겨울철에도 채소를 많이 생산하고 있다. 대부분의 지역에서 그루갈이로 농사를 짓는데, 밀, 보리, 감자, 유채 등을 앞그루로 짓고, 옥수수, 콩, 수수, 고구마 등을 뒷그루로 짓는다. 무, 배추, 시금치, 고추 등을 생산한다. 유채는 식용유를 얻는 식물로, 점점 재배 면적을 늘리고 있다.

국봉 협동농장은 주로 논농사를 지으며, 옥수수, 콩, 수수, 고구마도 생산한다. 랭정 협동농장은 논벼 건직파 재배법을 채택 발전시켜 수확을 늘리고 있으며 강냉이(옥수수) 농사 혁신에도 힘을 쏟고 있다. 수대리, 진해리 등에는 뽕밭이 있다.

원사리에는 원사 협동농장, 약초재배사업소가 있고 갈(갈대) 시험장이 있다. 제작리는 농경지 중 갈밭이 80%를 차지하는 곳이다.

기린도는 밭이 대부분이며 옥수수, 콩, 녹두를 생산한다.

옹진군은 여러가지 과일을 생산하는 곳으로, 사과, 배, 복숭아, 추리(자두), 포도, 살구, 감 등을 생산하며, 근래에는 귤도 재배하기 시작했다. 현재는 북한 전역에서 좋은 감이 많이 생산되지만, 예전에는 이곳 감이 꽤 유명했다.

대기리에 살림집을 새로 지어서(2024년 5월) 집들이 잔치를 하면서 한해 풍년을 기원하고 있다.

옹진읍에 **초물일용품공장**이 있다. 짚풀, 왕골 등을 재료로 바구니, 방석, 돗자리, 부채 등 생필품을 만들고 장식품도 만든다.

군 전체로 곳곳에서 소, 돼지, 양, 염소, 토끼, 닭, 오리 등을 기른다. 초식동물인 토끼 사육에도 공을 들이고 있어서 **옹진 토끼종축장**에서 종자토끼를 생산하고 있다. 련봉리에는 큰 규모의 오리공장이 있다. 송월리, 해방리 협동농장에서도 소, 돼지, 닭 같은 집짐승을 많이 사육하고 있다.

국토 관리 사업으로 강하천 정리사업을 진행하며 하천 바닥 파기, 제방 흙 쌓기, 호안림(護岸林) 조성 등을 하고 있다. 제방 위에 잔디 입히기, 타래붓꽃 심기도 한창이다. 바닷가에 타래붓꽃 핀 풍경은 우리에게도 익숙하다.

옹진 토끼종축장. 최근 다시 지으면서 현대화하였다.

② **임업**

산림은 군 전체 면적의 47.8%를 차지하며 주로 소나무, 잣나무, 수삼나무, 창성이깔나무 같은 침엽수림과 호두나무를 비롯한 활엽수림이 분포되어 있다. 싸리나무, 개암나무, 진달래나무, 노린재나무, 분지나무 등도 자라고 있다.

천장산 일대는 갈색산림토양으로 다양한 식물이 분포한다. 소나무, 신갈나무, 떡갈나무, 단풍나무, 굴참나무, 싸리나무, 진달래, 개암나무, 분비나무 등이 우거지고 산림자원이 풍부하다. 호두나무 수백 ㎢를 가꾸는 **구곡 호두농장**이 있고 구곡 산림연구소가 있다. 창린도는 산림 면적이 60%로 소나무, 참나무, 아카시아나무, 싸리나무, 칡나무가 자라며, 평지에는 감나무, 살구나무, 참대나무가 자란다.

호두농장. 호두나무가 짙은 푸른색으로 우거진 모습.

서해리 참대농장

읍저반도, 마산반도 일대에는 감나무, 오동나무, 참대나무, 모시풀 등 온대 남부 지역 식물들이 분포되어 있다. 수삼나무와 참대나무의 묘목들을 많이 길러서 가로수로 공급하고 있다.

옹진반도 남해로동자구 끝 갯벌에는 재두루미가 서식하고 있다. 우리도 천연기념물로 지정한 새로, 전세계적으로 개체 수가 급격히 줄어드는 종이다. 북한 천연기념물 번호로는 제133호이다.

③ 수산업

수산 자원이 매우 풍부한 곳이다. 앞바다에서 갈치, 조기, 삼치, 까나리, 숭어, 전어, 가재미, 멸치, 뱅어, 새우 등을 잡는다. 미역, 다시마, 김 같은 해초류도 많이 난다. 섭조개, 대합, 바스레기(바지락)도 많이 난다. 종어 사업소를 두고 있다. 해삼과 전복이 이 군의 특산물이다. '옹진 참김'은 천연기념물 제134호로 지정돼 있으며, 파도, 룡호도, 신도 같은 섬에서 보존해 가고 있다. 참김의 원종 보존에도 힘쓰고, 양식 사업으로도 많이 생산하고 있다. 남해로동자구 사

평양 대성김가공공장 상품들. '옹진 참김'으로 만든 판김을 가지고 다양한 상품을 생산하고 있다.

랭정리 석굴 따는 어민들

곶동 마을에 있는 수산사업소는 다시마와 김 생산 기지로 손꼽히는 곳인데 특히 다시마를 한 해 수만 톤씩 생산하고 있다.

해안가 지방의 협동농장들에서는 농사도 짓고 수산업에도 열심이다. 대기리의 특산물은 해삼이다. 련봉 **협동농장**에서는 까나리, 김, 참미역, 굴, 해삼, 전복 등을 거둔다. **룡천리 협동농장**은 굴, 서해낙지(낙지)가 특산물이다. 룡호도 해변은 갯벌이 드넓은 곳으로 조기, 갈치, 숭어, 전어, 민어, 망둥어를 많이 얻고 있다. 서해리는 다시마, 참김, 굴, 맛, 까나리, 해삼, 전복 등을 생산하고 있다. 장송리 수산협동농장에서도 굴, 조개, 바스레기(바지락), 해삼, 숭어, 조기 등을 많이 생산하고 있다. 제작리 역시 수산업이 활발한 곳이다.

본영리에 옹진 제염사업소가 있다. 오래 전부터 바닷물을 끌어와 소금을 만들어 전국에 보급해왔다. 근래에는 설비를 현대화하고 기계제염법, 냉동제

남해로동자구 옹진 바닷가 양식사업소, 다시마 작업중인 어민들

염법, 속성결정법 등 선진 기술을 갖추어 소금 생산량을 늘리고 있다.

광업

옹진군에는 금을 비롯한 유색금속과 희귀금속 자원이 많다. 랭정리의 광산에서는 금, 은, 아연 등을 채굴한다. 구곡광산에서는 황철광 비롯 여러 광물들을 채굴하고 있다. 옹진로동자구에 속한 광산도 유색금속 산지이다. 원사리에 소석회광산이 있다.

경공업

옹진군 영예군인기초식품공장은 기초식품은 물론 기름, 각종 가공식품, 당과류 등을 생산하며 어린이젖가루(분유)도 생산 공급하고 있다.

옹진 철제일용품공장, 옹진 옷공장, 옹진 편직물공장, 옹진 직물공장, 옹진 자기공장, 옹진 종이공장 등이 있다.

중공업

옹진 마감건재공장에서는 이 지방에서 나는 원료로 농촌 건설에 필요한 자재를 생산한다. 타일, 색몰탈(색모르타르) 등을 생산한다.

옹진 의약품 생산 공장이 있다.

옹진군 농기계작업소가 농기구, 농기계 부속품을 생산하고 수리하는 기업소이다. 가공 작업반, 농기계 수리 작업반, 뜨락또르 수리 작업반 등이 있다. 밀보리 파종기도 연구 대상의 하나이다. 플라스마 절단기, 중주파 유도로 같은 설비들을 개조하여 피스톤, 치차(齒車)를 생산한다. 뜨락또르 부속품은 80여

종이나 되며, 농기계 부속품은 40여 종이나 된다.

교육

30여 개 유치원과 소학교가 있다. 중등교육 기관으로 옹진 초급중학교, 구곡 고급중학교, 국사 고급중학교, 기린도 고급중학교, 만석 고급중학교, 선풍 고급중학교, 긴고개 고급중학교, 장송 고급중학교 등 30여 개 학교가 있다. 고등교육 기관으로 옹진농업전문학교가 있다.

서해 바닷가 양식연구소

서해수산연구소 산하에 있다가 1983년 11월에 독립했다. 김 연구실, 다시마 연구실, 바다동물 양식 연구실을 비롯한 연구실이 있으며 철산, 부포 등 여러 곳에 분소와 실험장들을 가지고 있

마산중학교 모습. 2012년에 교육제도를 개편하여 중학교를 초급중학교와 고급중학교로 나누었다. 초급중학교는 우리의 중학교에, 고급중학교는 고등학교에 해당한다.

다. 동해안에 자라던 보라섭조개를 서해에 옮겨와 기르기는 일에 성공하여 생산하고 있다. 참미역 인공종자 받이 기술을 확립하여 참미역 양식 사업도 진행하고 있다. 그 밖에도 해삼, 전복, 각종 조개류의 양식도 연구하는 중이다.

인물

화가 **변관식**(卞寬植, 1899~1976)이 옹진 출신이다. 그는 조선조 도화서 화원 중 마지막 세대인 조석진(趙錫晋, 1853~1920)의 외손이다. 조석진 역시 옹진 사람으로 일제강점기 때 서화협회 회장을 역임한 바 있다. 변관식은 해방 이후 월남하여 〈농가도〉, 〈무창 춘색도(武昌春色圖)〉, 〈외금강 삼선암 추색(外金剛三仙巖秋色)〉 등의 작품을 남겼다.

춤(가면극) 예술가 **오인관**(吳仁寬, 1901~1971)이 옹진 인물이다. 국가 무형 유산 제34호 '강령탈춤'의 예능 보유자이다. 19살부터 이 탈춤을 시작하여 한평생 예인으로 살았다. 말뚝이 역, 사자 역을 노는 사람이자 가면 제작자로 그 탁월함을 인정받아 1970년에 지정되었다.

만신 김금화(金錦花, 1931~2019)

국가 무형 유산 '서해안 배연신굿, 대동굿'의 예능 보유자인 김금화 만신은 태어난 곳은 황해도 연백이지만 7세 때 옹진군으로 이사해서 이 고장에서 성장했다. 17살에 당시 큰 무당이던 외할머니 김천일에게 내림굿을 받았다. 19세가 되던 해 정월에 이 군 룡호도(龍湖島)에서 대동굿을 펼쳐달라는 의뢰를 받았다. 6박 7일에 걸친 큰 굿을 처음으로 도맡아서 성공적으로 주재하였다. 만신 김금화는 전쟁 전에는 황해도 옹진군에서, 전쟁 후에는 인천과 강화도, 서울 등지에서 활동하면서 서해안 굿의 보존에 힘썼다. 전통 강신무로서 김금화는 황해도 서해안 지방의 주요 전통 무속 의례인 철무리굿, 배연신굿, 대동굿, 내림굿, 지노귀굿 등의 의례 절차와 내용에 정통함은 물론 해박한 지식과 오랜 경험 및 뛰어난 기량을 겸비한 예술인이다. 일찍부터 자신이 수행하는 무속 의례의 문화적 학술적 가치를 자각하고 학자들의 연구에 협조하고 이들에게 자료를 제공하였다. 스스로도 강연과 저술에 힘  쓴 결과, 우리 전통 무속의 연구와 보존에 큰 공을 세웠다. 현재 이 굿의 보존사업회는 인천광역시에 자리하고 있다.

교류협력

황해남도 옹진군과 인천광역시 옹진군의 상봉

역사적 분단을 역사적 교류로 전환하는 일. 이산가족 상봉을 심화하면서도 그것을 넘어서는 기획으로, 큰 울림을 줄 수 있다.

해주-강령-옹진 민속문화 보존과 계승

해주, 강령, 옹진 일대는 굿과 탈춤이라는 위대한 민간 예술의 산실이었다. 민속학계의 관심이 이 황해남도 현장에서 구체화되고 더욱 발전할 수 있다. 현장을 답사하고 남아 있는 것을 발굴하고 보존하는 일은 우리 역사를 더욱 온전하게 만들어가는 일이다.

한강 하구 평화적 이용 프로젝트

2018년에 '서울연구원'에서 '한강+한강 하구 브랜드화'라는 구상을 발표한 바 있다. 한강은 우리나라를 대표하는 가장 강력한 상징이고 브랜드이다. 이를 평화적으로 이용하는 방안으로 서울시, 김포시, 인천광역시가 합력하여 북의 해주시, 강령군, 옹진군과 교류할 수 있다. 인류의 오랜 문명은 강가에서 발원하고 발전해왔다. 이동 역시 물길을 따랐다. 과거와 현재와 미래를 잇는 자연성 회복, 생태계 기능 회복을 추구하면서 남과 북의 교류와 공존 공생을 모색할 수 있다.

서해안 메가리전(mega-region)의 한 축

서해안 메가리전은 황해남도 소재지 해주시를 그 중심에 두게 된다. 해주, 강령, 옹진 등이 함께 참여한다. 남측 짝으로는 인천, 고양, 평택, 화성 등이 들어온다. 남측의 중심을 경기도로 할 수도 있고, 인천광역시로 하는 구상도 가능하다.

어린 고기들

　　　　　　　　　권태응(權泰應)

꽁꽁 얼음 밑
어린 고기들.

해님도 달님도
한 번 못 보고,
겨울 동안 얼마나
갑갑스럴까?

꽁꽁 얼음 밑
어린 고기들.

멋들 하고 노는지
보고 싶구나.
빨리빨리 따순 봄
찾아오거라.

― 《주간 소학생》, 1947년 4월 21일

황해남도

과일군

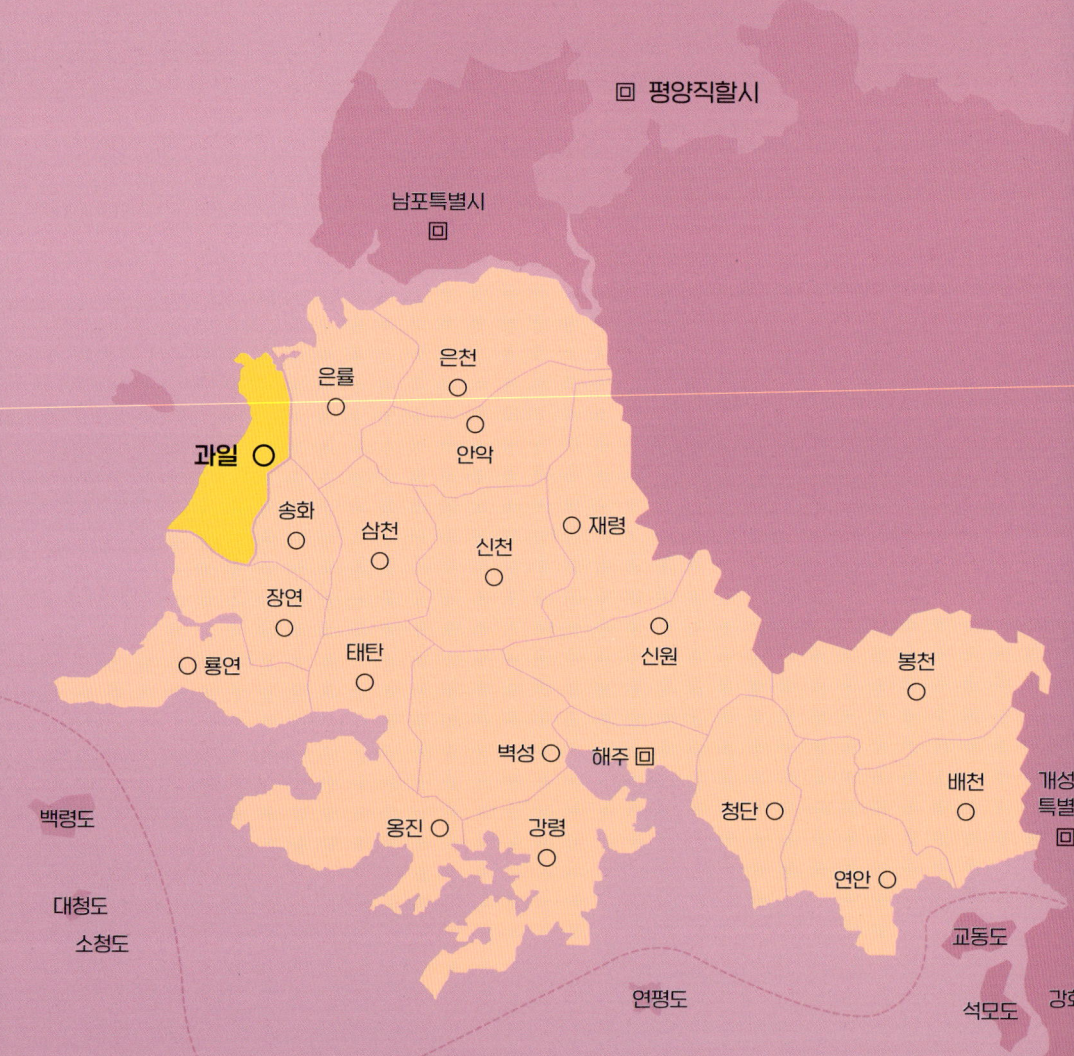

과일군은 서해 바닷가 고장으로 과일 향기가 가득한, 군 전체가 커다란 과일 산지인 고장이다. 대동강이 서해 바다로 흘러들면서 만나는 곳에 자리한 고장으로 황해남도 서북단에 위치한다. 예로부터 수산업과 농업이 주된 생업이다. 대동강 하류 일대는 북한에서는 비가 적은 지역으로 기후가 과수 농업에 적합하여 예로부터 손꼽히는 과일 산지이다. 앞바다에 크고 작은 섬들이 많은데 가장 큰 섬인 초도는 1996년에 남포특별시로 이관되었다.

이름은 새롭지만 실은 유서 깊은 고장으로, 예전 이름은 풍주(豊州), 풍천(豊川)이다. 20세기 들어와서는 한동안 송화군에 편입되어 있다가 1967년에 분리 독립되어 신설될 때 '과일군'이라는 새 이름을 얻었다. 역사적으로 해주(海州)와 함께 해서지방의 정치와 경제의 중심지였다. 조선 초에는 지금의 황해도 일대를 풍해도(豊海道)라고 했는데, 이는 풍주와 해주에서 한 글자씩 따온 말이다. 중국과 일본을 방어하는 국방상의 요충지이면서, 이 일대의 세금 곧 세곡(稅穀)을 모아서 한강으로 보내는 나라 창고를 관리하는 관청이 있었다.

과일 향기 가득한 고장으로 '백리(100리) 청춘 과원'이라는 애칭을 듣고 있는 '과일군'. 통행·통신·통상, 3통의 시대가 오면 교류의 중요한 좌표가 될 것이다.

초도
남포특별시

0　3km

위치와 지형

황해남도 북서부 서해안에 있는 고장으로 바닷가 마을이다. 구월산줄기가 여기까지 뻗어와, 그 산줄기를 경계로 북동쪽에는 은률군, 동쪽에 송화군이 있고, 남쪽에 장연군이 있다. 면적은 331.7㎢(섬 면적 포함)이다. 경도는 과일읍 기준 동경 125°01′, 위도는 북위 38°27′이다. 같은 위도 상의 동쪽 끝에는 남한쪽 강원도 고성군이 있다. 황해남도 소재지(인민위원회 소재지)인 해주까지 자동차 도로로 약 100㎞, 은률까지 약 30㎞, 평양직할시까지는 약 115㎞이다.

해상에 크고 작은 섬들이 10여 개 흩어져 있다. 가장 큰 섬인 초도(椒島)는 예전에는 이 군에 속했지만 1996년에 남포특별시 항구구역으로 이관되었다. 초도의 아름다움을 읊은 한시도 전한다. 두 번째로 큰 섬인 석도(席島)의 면적도 8.25㎢나 되며 역시 북한 서해안에서는 손에 꼽을 만한 섬이다. 지형이 낮

자매도. 석도 북쪽에 있는 작은 섬으로, 과일군의 가장 북단에 위치한다.

고 평평하여 자리[席]를 펼쳐놓은 듯하다 해서 이렇게 이름이 지어졌다. 그 밖에는 다 작은 섬들로 호도(0.25㎢), 접도(0.08㎢), 자매도(0.06㎢) 등이 있다.

　북쪽의 비파반도 일대가 해안선의 굴곡이 좀 있고, 그곳을 제외하면 전체적으로는 해안선이 단조로우며 바닷가에 모래부리(사취沙嘴)와 갯벌이 넓게 펼쳐져 있다. 풍해리 진강포 주변은 해당화와 백사장이 아름다운 경관을 이루고 있어 여름철에는 해수욕객이 붐빈다. 진강포 해수욕장은 맑은 물과 광활한 백사장, 솔숲과 해당화 등이 어우러져 평화로운 휴양지로 사랑받고 있다. 풍해리 남쪽에 붙은 룡학리에도 룡수포 해수욕장이 있다.

　북부, 동부, 남부가 산지이고 서부와 중부는 낮은 구릉지대이다. 산지는 군 전체 면적의 44%를 차지한다. 남부 장연군과의 경계에는 건지산(乾地山, 373m), 만봉산(萬峯山, 441m), 박석산(磚石山, 595m)이 있다. 구왕산(救王山, 458m)은 은률

오정천 전경

군과 송화군과 과일군, 이렇게 세 군이 갈라지는 산이다. 송화군과의 경계에는 수리봉(435m)과 월개산(月蓋山, 509m)도 있다. 이들 산들이 동쪽과 남쪽에서 불어오는 바람을 막아주며 풍장산(楓長山, 329m), 앞낭산, 봉화산(烽火山, 182m), 원주산(圓周山, 289m)이 남부와 북부에 치우쳐 솟아 있는데 여름철의 태풍 피해를 줄여준다.

❗ 구왕산(救王山)에는 고구려 4대 왕인 민중왕(閔中王)과 관계된 전설이 내려온다. 충직한 신하가 왕을 구했다는 사연이다.

해발 200m 이하 지역이 90% 이상이며 그 가운데 해발 100m 이하의 지역이 72%나 된다. 전체로 보아 해발 200m 이상의 산지가 9%쯤 되며, 이 군의 평균 고도는 109.02m, 과일읍의 고도는 15m이다.

과일군에는 중소 규모의 하천들과 그 지류들이 흐른다. 남천(南川, 21km)이 송화군 원당리 먹산(657m, 묵산墨山)에서 발원하여 이 군으로 들어와 수풍리(水豊里), 세교리(細橋里), 과일읍, 신평리(薪坪里), 풍해리(豊海里), 천남리(川南里)를 거쳐서 진강포로 흘러들어 바다로 간다. 중상류에 수풍(水豊)저수지가 있는데, 집수 면적은 37.8㎢로 주변 과수 농산지를 위한 저수지이다. 박석산에서 발원한 오정천(五井川, 16.5km)이 산수리, 오정리, 장암리, 세교리, 천남리를 거쳐 과일읍에서 남천과 만나 합류한다. 남천과 오정천이 만나는 과일읍은 평야지대로 주된 농경지이고 생활의 중심이다. 산내천(山內川, 21km) 역시 박석산 골짜기에서 발원한 물줄기로 서쪽으로 흘러가 사기리에서 바다로 흘러든다. 하천 주변에 충적평야가 펼쳐진다. 수풍저수지 외에도 논벌저수지, 군장(軍將)저수지, 와룡저수지 등의 관개용 저수지가 있다.

기후

과일군은 강수량이 적은 지역이다. 일조율은 높고 증발량은 많아 일기가 건조한 것이 특징이다. 논농사보다 밭농사, 특히 과수 농사에 적합하다. 긴 해안선을 끼고 있으며 바다로 가까이 가면서 낮은 언덕과 평평한 벌이 이어진다. 이

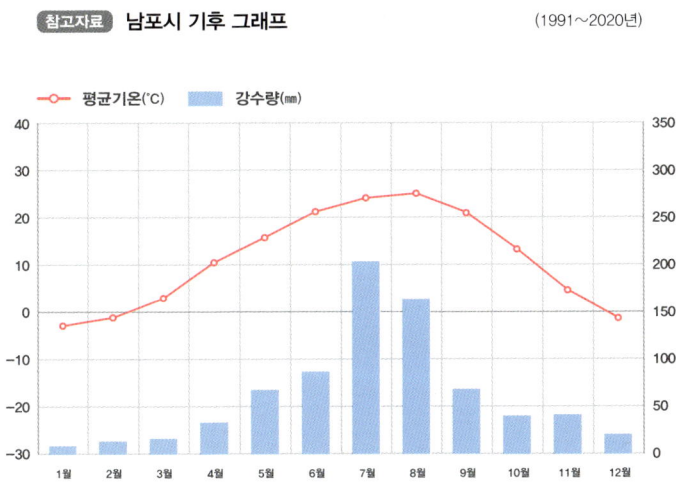

참고자료 **남포시 기후 그래프** (1991~2020년)

	30년 평균	2023년
연평균기온(℃)	11.1	12.4
최한월(1월) 평균기온	-4.4	-4.2
최난월(8월) 평균기온	24.8	25.8 (7, 8월)
연교차	29.2	30.0

	30년 평균	2023년
연강수량(mm)	762.9	1183.9
여름 강수량 (6, 7, 8월)	450.4	815.0
겨울 강수량 (12, 1, 2월)	41.6	83.5
평균 풍속(m/s)	2.3	1.9

출처: 대한민국 기상청 〈북한 기상 연보〉
과일군의 최근 기후 자료를 구하지 못하므로 가까운 남포특별시의 자료를 참고한다.

지역의 기후는 바다의 영향을 많이 받는다. 기온이 높고, 연교차는 심하지 않으며 바닷바람이 많이 불고 안개가 바다로부터 밀려드는 때가 많다.

연평균기온은 9.8℃, 1월 평균기온은 –5.4℃, 8월 평균기온은 24℃이다. 7월 평균기온보다 8월 평균기온이 높으며 봄철 기온보다 가을철 기온이 높다. 관측된 최고 극기온은 34.5℃(1983년 8월 5일), 최저 극기온은 –21.4℃(1984년 2월 3일)였다. 10℃ 이상 적산온도는 3,534℃이다.

강수량이 적은 지역으로 황해남도에서 가장 적다. 연평균 강수량은 761.4㎜로, 이 중 봄에 15.5%, 여름에 56.7%, 가을에 21.4%, 겨울에 6.4%가 내린다. 여름에 무더기비가 내리는 일은 잦고, 겨울철 눈은 적다.

첫서리는 10월 중순에, 마지막 서리는 4월 하순에 내린다.

약한 바람이 일정하게 늘 불고 있는 것이 특징이며, 겨울철에는 북서풍이 우세하고 여름에는 남동풍이 많이 분다. 연평균 풍속은 2.7m/s이다.

행정구역과 인구

1967년 신설된 군으로, 송화군(松禾郡) 서부 지역을 독립시켜 신설하였다. 행정구역은 과일읍과 25리(논벌리, 덕안리, 덕정리, 룡학리, 률리, 북창리, 사기리, 산수리, 석도리, 세교리, 송곡리, 수풍리, 신대리, 신평리, 연광리, 염전리, 오정리, 운무리, 운산리, 월사리, 장암리, 천남리, 청룡리, 포구리, 풍해리)로 구성되어 있다. 과일군 소재지는 과일읍[1]이다. 2008년 현재 인구는 8만 9,895명이다. 농촌 인구가 6만 7,376명, 도시 인구가 2만 2,519명이다.

[1] 1952년 행정구역 개편 때에 '면'을 없앴다. 군 소재지는 '읍'으로, 나머지는 '리(里)'로 편성하였다. 군의 이름과 소재지인 읍의 이름은 일치시켰다. 군 소재지를 옮기면, 읍이라는 명칭도 떼고 새로운 곳이 '읍'이 된다.

률리(栗里)는 밤나무가 많은 고장이라는 뜻으로 오래된 지명이다. 오정리(五井里) 역시 오래된 지명으로 우물 다섯 개가 있는 마을이라는 뜻이다. 세교리(細橋里)는 가늘게 생긴 다리 '잔다리'가 있는 마을이라는 뜻이다. 송곡리(松谷里)

과일군 인구 현황 개괄　　　　　　　　　　　　　　　　(단위: 명)

인구수	남자	여자	도시	농촌
89,895	42,213	47,682	22,519	67,376

출처: 2008년 북한 중앙통계국 발표 인구 센서스

과일군 인구 피라미드

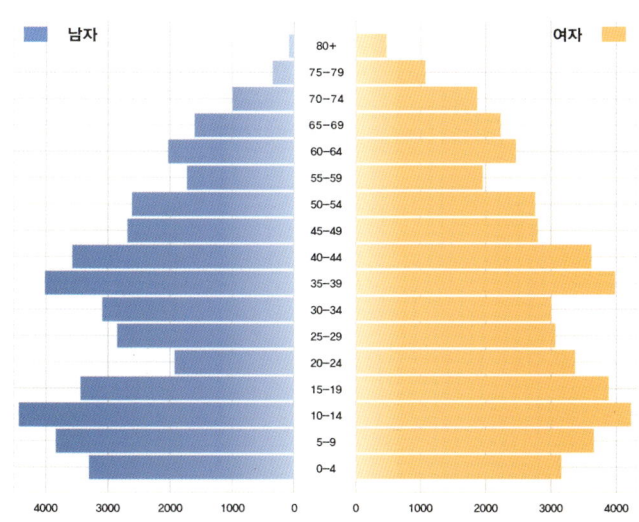

* 위 인구 피라미드는 2008년 북한 중앙통계국 발표 인구 센서스 자료를 바탕으로 연령대별 인구를 추산하여 작성한 것으로 참고용이다.

도 오래된 지명으로 소나무가 울창한 마을이라는 뜻이다. 신평리(薪坪里), 월사리(月沙里)도 오래된 지명이다. 염전리(鹽田里)는 염전이 있던 마을이다. 천남리(川南里)는 남천강의 남쪽 마을이라는 뜻이다.

북창리(北倉里)는 왕조 시대에 이곳에 나라의 창고가 있었던 마을이라서 이러한 이름이 붙었는데 1967년에 신설된 리이다. 사기리(砂器里)는 예전에 사기그릇을 만들어 생업을 영위한 역사가 지명으로 남아 있는 경우이다. 석도리(席島里)는 큰 섬 석도를 관할하는 리이다.

산 좋고 물 좋은 곳이라는 뜻의 산수리(山水里)는 송화군 시절인 1952년에 신설된 리이다.

> 산수리 상사낭 전설
> 산수리 동쪽에 수사천(水숨川, 몰골천)이라는 시내가 있고 조금 더 내려가면 '상사낭'이라는 벼랑이 있다.
>
> 옛날에 이 낭(벼랑) 밑에 깊은 못이 있었다. 하루는 시집가는 새색시를 태운 가마가 이곳을 지나가다가 잠깐 쉬게 되었다. 새색시가 못 저쪽으로 들어가더니만 한참 지나도록 나오지 않았다. 부랴부랴 사람들이 찾으러 다니니, 목격자가 나타났다. 안개 자욱한 속에서 용이 새색시를 업고 못 한가운데로 들어가더라는 것이다. 그때부터 이 벼랑을 상사낭(喪事~)이라고 부르게 되었다. 상사낭 옆에는 관을 쓰고 지팡이를 짚고 상제(喪制)처럼 서 있는 '상제바위'가 있다.

운산리(雲山里) 역시 1952년에 신설된 리로 구름과 안개가 많은 마을이며, 장암리(長岩里)는 긴 바위로 된 장암산을 끼고 있는 마을로, 역시 신설된 지명이다. 수풍리(水豊里)도 역시 1952년에 신설된 리로 물이 풍부하다는 뜻이다. 덕안리(德安里), 덕정리(德井里), 룡학리(龍鶴里), 신대리(新大里)도 1952년 행정구역 개편 때, 그 이전의 지명들에서 한 글자씩 따와서 새로 만든 이름들이다. 포구리(浦口里)도 1952년 송화군 시절 신설된 리이다.

논벌리는 1981년에 새로 생긴 지명이다. 논과 밭이 드넓은 곳이라 이렇게 이름하였다. 연광리(鉛鑛里)는 이전에는 주촌리(朱村里, 주씨 성을 가진 이들이 많이 사는 곳)였는데, 연 광석(납)이 많이 매장되어 있다는 뜻에서 1990년에 개명되었다. 청룡리(靑龍里)는 1991년에 신설된 리로 지난날의 청룡마을이라는 지명을 계승하고 있다.

논벌리 전경. 구왕산을 끼고 있어 예전 이름은 구왕리였다.

풍해리(豊海里)는 오래된 지명인 풍해면 시절의 이름을 계승하고 있는데, 본디 풍해면은 풍천도호부에서 풍(豊) 자를, 진강포를 낀 해안지역에서 바다 해(海) 자를 가져와 만든 지명이다. 풍해리야말로 이 고장의 역사와 지리적 정체성을 잘 담고 있는 지명이다.

교통

철도

🚉 황해청년선의 지선인 🚉 은률선이 이 군에 들어온다. 은률선은 황해북도에서 시작하여 주로는 황해남도 6개 군을 통과하는, 길이 117.8km의 철도이다. 은파역에서 **철광역**까지 21개 역을 지난다. 농업 지역과 과일 산지, 철광석 지대를 연결하고 있어 황해남도 일대의 경제 발전을 뒷받침하는 철도이다.

과일군을 기준으로 보면, 은률군의 **철광역, 은률역, 운성역**을 거쳐서 들어온 철도가 **신대역, 과일역, 산수역**에 정차한 뒤 송화군으로 들어간다. 송화역을 지나 수표역에 서는데 이 역에서 또다른 지선인 🚉 장연선(수표~장연)으로 갈아탈 수 있다. 수표역 다음으로, 신천역, 재령역 등을 지나 은파역에 이르는데 이 역에서 🚉 황해청년선(사리원~해주)을 만난다. 황해남도 소재지인 해주까지 철길로 165.8km, 은률까지 20.4km이다.

🚉 은률선 첫 역인 **철광역**은 🚉 서해갑문선과 연결되는 역이다. 🚉 서해갑문선은 남포특별시로 건너가는 철도이다.

도로

🚥 과일~장연 간 도로, 🚥 과일~은률 간 도로가 개설되어 있다. 자동차 도로로 해주까지 약 100㎞, 은률까지 약 30㎞이다. 모든 길은 평양으로 통하는데, 은률에서 서해갑문 길을 통해 남포특별시를 거쳐서 평양으로 가면 약 115㎞로 1시간 40분쯤 걸린다. 과일~은률 간, 과일~송화 간에 버스가 운행되고 과일읍~률리 간에도 버스가 운행된다.

군 내에 륜환선(輪環線, 순환도로)이 놓여 있는데, 률리~산수~오정~장암~송곡~사기~운산~률리를 연결한다.

해운과 항공

⚓ 진강포항은 앞바다를 막아주는 모래부리가 길게 발달해 있어, 배들이 대기 편한 곳이다. 북쪽으로나 남쪽으로나 다른 항구와 포구로 연결되는 배편이 많이 오간다.

과일읍 바로 남쪽에 ✈ 과일비행장이 있으며 길이 2,500m 콘크리트 도로로 된 활주로를 가지고 있다. 초도(남포시 관할)에도 작은 비행장(활주로 920m)이 있다.

역사와 문화

과일군은 본래 풍천이었다가 송화군에 속했다가 다시 독립할 때에 과일군이라는 새 이름을 얻은 고장으로, 송화군과 같은 역사를 공유해 왔다. 우리 성씨 중에 '풍천 임(任)씨', '풍천 노(盧)씨'가 있는데 그 풍천이 바로 이 고장이다.

고대

과일군 덕안리에서 신석기 시대 유물로 간석기와 빗살무늬토기가 발굴되었다. 송화군에서도 자귀 모양 석기와 반월도 등 청동기 시대 석기가 발굴되어 이 일대가 선사 시대부터 우리 조상들의 생활 터전이었음을 알 수 있다.

삼국시대에는 고구려의 영토로서 구을현(仇乙縣)이라 했다. 그리고 주변은 마경이(麻耕伊), 판마관(板麻串), 웅한이(熊閑伊)라고 했는데, 이 고을들이 지금의 과일군과 송화군 일대이다. 신라가 삼국을 통일한 뒤 구을현을 굴천(屈遷)이라고 하였다. 757년(경덕왕 16)에 다시 굴현(屈峴)으로 개칭되었고 인근 고을들과 함께 양악군(현재의 안악군)에 소속되었다.

고려

태봉국 때에 왕건 세력이 궁예에게 협력함으로써 이 일대도 그 판도 안으로 편입되고 풍주(豊州)로 개칭되었다. 고려 건국 초기에 '마경이'는 청송현(靑松縣), '판마관'은 가화현(嘉禾縣), '웅한이'는 영녕현(永寧縣)으로 개칭되었다. 풍주는 이 즈음부터 군사적 요충지로 기능하기 시작하였다. 당시 풍주는 서해도(황해도의 옛 이름)의 수부(首府, 으뜸 고을) 같은 곳으로 정치적 중심지였다. 당시에는 안악이나 은률이나 다 풍주에 딸린 속군, 속현이었다.

과일군 당간지주(幢竿支柱) 보존 유적 제1687호

당간지주는 통일신라시대부터 고려시대까지 발달한 사찰 구조물이다. 이 과일군의 당간지주는 상당히 큰 당간지주로, 과일읍의 교동천 옆 배나무골에 서 있다. 어느 절에서 세운 것인지는 아직 밝혀지지 않았다. 당(幢, 불화를 그린 기)을 걸던 당간(幢竿, 깃대)을 지탱하기 위하여 당간 좌우에 붙여서 세운 돌기둥 한 쌍을 가리킨다. 깃발을 내건다는 것은 신성한 영역의 표시이다. 당간은 돌, 구리, 철 등으로 만들고 지주는 받침과 함께 돌로 만들어 세운다. 당간과 당간지주가 함께 남아 있는 것은 몇 점 되지 않아 귀한데, 청주 '용두사지 철 당간'이 우리나라 국보로 지정돼 있다. 연대를 알 수 있는 귀한 유적으로 962년(고려 광종 13)에 건립되었다고 적혀 있는데 절은 사라지고 당간만 남은 경우이다. 공주 갑사에도 철 당간이 잘 남아 있다. 당간은 사라지고 당간지주만 남아 있는 경우는 한반도 곳곳에서 발견되며 부석사, 금산사, 만복사지, 숙수사지, 중초사지 등이 대표적이다. 춘천시 근화동에도 당간지주가 남아 있는데 어느 사찰의 것인지도 알 수가 없다. 북한에도 당간지주가 곳곳에 남아 있으며 대부분이 고려 불교의 자취이다. 개성의 현화사(玄化寺)와 영통사(靈通寺), 금강산의 신계사(神溪寺) 그리고 평양시 순안구역 자비사(慈悲寺) 등에 남아 있다.

풍천읍성 보존 유적 제263호

풍천읍성이 있던 성터. 고려 초기에 서해안의 방비를 위하여 축조하였다. 예로부터 홍건적과 왜구의 침범이 잦아, 해안 요충지마다 성을 쌓아 방어체계를 구축하였는데 그중 하나이다. 외성과 내성으로 되어 있었으며 성문터 5곳과 샘터가 남아 있다. 과일읍 서북부에 있으며 이 성이 있는 산을 지금도 성산(城山)이라고 부르고 있다. 인근 동네 이름 중에도 사직골, 향교몰이 있어 옛적의 자취를 가늠해보게 한다. 그리고 읍성 말고도 서쪽 해안 가까이 흙벽돌과 흙을 섞어 쌓은 고행성(古行城)이 있었다고 한다.

내성산 중턱에는 수령 1천년이 넘은 **과일군 은행나무** 천연기념물 제145호가 있다. 1040년쯤 내성 안에 둔 병영 마당에 고려 군사들이 심었을 것으로 추측한다.

이곳에는 '당관(唐館)'이 있었다. 당관은 우리나라와 중국 사이에 오고간 사행단

풍천읍성 터

1천년을 살면서 고락을 함께 해온 은행나무.

숙소이다. 중국의 산둥반도 및 랴오둥반도와 이웃하고 있는 곳으로 고려시대에는 중국을 오가는 사절단 일행이 이 풍주 앞 바닷길을 많이 이용하였다. 《대동지지(大東地志)》에는 풍천(풍주를 조선시대에 고친 이름) 서남쪽에 있는 당관포(唐館浦)가 그 흔적이라고 적혀 있다. 당관리(唐館里)라는 지명이 1952년까지 쓰였으며 지금도 이 동네를 당관동이라고들 한다. 현재의 행정구역으로는 운산리이다. 운산리에는 보덕천(保德川), 보덕동 등의 지명이 있는데 보덕사(保德寺)라는 사찰에서 유래한 이름이다. 사찰은 터만 남아 있다.

또한 연광리(鉛鑛里, 옛 주촌리)에서 11세기의 청자 가마터가 여덟 곳이나 발견된 바 있어, 이 일대가 고려청자 생산지였음을 알 수 있다.

조선

조선시대의 행정구역은 초기에는 고려의 제도를 따랐으나, 그 뒤 8도제가 확정되면서 1395년(태조 4)에 풍주와 해주에서 한 글자씩 따와서 이 일대를 풍해도(豊海道)로 이름하였다. 이 풍해도(豊海道)라는 도명은 1417년까지 쓰이고 황해도로 바뀐다.

풍주는 1397년 진(鎭)이 설치되어 지주사(知州事)를 겸하는 병마사가 부임하였고, 1406년 병마도절제사가 부임하여 풍해도의 군사를 지휘하였다. 1408년(태종 8)에 인근 지역 청송현과 가화현이 합쳐지고 각각 한 글자씩 따와서 송화현(松禾縣)으로 명명되었다. 1413년 이곳 풍주는 '주(州)' 자를 '천(川)' 자로 고쳐 풍천(豊川)이 되었다. 1423년(세종 5) 병마도절제사가 첨절제사로 대체되었으며, 《경국대전(經國大典)》에서도 항상 상비군을 두는 요충지로 규정하고 있다.

풍천은 1469년(예종 1)에 도호부로 승격되었다. 이후로도 계속 황해도 서북

지역의 정치적 중심지로 기능하였다.

🏛 월사리 봉수 터 보존 유적 제970호

월사리의 북쪽 해안에 있는 봉화산에 있는 봉수 터. 봉화산은 월사리에서 가장 높은 산으로 오랜 옛날부터 봉수 터로 이용되어 왔다.

이곳은 대동강 하류 해안지대로 군사적으로 매우 중요하여 조선 후기에는 황해도 좌영을 설치해서 장연을 비롯 7개 읍을 관할하도록 하였다. 중국 어선들이 자주 출몰하여 피해가 크자, 추포 무사(追捕 武士) 제도를 실시하게 된다. 당관포(현재의 운산리), 초도(椒島, 현재 남포시 관할), 허사포(許沙浦, 비파반도 서남쪽), 이 세 곳에 추포 무사가 머무는 곳 곧 추포 방소(追捕 防所)가 설치되었다. 해안의 초도진(椒島鎭)은 독진(獨鎭)으로 설치되었고, 허사포진(許沙浦鎭)은 중국으로 밀항하는 자를 단속하는 임무도 수행하였다. 이 밖에도 해안 12곳에 망루를 설치하였으며, 고리곶(古里串)과 소산(所山)의 봉수가 서해안을 연결하였다. 해변에 해창(海倉), 둔창(屯倉) 등의 창고를 두고 이 일대의 세곡(稅穀)을 모아서 한강으로 운송하였다. 북창리(北倉里)가 그러한 곳이고 사창골(社倉, 현 률리 소재) 역시 나라 창고가 있던 곳이다.

고구려 이래로 고려와 조선시대 내내 군사 요충지였음은 현재도 동리 이름들에 남아 있다. 정식 행정구역 명칭은 아니지만 군장동(軍將洞, 염전리 소재), 우영리(右營里, 신대리 소재), 좌영동(左營洞, 신대리 소재) 같은 이름들에 자취를 남겨 놓았다.

이 고장이 군사도시였음은 비공식 기록인 전설에도 남아 있다. 로돌거리(과일읍 중심지 세거리 서쪽 마을)에 큰 돌이 하나 있고 그 돌과 관련된 전설이 내려온다. 옛적에 풍천고을에서 장수를 선발하는 시험을 보는데, 한 장수가 성산(城山) 아래서 집채만한 바위를 가져다 이리 옮겨놓아 1위로 뽑혔다는 이야기다.

임진왜란 때를 배경으로 하는 전설도 있다.

> 풍해리에 있는 돌미산(突米山, 115m) 전설
> 임진왜란 때 왜적에게 몰려 우리 군사가 이 산에 들어왔다. 적들이 산을 포위하고 우리 군사의 항복을 요구하였다. 우리는 군량이 적고 병졸의 수도 적었다. 오래 버티기 불가한 형세였다. 하지만 그것을 들킬 수는 없고, 궁리 끝에 계책을 생각해냈다. 횟돌을 모아 가루를 내어 개울물에 풀어 흘려보내는 것이었다. 왜적은 이를 보고, 쌀을 씻어 밥을 잘 지어먹고 있구나 했다. 쌀 씻은 물이 이렇게나 계속 흘러내려오다니 군사도 많고 군량미도 넉넉한가 보구나 하고 물러갔다. 이 산의 이름이 돌미산이 된 것을 설명하는 지명 유래담이다.

우리나라에는 백이십년 전만 해도 호랑이가 많았고, 황해도 산마다 무수한 호랑이가 뛰어놀았다. 호랑이는 너무도 무서운 짐승이라, 사람들은 이야기 세계 속에서라도 그 무서움을 극복해보려고 애썼다. 수많은 옛이야기와 옛 그림들이 우리 겨레의 그러한 심상을 잘 보여준다. 때로는 희롱거리로도 삼아보고 때로는 사람과 호랑이 간의 우정담을 지어내기도 했다. 이 고장에 내려오는 민담도 그러한 것 중 하나이다.

신대리에 전해내려오는 효자와 호랑이 전설

하경이라는 효자가 부모를 봉양하며 살았다. 부모가 돌아가시자 묘 옆에 움막을 짓고 3년을 살기로 하고 지내는데 춥든 덥든 부모의 묘 곁을 잠시도 떠나지 않았다. 그러다 어느날 병이 나서 쓰러졌다. 이를 보던 호랑이가 감동하여서 그에게 녹용을 건넸다. 그러나 하경은 상중에 있는 몸으로 보약을 먹는 것은 안 될 일이다, 먼저 가신 부모님께도 못 쓴 녹용을 어찌 감히 내가 쓴다는 말이냐, 하며 극구 사양하였다. 결국 녹용을 받기는 받되 먹지는 않았다.

그뒤 어느날 호랑이가 함정에 빠지고 말았다. 사람들이 파놓은 깊고 큰 구덩이에 빠진 것이다. 하경은 급히 달려가 마을 사람들에게 자신과 호랑이의 인연을 말하며 살려주자고 애걸복걸하였다. 가까스로 호랑이를 구해낸 하경은 호랑이를 집으로 데려와서 녹용을 산삼물에 타서 먹였다. 호랑이는 뜨거운 눈물을 흘리며, 자신이 죽는 날까지 하경의 부모 묘를 잘 지켜주겠노라고 다짐하였다.

근대

1895년(고종 32)에 풍천군이 되어 해주부 관할 아래 있다가, 1896년 황해도 풍천군이 되었다. 1909년 풍천군을 송화군(松禾郡)에 편입시키면서 풍천군이라는 지명은 뒤로 물러나게 된다.

1919년 3·1운동 때에는 송화읍, 옛 풍천읍 등에서 만세시위가 있었다.

현대

1954년에 황해도는 남도와 북도로 나뉘었다. 그리고 1967년에 송화군에서 분리되고 독립되면서 옛적의 풍천 모습을 회복했다. 다만 군 이름은 과일군으로 명명되었는데, 이 일대가 과일 산지로 이미 유명했고 과일 재배에 좋은 환경이라는 점에 착안하여 1960년대에 김일성 주석이 주도하여 개칭하였다. 오늘날 북한의 대표적인 과일 산지이다. 군의 별칭이 '청춘과원', '백리청춘과원'이기도 하다. 이 군의 크기가 동서로는 20km, 남북 32km인데 대충 어림해 보면 100리이다. 과일밭이 끝없이 펼쳐지는 게 바라만 보아도 마음에 평화가 깃든다 해서 이러한 별칭을 붙였다.

사과를 주제로 한 노래와 춤도 있고 영화도 있다. 〈사과 딸 때〉라는 제목의 예술 영화가 있고, 기록 영화 〈과수의 나라〉가 있으며 군무 〈사과 풍년〉이 있

과일군 인민병원

다. 가극 〈청춘 과원〉이 있고, 〈황금나무 능금나무 산에 심었소〉라는 노래가 있다. 이 노래는 1960년에 만들어졌다고 하는데 1절만 읽어본다.

> 황금나무 능금나무 산에 심었소
> 심었더니 마을에 꽃이 피었소
> 봄철에는 구름꽃 하얗게 피고
> 가을에는 알알이 붉게 익었소

송곡과수농장 단지에 있는 문화후생 시설 이름도 '사과원'이다. 이발소, 미용실, 목욕탕, 탁구장 등이 들어서 있는 시설 이름으로는 이례적이지만 이 과일군과는 잘 어울린다.

북한은 전문 체육인 양성 못지않게 일반 대중의 일상 체육에도 정책적 관심을 쏟는다. 풍해리 수산사업소는 배 타고 나가 물고기 잡이를 하다 보면 대중이 한 자리 모이기 어려운데, 그렇기 때문에도 여럿이 참여하는 집단 체육 경기를 조직하고 체육 겸 친목 활동을 즐기도록 지원하고 있다. 배구, 탁구, 축구 등의 경기를 즐기고 있다. 축구 열기는 남이나 북이나 비슷하다.

문화시설로 문화회관들이 설치되어 있고, 과일군 인민병원을 비롯한 병원들과 정양소가 있다.

과일맛 품평회

과일군은 해마다 7월에 복숭아를 처음 거두면 그 '첫물 복숭아'를 수도 평양시로 실어 보낸다. 평양시는 이 복숭아를 탁아소와 유치원의 어린이들, 양로원의 노인들, 나이든 은퇴 군인들, 그리고 병원 환자들에게 맨 먼저 나누어준다.

가을철에 사과와 배를 수확하였을 즈음인 10월 어느 맑은 날에는 평양 은정찻집에서 '과일맛 품평회'라는 행사가 열린다. 내각의 농업성이 주관하는 행사로 전국의 과수 생산 단위에서 출품한 사과와 배를 심사위원들이 살펴보고 먹어보고 냄새 맡아보고 평가하는 대회이다. 북한 전역의 거의 모든 농장에서 과일을 가꾸고 수확하지만, 대규모 생산단위로는 4곳이 있다. 과일군, 북청군, 고산과수농장(강원도), 대동강과수종합농장(평양시 교외)이다.

사과와 배가 워낙 품종이 다양하므로 이 품평회에서도 다양한 품종이 전시된다. 심사원들이 하나하나 맛을 보면서 단맛과 신맛, 수분, 향기, 굳기(밀도) 등을 평가해서 맛 판정 기록부에 상중하로 표시한다. 최근에는 군중 심사라 하여 주민들과 고급중학교, 초급중학교, 소학교 학생들도 참가한다. 품평회라고는 하지만, 수확의 기쁨을 나누는 잔치이자, 농부들의 수고에 감사하고 노고를 치하하는 뜻이 크다.

북한의 특별한 과일 품종

농업연구원 과수학연구소(평안남도 숙천군 소재)는 300여 가지 품종을 육종하였다. 특별히 자강도와 량강도의 풍토에서도 재배 가능한 품종을 개발하는 것이 중대한 연구 과제이며 좋은 성과를 많이 거두었다. 그중 하나는 복숭아이다.

숙천복숭아3호: 농업연구원 과수학연구소가 개발한 품종. 영하 30℃ 추위를 견뎌내는 품종이다. 연구소는 이 복숭아를 자강도 풍토에 맞도록 순화시켰고, 가장 추운 지역인 삼지연시에서도 재배할 수 있도록 실험중이다.

《과수품종 원색도감》

2015년에 완성한 도감. 전자책으로도 보급되어 있다. 농업과학원과 김일성종합대학 평양농업대학 농학부 과수학강좌 연구진이 6년 동안 작업한 결실이다.

사과, 배, 복숭아, 추리(자두), 살구, 포도, 대추 등 15가지 종, 303가지 품종에 관한 정보를 담고 있다. 1,891장의 사진 자료가 들어 있다. 디지털 사진기를 이용하여 나무 전체 모습, 꽃, 잎, 씨, 자름면 등을 담아냈다.

세상 모든 과일은 저마다의 고유한 색깔을 가지고 있다. 사과 품종만 해도 매우 많고 색깔도 가지가지로 아름다움을 보여주는 도감이다. 사과 세 가지('갈라'는 붉은색, '금강'은 노란색, '푸른사과'는 풀색)만 모아놓아도 풍성하다.

복숭아나무 품종은 60여 가지 있으며 매달 다른 복숭아를 즐길 수 있다. 6월부터 9월까지 수확하는 품종이 10여 가지로, 대표적인 것이 '증산', '사탕복숭아', '9월단복숭아'이다. '9월단복숭아'는 '개성흰복숭아'와 외래 품종을 섞붙임하여 육성한 품종이다. 앞에서 든 숙천복숭아 종류는 다 추운 지방에서 재배 가능한 것들로, '숙천큰복숭아'는 10월에 수확할 수 있다.

살구 중에는 '북청참살구'라는 품종이 있고, 대추 중에는 '10월대추'라는 품종이 있다.

과일군 여행

어디를 둘러보아도 마음이 차분해진다. 백리청춘과원을 거니는 것은 눈도 마음도 다 싱그럽게 한다. 여름이면 룡학리 룡수포(龍首浦) 해수욕장을 찾아가면 후회 없는 선택이다. 물이 맑고 모래가 깨끗한 곳이다. 기슭으로부터 바다 쪽으로 100m까지는 바닥이 고르고 깊이도 알맞춤하여 해수욕에 적절하다. 잔자갈과 모래로 되어 있다. 동해안 원산해수욕장에 명사십리가 있지만, 이곳 서해안도 똑같이 명사십리라는 말을 쓴다. 혹은 모래 알갱이들이 반짝반짝 빛나는 것이 금빛이라 하여 '금사십리'라는 말도 쓴다. 이곳 해수욕장부터 몽금포까지 다 그러하다.

풍천식당. 오래된 이 고장 이름 풍천을 쓰고 있는 식당이다.

룡수포는 바다 쪽에서 이곳을 바라보면 해수욕장의 오른쪽 끝에 있는 붉은 바위가 용의 머리[龍首]처럼 보이고 그 옆에 두드러져 나온 기슭은 용의 앞발처럼 보인다고 한다. 그리고 그로부터 10리 펼쳐진 백사장은 용의 몸통과 흡사하고 왼쪽 끝은 용의 꼬리처럼 생겼다고 한다. 이러한 설명은 이곳에 전해내려오는 용왕 이야기에서 온 것이다.

룡수포 용왕 이야기

몇백 년 동안 용궁을 한 번도 떠난 적이 없는 서해 용왕이 룡수포 또한 용궁에 비할 바 없이 훌륭하다는 말을 들었다. 하루는 직접 확인하기 위하여 용궁을 나섰다. 드디어 물 위로 떠올라 머리를 내밀고 뭍을 바라보니 용궁에서는 본 적이 없는 황홀경이 펼쳐지고 있었다. 한걸음 한걸음 육지 쪽으로 나와 산천을 바라보며 가까이 가던 용왕은 되돌아갈 생각을 잊고 말았다. 시간은 흐르고, 용왕은 그만 바위로 굳어 버리고 말았다.

산업

서해안 대부분의 고장들처럼 예로부터 농업과 어업을 함께 경영해왔다. 농경지 면적이 군 전체 면적의 35%를 차지하며 그 가운데서 과수밭이 63%이다. 해안가이고 강수량이 적은 지역이기 때문에 논농사보다는 밭농사를 많이 한다. 과수업에 특화된 지역으로 국가가 정책적으로 육성해왔다.

농림어업

① 농업

과일군 종합농장의 분장 형태로 리마다 농장들이 조직되어 있다. 이 군은 여러 과일을 생산하지만 그중에서 특별히 사과에 좀더 특화되어 있다. 2017년 '전국 과수 부문 경험 발표회' 자리에서도 **과일군 과수연구소**는 '키 낮은 사과나무' 재배에 관해서 발표한 바 있다. 이 군의 사과 품종으로는 '금강', '송화', '장연', '허천', '덕성', '황주' 등이 있다. **송곡리 과수농장**이 대표적 사과 산지이다.

신대리는 농경지 중 95%를 과수밭으로 조성하였는데 사과와 배가 주종이다. **신대농장** 근처에 은률선 신대역이 있다. 덕안 **과수농장**은 사과는 물론이고 복숭아가 알이 크고 맛이 좋다고 알려져 있다. 룡학리는 과수밭 중 배가 80%,

송곡리 과수농장

덕안리 과수농장

황해남도 과일군

사과가 15%이다. 수풍리는 논이 55%, 밭이 45%인 곳으로 벼, 옥수수, 콩도 가꾸고, 사과, 배, 복숭아, 추리(자두)도 가꾼다. 연광리는 산림은 60%이고 나머지 전체 농경지 중 논이 8%, 밭이 43%, 과수밭이 48%이며 사과, 복숭아, 배 등을 생산한다. 염전리 농경지 중에도 95%가 과수밭인데 주로는 사과를 생산한다. 장암리도 농경지의 97%가 과수밭이고 주된 종목은 사과이다. 천남리는 일반 채소류를 많이 가꾸는 편으로 옥수수, 콩 외에 무, 배추를 가꾼다. 청룡리도 과수밭에서 사과와 배를 주고 생산한다. 운산리는 옥수수, 벼, 콩도 많이 생산하고 과일도 사과, 배, 복숭아 등 많이 생산한다.

오정리는 과수업 중심인 곳이지만 축산업도 겸하고 있다. 염소, 돼지, 토끼, 오리 등을 기른다. 근래 들어 군 전역에서 돼지를 많이 기르기 시작했다. 거기서 나오는 배설물을 거름으로 이용한다. 축산업 본연의 이득도 취하고 그 부산물을 농업에 적극 이용한다. 이를 '과수와 축산의 고리형 순환생산체계'라고 한다. 염전리, 신대리, 송곡리, 북창리, 신평리, 청룡리, 덕안리 등의 농장에서 돼지목장을 건설하였다. 과일군 말고도 북한 전역의 과수 단지들은 대개가 돼지목장에서 나오는 물거름과 인근 다른 고장의 진거름으로 과일나무 덧비료주기를 진행하고 있다. 이러한 노력을 통해 과일나무의 해거리 현상을 극복하고 생산량을 지속적으로 늘릴 수 있다고 한다. 사과의 경우 1정보(3천평, 약 1만㎡)당 50톤 이상 생산하는 농장이 있으며 평균적으로 20톤을 수확하고 있다. 복숭아도 1정보당 50톤 수확하는 농장이 늘어나고 있다.

과일 생산의 과학화, 현대화, 집약화

국가 기관과 연구소, 대학들의 지원을 받고 있고, 과일군 과수연구소와 농업경

영위원회 등이 협력하여 연구 성과를 현장에서 실현하고 있다. 농업에서 생산력을 높이려면 여러가지가 발전해야 한다. 토양 분석에 기반한 알맞은 영양 상태를 만들어주는 것, 풍토에 맞는 품종 개량에 힘쓰는 것, 병충해 관리에 최선의 노력을 기울이는 것 등이 필요하다.

'2018년 사회주의 생산경쟁 총화'라는 학술회의에서 나온 강습회 주제들을 보면 다음과 같다. 〈세계 사과 재배 실태와 사과나무 재배에서 높은 실북모양 만들기에 대하여〉, 〈과일나무 영양관리에서 주목되는 문제에 대하여〉, 〈사과 정보당 50톤 이상 생산에서 얻은 경험〉, 〈향꿀풀 농약의 지속적인 해충구제효과〉, 〈알이 매우 크고 맛좋은 '숙천큰복숭아'〉 등이다.

과일나무의 병은 온도와 습도가 높으면 발생하기 쉽다. 병원균은 온도 환경이 중요하여 발육 최저온도는 5~10℃, 최고온도는 30~40℃이다. 무더기비나 가물이 병충해 발생의 조건이 되며, 바람 또한 중요하다. 따라서 기상 조건을 살피고 미리 대비하는 게 더없이 중요하다.

과일군은 2017년부터 기상 과학의 성과가 집약된 '포전 기상 관측기'를 받아들여서 과학적 과수 농사를 경영해가고 있다. 이 관측기는 온도와 습도, 강수량, 해비침도(일조율), 바람속도, 바람방향, 이슬점 등을 관측할 수 있으며, 관측된 기상자료들을 컴퓨터에 전송하여 과일나무들의 생육 상태와 병해충 발생 상태를 분석하는 데 도움을 주고 있다.

또한 연구소에서는 이 관측기를 이용하여 겨울을 난 사과진딧물 알이 어느 때 깨어나 활동할지 예측하여 모든 농장에 통보해준다. 그리하여 농장들에서는 사과진딧물 알 구제에 필요한 농약을 미리 준비하고 병해충 구제를 진행한다.

과일읍에는 이 고장 토양에 맞는 **복합미생물 비료공장**이 있다. 남천 기슭에는 **풍천 린비료**(인산 비료)**공장**이 건설되어 있다. 덕분에 비료 주는 일에도 최선의 노력을 기울이고 있다.

② 임업

군 면적의 44%가 산림 지대이다. 동부와 남부 지역에 집중되어 있으며 85%가 해발 200m 이하의 야산에 분포한다. 그중 소나무숲이 전체 산림 면적의 약 76%를 차지한다. 소나무 외에 신갈나무, 떡갈나무, 졸참나무, 상수리나무, 고욤나무, 감나무, 호두나무 같은 식물들이 자라고 있다.

이름이 률리(栗里)인 리는 산림이 80%나 되는데, 도토리도 많고 밤나무도 많다. 큰 섬 석도는 높은 산은 없지만 산림이 40%나 되며 역시 밤나무가 많다.

덕안 샘물

덕안리에 있는 샘터. 샘물은 수소이온농도(pH)가 6.8이고 물의 전도도는 250μV/cm이다. 이온 성분들 중 주된 것은 수소탄산이온, 염소이온, 칼슘이온, 마그네슘이온으로, 복합천이라 할 수 있다. 심혈관계 질병 예방에 효과가 있다고 알려진 물이다. 맛이 시원하고 건강에 좋은 물이다.

오정 샘물

오정리에 있는 샘터. 이 샘물은 수소이온농도(pH)가 7.0이고 물의 전도도는 220μV/cm이다. 샘물의 주요 이온성분들 가운데서 주된 것은 수소탄산이온, 칼슘이온, 마그네슘이온으로, 수질 분류학상 수소탄산칼슘, 마그네슘 천에 속한다. 심혈관계 질병에 좋은 물이다. 수소이온농도(pH)가 약알칼리성이라 장수에 도움이 될 것으로 보고 있다.

③ 수산업

긴 해안선을 가지고 있는 바닷가 마을답게 수산업이 발달해 있다. 삼치, 까나리, 멸치, 가자미, 굴, 조개, 뱅어 같은 물고기들과 다시마 같은 해초류를 얻는다. 사기리는 산내천 하류 지역인데 이곳 **다천**(多川) **수산협동조합**에서는 해삼, 까나리를 비롯 수산물을 많이 생산한다. 석도 역시 수산물 채취가 주업인데, 굴과 조개를 많이 얻는다. 월사리도 삼치, 멸치, 까나리 등을 얻는다. 오정리에는 양어장이 있어 칠색송어 등의 민물고기를 양식하고 있다. 풍해리 진강포에 **풍해 수산협동조합**이 있는데, 까나리, 전어, 해삼, 굴, 바스레기(바지락) 등의 수산물이 풍부하다. 그 밖에도 여러 곳에 수산협동조합들과 수산분조들이 있다. **풍해 수산사업소**에서는 농업도 지원하고 있어서 농기계 수리와 정비 일을 하고 있다.

과일군 기와공장

공업

2차 산업 역시 과일 가공업 같은 식품 공업이 거의 대부분이라고 할 수 있다. 풍천 과일가공공장이 있다. 1968년에 발족했다. 이 지역에서 나오는 과일을 원료로 하여 통조림, 말린과일, 사탕졸임, 사과졸임, 단묵(달콤한 묵, 우리의 젤리나 양갱과 비슷함), 술 등 30여 종의 제품을 생산한다.

과일군 영예군인 수지일용품공장이 있다.

과일군 종이공장이 있는데, 황해남도 과학기술위원회가 가성소다와 표백분 생산공정을 확립하기 위해 본보기단위로 선정하고 지원하고 있다.

과일군 기와공장이 있다.

교육

유치원이 있고 소학교가 있고 섬에는 분교가 있다. 자매도에 대두 소학교 자매도분교가 있다. 중등교육기관으로 신대 고급중학교, 운무 고급중학교, 포구 고급중학교, 조광래 기술고급중학교를 비롯 30여 개 중학교가 있다. 고등교육기관으로 풍천 과일가공공장 고등식료전문학교, 과일 기능공학교, 과일대학 등이 있다. 과일군 과수연구소가 있다.

과일대학

과일읍에 있는 고등교육기관. 과수 부문과 과일 가공 부문의 기술 일꾼을 양성하고 있다. 1962년 4월에 세워진 '송화 고등원예학교'가 전신이다. 1969년에 '과일 고등과수학교'로, 1977년에 '과일 고등과수전문학교'로 되었으며, 1988년 3월에 '과일 과수단과대학'으로, 1993년 7월 과일대학으로 승격되었다.

과수학과, 식료학과 등의 학과가 개설되어 있고, 노동자를 위한 통신학과가 설치되어 있다. 이 밖에 현대적인 실험기구와 설비를 갖춘 실험실과 과목연구실, 실습 과수원과 온실, 과일 저장 및 가공시설 등 교육 시설과 연구 시설이 두루두루 잘 갖추어져 있다. 이 대학은 서해안 일대의 과수업을 발전시키는 데서 중요한 역할을 수행하고 있다.

과일농장 유치원 어린이들

조광래 고등중학교 전경

과수연구소의 연구사들이 일하는 모습

인물

조명하(趙明河, 1905~1928)

의사(義士) 조명하가 이 고장 인물이다. 풍천보통학교에서 수학하였다. 만세 시위에 참여하면서 저항 의식이 깊어졌고, 기회를 엿보다가 마침내 일본으로 밀항하였다. 1928년 5월, 타이완에서 일왕의 장인인 구니노미야 구니요시에게 독 묻은 단검을 찔러서 사망에 이르게 하였다. 조명하는 그해 10월에 사형당하였다.

강경애(姜敬愛, 1906~1944)

송화 출신이고 어머니가 개가한 뒤 장연에서 성장하였다. 결혼한 뒤에는 한동안 간도에서 살았다. 작가, 여성운동가, 노동운동가, 언론인으로서 큰 발자국을 남겼다. 작품 중 〈소금〉, 〈지하촌〉 등은 식민지 시대의 사회상, 특히 빈민들과 노동자의 처지를 사실적으로 보여주는 소설들로, 계속 연구되는 중이다. 1934년에 쓴 신문 연재 소설 《인간 문제》 역시 문학사에서 중요한데, 이 소설의 배경은 본인이 성장한 곳이다. 룡연의 '원소(怨沼)'라는 못가에서 이야기가 시작하는데, 이 못은 당시에는 장연군, 오늘날의 행정구역으로는 룡연군에 속한다. 그는 서해 바다를 보며 큰 마음, 호연지기를 길렀다. 고향 방문기에서 강경애는 "내 비록 몸은 작으나 맘이야 바다에 뒤지랴." 하고 적은 바 있다.

교류협력

🍎 사과와 사과의 만남

사과는 역사적으로 지역적으로 널리 분포하는 보편적 과일이다. 중앙아시아 텐샨[天山]산맥 산비탈에서 시작되었다는 학설이 있다. 오랜 세월 다양한 민족과 함께 하며 그 모두를 먹여살려온 고마운 식물이다. 그만큼 수많은 품종이 있고 지금도 곳곳에서 연구가 진행되고 있다. 북한도 우리도 사과를 한껏 즐기고 있다. 남한에 사과 산지가 많지만, 전통의 향기를 잘 간직한 고장이 과일군과 교류하면 어울릴 듯하다. 청송 같은 지방정부에서 관심 가질 만하다.

🍎 서해평화협력 특별지대

서해안 일대는 경기도, 서울특별시, 인천광역시 등으로부터 늘 일정하게 관심을 받아 왔다. 교류협력의 파트너로 다각도로 다층적으로 연구되어 왔다. 백년 전만 해도 인류에게는 뱃길이 최선의 교통로였다. 지금도 여전히 물류에서는 해상 운송의 장점이 많다.

황해남도와 한강 하구를 잇는 경제협력 구상이나 계획안은 다양하게 제시된 바 있다. 서해안 일대를 남포와 평양까지 잇는 방법도 있다.

오늘날 현대사에서 이 서해안 수역은 그 어느 때보다 중요하다.

1953년의 정전협정에 따르면 한강 하구 수역은 민간 선박의 항행에 개방된 곳이다. 남북이 공동으로 이용할 수 있는 중립 수역이다. 하지만 서해 5도 주변은 해양 경계선 합의에 실패하여, 정전협정에 포함되지 못한 지역으로, 관할권 충돌 위험이 있는 이른바 분쟁 수역이었다.

냉전이 완화되고 동서 화해 분위기가 조성될 때 이곳에도 변화가 찾아왔다. 남과 북 정상은 1991년 남북기본합의서 및 1992년 남북 불가침 부속합의서에서 정전협정에 따라 군사분계선과 지금까지 쌍방이 관할해온 구역을 불가침 경계선으로 인정하였고, 서해 5도 주변 수역의 해상불가침 구역 문제는 새로운 해상불가침 경계선이 확정될 때까지는 쌍방이 관할해온 구역으로 하기로 합의했다.

2007년 10·4 선언, 2018년 4·27 선언, 2018년 9·19 공동선언을 통해 서해에서의 우발적 충돌 방지를 위해 공동 어로 구역과 평화 수역을 설정하는 등 '서해평화협력 특별지대'를 설치하기로 합의했고, 남한 덕적도(인천광역시 옹진군) 이북에서 북한 초도 이남까지를 완충 수역으로 설정하기로 합의했다.

초도는 과일군에 딸린 섬이었다가 1996년부터는 남포특별시 관할로 바뀌었다. 남포항 남쪽 곧 과일군 앞바다는 평화의 새 물결을 가져올 희망의 바다이다.

길

김소월(金素月)

어제도 하룻밤
나그네집에
가마귀 가왁가왁 울며 새웠소.

오늘은
또 몇십 리
어디로 갈까.

산으로 올라갈까
들로 갈까
오라는 곳이 없어 나는 못 가오.

말 마소, 내 집도
정주 곽산(定州郭山)
차 가고 배 가는 곳이라오.

여보소 공중에

저 기러기

공중엔 길 있어서 잘 가는가?

여보소 공중에

저 기러기

열십자(十字) 복판에 내가 섰소.

갈래갈래 갈린 길

길이라도

내게 바이 갈 길은 하나 없소.

— 《문명(文明)》, 1925년 12월

평안남도

순천시
順川市

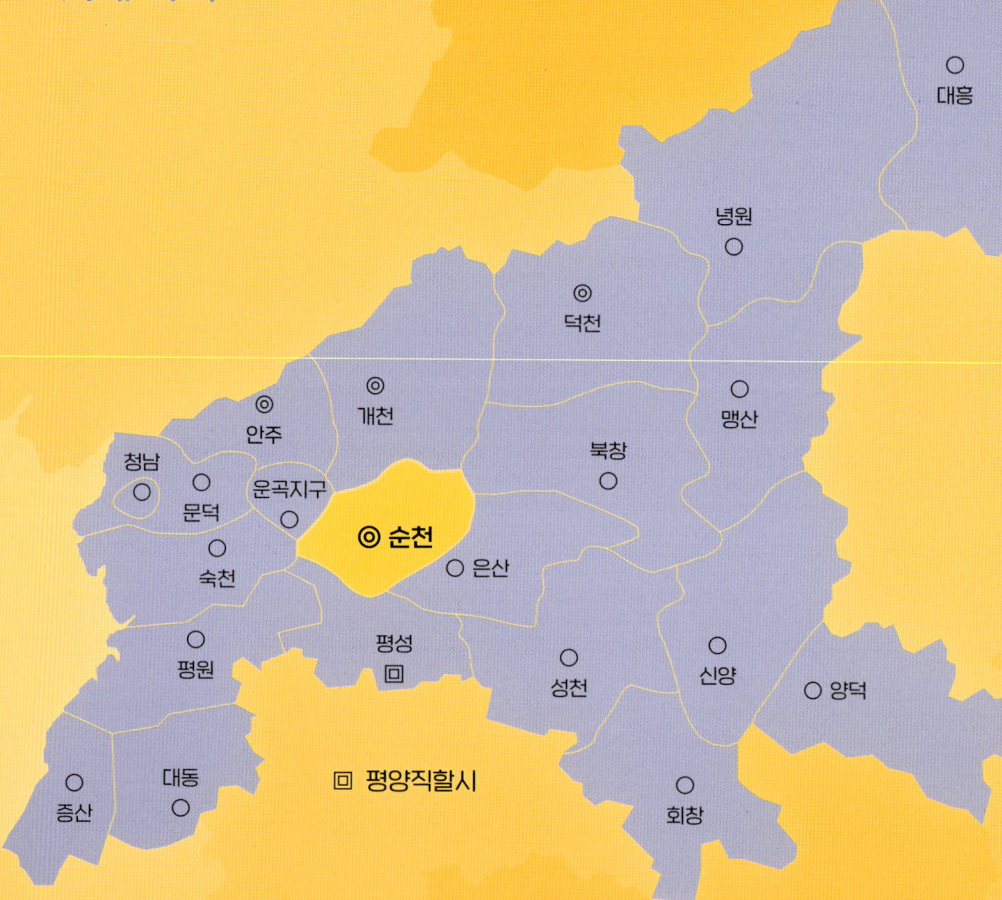

남쪽에 순천(順天)이 있고 북에도 순천(順川)이 있다. 우리 겨레에게 순(順)이라는 글자는 선(善) 못지않게 좋은 뜻이다. 자연과 우주를 따름으로써 '순조롭다', '조화롭다', '평안하다'라는 의미이다. 예전 사람들은 하늘 천(天) 자를 '텬'으로 발음을 해서, 남쪽의 순천군은 '순텬', 북의 순천군은 '순천'으로 발음했다고 한다. 고려시대인 983년경에 외적을 평정하고 평안해졌다는 뜻에서 '순주(順州)'라는 이름을 붙였고 이후 조선 시대에 주(州)를 천(川)으로 바꾸었다. 이후로도 외적을 막는 군사 요충지로서의 정체성이 큰 지역이어서 왕조 시대 내내 국방상의 주요 거점이었다.

평안남도의 중앙에 있는 시로, 본래 평안도의 '평'은 평양, '안'은 안주를 뜻한다. 순천은 평양의 북쪽이고 안주 바로 아래로, 둘 사이에 위치한다. 현대 들어 점점 더 중요해지고 있는데 철도와 도로 이용이 다 편리한, 교통의 요지인 덕분이다. 평라선(평양~라진)을 통해 평양과 함경도로 연결되고, 만포선을 통해 개천을 거쳐 압록강 상류 만포(자강도)까지 닿을 수 있다. 자동차 도로도 평양~강계 간 도로와 평성~함흥 간 도로가 지난다. 평안남도 소재지인 평성시까지 약 21km로 매우 가깝다. 평성시 바로 아래가 평양직할시*이다.

* 평양직할시: 우리는 서울특별시라고 하는데, 북한에서는 평양직할시라고 한다. 특별시가 3개 지정되어 있다. 평양 옆에 '남포특별시'가, 함경북도 북단에 '라선특별시'가 있고 그리고 우리와 가까운 '개성특별시'가 있다.

위치와 지형

평안남도 가운데에 있는 도시로 야트막한 산줄기(산맥)로 둘러싸인 분지 지형이며 대동강이 북에서 남으로 흐른다. 북쪽은 안주시, 개천시가 인접해 있고, 동쪽으로 북창군, 은산군이, 그리고 남쪽에 평성시가 있다. 서쪽에는 숙천군, 운곡지구가 있다. 평안남도 행정 소재지(인민위원회 소재지)인 평성시까지 철길로 약 21㎞이고, 그 바로 아래 평양직할시 중심부까지는 약 62㎞이다. 순천시와 주변의 시군들은 고려시대 이래로 현대에 이르기까지 행정구역 개편 때마다 합쳐졌다가 쪼개졌다를 반복하고 경계선이 새로 그어지고는 했다. 지금 행정 경계는 일제시대보다는 조선시대 모습에 가깝다.

순천 시가지 모습

서남부인 응봉동에서 동북 지역인 직동 사이 길이는 28㎞, 북서부 룡봉리에서 남동부 서남리 사이를 너비라고 보면 17㎞쯤 된다. 면적은 약 368㎢이다. 시의 중심부는 동경 125°56′, 북위 39°25′이다.

지형은 전체적으로 험하지 않은 편이다. 순천분지가 남북으로 길게 자리잡고 있으며 서쪽과 동북쪽으로 점차 높아지는 지형을 이루고 있다. 은산군과 붙은 곳에 삿갓봉(878m, 입봉笠峯)이 있고 천성산(天聖山)줄기가 뻗은 북동부에 가마봉(414m)이 있다. 삿갓봉 일대에는 직동탄광, 천성탄광 등 탄광이 여럿 있다. 서쪽에는 청룡산줄기의 동쪽 경사면에 높지 않은 산들이 있는데 국사봉(國事峯, 344m), 도운산(都雲山, 441m), 신덕산(新德山, 358m) 등이다. 개천시와의 경계에는 려정산(또는 려등산, 310m)이 있다.

대동강의 중류 지역으로 이 지역에서는 정융강(靜戎江)이라고도 하는데, 고구려와 고려시대에는 이 일대 이름이 정융군이었다. 정융(靜戎)은 오랑캐를 잠잠하게 만들었다는 뜻으로 순주, 순천과 비슷한 의미라 할 수 있다. 평안도, 함경도 일대에서 우리 조상들은 험준한 산악과 그 사이를 흘러내리는 강들 사이를 삶의 터전으로 삼아, 때로는 대륙 세력의 침략을 막으며 경쟁하느라 고단하였고 때로는 이민족과 적절히 공존하며 동고동락해왔다.

대동강은 길이 약 440㎞, 유역 면적 1만 6,673㎢로 우리나라 전체에서 다섯 번째로 긴 강이다. 고조선 때는 열수(洌水), 고구려 때는 패수(浿水), 패강(浿江) 등으로 불렸고 고려시대 이후로 대동강(大同江)이라는 이름으로 불렸다. 순천 한가운데를 구불구불 흘러서 평성에 이르고 평양을 지나며 하류에서는 황주천, 재령강과 합류하여 황해로 흘러든다. 관서 지방의 대표적인 하천으로 지류에 따라 이름도 여러가지이다. 대동강이 순천시를 적시는 구간은 약 41㎞이다. 그 밖에 운곡지구에서 발원한 금천강(錦川江), 은산군에서 발원한 장선강(長鮮江) 등이 흐른다. 원상리에 오운(梧雲)저수지, 증산동에 갈골저수지가 있다.

1986년에는 이 시 구간의 대동강을 막아 순천갑문을 건설했는데, 언제(제방), 갑실, 발전소, 다리, 고기길[魚路]로 이루어져 있다. 이 갑문을 통해 대동강 하류로 연결된다. 교통은 물론이고 공업용수, 관개용수, 생활용수 쓰기가 편리해졌다. 이곳 저수지의 집수 구역 면적은 4,674㎢이다. 큰물(홍수) 조절 기능과 전력 생산에서 중요하다. 풍광도 아름다워 휴식처를 제공하고 있다.

순천갑문

기후

대동강 주변은 온화하고 산간 지역은 기온 변화가 심하다. 한해 평균 기온은 8.8℃, 8월 평균 기온은 24℃, 1월 평균은 -8.8℃이다.

일조율은 평남에서는 높은 편으로, 한해 평균 일조율은 53%, 가장 높은 달

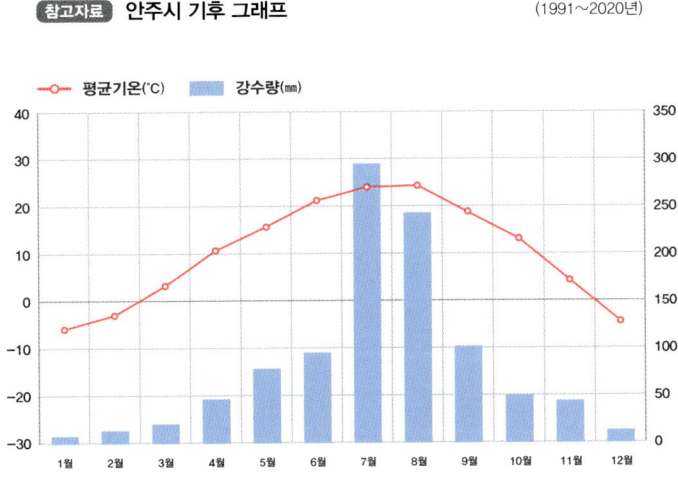

참고자료 안주시 기후 그래프 (1991~2020년)

	30년 평균	2023년
연평균기온(℃)	10.1	11.1
최한월(1월) 평균기온	-6.5	-7.1
최난월(8월) 평균기온	24.5	25.4 (7월)
연교차	31.0	32.5

	30년 평균	2023년
연강수량(mm)	1017.7	918.5
여름 강수량 (6, 7, 8월)	634.4	510.4
겨울 강수량 (12, 1, 2월)	38.3	61.7
평균 풍속(m/s)	1.6	1.7

출처: 대한민국 기상청 〈북한 기상 연보〉
순천시의 최근 기후 자료를 구하지 못하므로 가까운 안주시의 자료를 참고한다.

인 10월에 61%, 가장 낮은 7월에 39%이다.

한해 강수량은 평균적으로 1,131.5㎜이다. 북한 전체의 평균(912㎜)보다 조금 많고 평양보다도 많은 편이다.

봄철에 일조율과 기온이 높고, 겨울과 봄에 비가 적게 내려서, 봄철 가뭄이 심한 편이다.

첫 서리는 10월 중순에 내리기 시작해서 4월 중순께에 멎는다.

행정구역과 인구

예로부터 행정구역 개편이 많았고, 북한 정부 수립 후에도 인근 지역과의 통합, 분리 등으로 개편이 꽤 있었다. 1983년에 군에서 시로 승격되었고 많은 리(里)들이 동으로 바뀌었다. 22동(강안동, 강포동, 금산동, 금천동, 동암동, 련봉동, 련포동, 룡악동, 봉우동, 봉화동, 부흥동, 새덕동, 새말동, 석수동, 수복동, 순금동, 순천동, 역전동, 오사동, 응봉동, 증산동, 직동동)과 11리(내남리, 룡봉리, 룡지리, 북창리, 서남리, 신덕리, 신리, 오봉리, 원상리, 평리, 풍덕리)로 구성되어 있다.

이중 강안동(江岸洞)은 1989년에 신설된 동으로 대동강 주변이고 근처에 철로가 지나간다. 역전동은 순천역 근처이다. 봉화동(烽火洞) 역시 1983년에 신설된 동으로 혁명의 봉화를 들고 나아간다는 의미이다. 수복동(秀福洞)은 리수복이 다닌 학교가 있어서 이러한 이름이 붙여졌다. 오사동(五四洞)은 순천 세멘트련합기업소의 터전이 잡힌 날을 기념해 붙여진 이름이다. 봉(烽)우동이 오래된 지명으로 봉우는 봉수가 변한 말이다. 응봉동(鷹峯洞)도 오래된 지명이다. 직동(直洞)은 '곧은골'을 한자로 표기하며 생겨난 지명이다. 리(里) 이름 중에도 행정구역 개편으로 신설되면서 붙여진 이름들이 많다.

인구 수는 2008년 현재 29만 7,317명이며, 도시 인구가 25만 738명이고 농촌 인구가 4만 6,579명이다.

순천시 인구 현황 개괄 (단위: 명)

인구수	남자	여자	도시	농촌
297,317	141,806	155,511	250,738	46,579

출처: 2008년 북한 중앙통계국 발표 인구 센서스

순천시 인구 피라미드

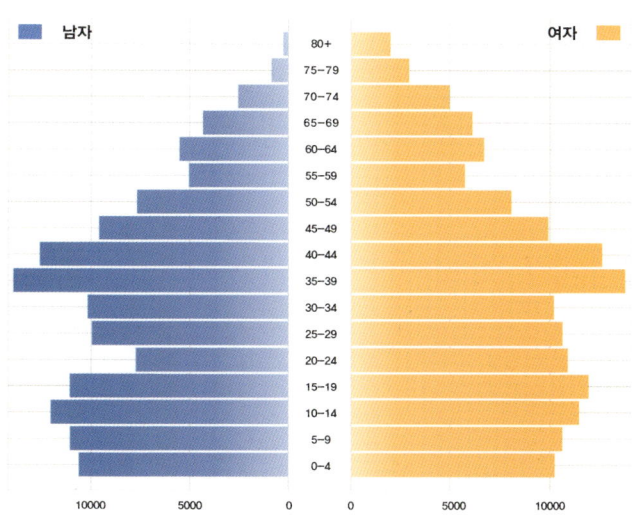

* 위 인구 피라미드는 2008년 북한 중앙통계국 발표 인구 센서스 자료를 바탕으로 연령대별 인구를 추산하여 작성한 것으로 참고용이다.

교통

철도

육상 교통의 요지이다. 북한의 13개 간선 노선 중 2가지 노선의 수혜 지역이다. 평양과 라진(라선특별시의 라진)을 연결하는 🚉 평라선이 지나며, 순천과 만포를 연결하는 🚉 만포선의 기점이기도 하다. 평라선의 지선 2가지 🚉 대건선, 🚉 은산선도 이용할 수 있다.

평라선이 평양에서 출발하여 평성을 지나 순천시 영역에 들어와서 순천역과 신련포역(련포동 소재)에 정차하며 다음으로는 은산군 경계로 들어가자마자 은산역에 정차한다.

신련포역에서는 🚉 대건선이 가지치듯 뻗어나온다. 대건선은 순천시의 북부 주요 지점들을 지나 개천시와 북창군까지 가는데 약 35km 되는 노선이다. 신련포역, 대건역, 중산리역, 룡악역, 초평역, 삼소역이 순천시 영역 안에 있으며, 그뒤 개천시로 들어가 무진대역, 외동역에 정차한 뒤, 마지막 역인 북창군의 봉창역에 다다른다.

대건역에서는 2차 지선인 🚉 직동탄광선으로도 연결되는데 직동탄광까지를 오가는 8.5km의 짧은 노선이다.

🚉 평라선의 지선으로 🚉 은산선도 있다. 평라선 본선에 대건역과 은산역이 있지만, 이 은산선의 기능은, 순천 석회석광산(은산군)의 석회석을 나르는 것이다. 약 8km의 짧은 노선이다.

간선 철도 🚉 만포선이 순천역에서 출발하며, 다음 역 중평(中坪)역도 순천시 안에 있다. 그리고 개천시로 넘어가서 북으로 북으로 달려간다.

만포선(滿浦線)

평안남도 순천시와 자강도 만포시를 연결하는 철도로, 북한의 주요 간선 철도 중 하나이다. 순천을 출발하여 북쪽으로 청천강을 따라가다 구현령을 넘어 압록강변 만포진에 이르는데, 총 길이 303.4㎞이다. 만포진이라는 이름대로 본래 압록강변의 나루였는데, 철도가 놓이면서 발전하기 시작했다. 일본 제국주의는 처음부터 이 평안북도 지역의 주요 자원으로 삼림에 주목했다. 초기에는 벌목한 나무를 물에 띄워 내려보내다가 1939년에 만포선이 놓인 뒤로는 이를 통해 운반하게 되었다.

만포시는 중국을 마주하고 있는 국경 도시이며 건너편은 지린성[吉林省] 지안시[集安市]이다. 둘 사이를 연결하는 다리가 압록강 제3철교(만포철교)이다. 이 철교를 통해서도 조선 중국 사이 철도가 다닌다. 본래 강계군 만포읍이던 것이, 자강도가 신설된 뒤 1961년에 시로 승격되었다. 현재 만포시는 강계시와 함께 자강도를 대표하는 도시이다.

만포선은 개천선, 강계선, 북부내륙선(구 혜산만포청년선)과 연결된다. 탄광지대에서는 짧은 지선들과도 연결된다. 목재, 광석, 시멘트, 석탄, 기계제품에 농산물까지 다양한 화물을 수송하고 있다. 뿐만 아니라 여행객을 묘향산, 구장, 희천, 전천, 송원, 강계, 만포, 창덕, 시중 등에 있는 휴양소, 요양소, 명승, 고적지에 데려다 주는 일도 한다. 서북부 산간 지방의 생활 전반에 걸쳐 없어서는 안 될 중요한 철도이다.

도로

자동차 도로 역시 편리하다. 만포선과 평행하여 🚌 평양~강계 간 도로가 달리고 있다. 평안남도 행정 소재지인 평성까지 약 21㎞이다. 🚌 평성~함흥 간 도로도 이용할 수 있다. 도시 안에서도 교통망이 편리한 편이다.

항공

🛫 순천비행장이 있는데, 활주로 2,500m이며 콘크리트 도로이다.

역사와 문화

고대

구석기 유적과 청동기 유적, 고구려 유적이 있다.

🏠 동암동 구석기 유적

2016년에 김일성종합대학 역사학부와 사회과학원 고고학연구소의 연구단이 동암동 일대에서 구석기 유적을 발굴하였다고 보고하였다. 동암동에 있는 해발 40m쯤 되는 야산 중턱의 동굴 자리에서 찾았는데 2개의 문화층으로 갈라져 있다. 1문화층은 약 88만년 전, 2문화층은 약 72만년 전이다.

석기 14점, 골기(骨器) 8점이 발굴되었다. 또 동물 뼈 화석 5,000여 점과 포분화석(포자와 화분화석) 1,000여 개도 나왔다. 이중 주먹도끼는 아시아에서 가장 이른 시기의 것으로 보고 있다. 포유동물 큰해리(海狸)의 이빨 화석은 우리나라에서 처음 발견된 것으로 특별한 주목을 요한다. 연구자들은 화석들로 미루어볼 때 이 일대가 산림이 무성하였으며 초원과 습지대로 이루어진 열대나 아열대지역 같은 기후 환경이었다고 보고하고 있다. 황해북도 상원군 검은모루동굴 유적에 이어서 이곳 유적이 발굴됨으로써 대동강 유역은 구석기 유적지임이, 매우 유서 깊은 고장임이 입증되었다고 보고 있다.

동암동 동굴 입구 모습과 출토된 동물 화석들

신암(新巖) 고인돌 보존 유적 제49호

내남리 룡마산에 있는 고인돌. 이 근처에서 출토된 유물은 평성시 역사박물관 고조선관에 전시되어 있다.

고구려 유적으로 매우 중요한 벽화무덤들이 보존돼 있다. 북한 특히 관서 지방은 고구려의 땅이고 실제로 북한은 고구려의 후예임을 자랑스러워한다. 우리가 '고분 벽화'라고 하는 것을 북한에서는 '벽화무덤'이라고 지칭하며 "고구려 인민들의 뛰어난 창조적 지혜와 재능을 보여주는 귀중한 재보"라고 하고 있다. 고구려의 무덤 유적들은 대동강 근처에 많으며 평양시, 남포시, 평안남도

신암고인돌

대동군, 황해남도 안악군의 고분들이 2004년에 유네스코 세계문화유산으로 등재되었다. 평양과 가까운 이곳 순천에도 고구려의 무덤들이 있는데, 이 유적들은 등재되지 못했다. 대체로 축조 연대는 추정치이며, 무덤의 주인이 누구인지도 연구 과제이다.

동암리(東巖里) 벽화무덤 보존 유적 제60호

4세기 후반의 유적으로 벽화를 통해서 고구려 문화를 살필 수 있는 자료이다. 두 칸으로 된 돌칸흙무덤(석실봉토분)이다. 안칸 바닥이 앞칸 바닥보다 10㎝ 높다. 무덤칸은 안길의 길이가 2.6m, 너비가 1.2m, 높이가 1.82m이다. 앞간의 길이가 1.88m, 너비 3.5m이며, 안칸의 길이가 3.7m, 너비 3.6m, 높이 3.6m이다. 벽화가 떨어져서 조각조각 남아 있는데 색깔은 잘 보이고 깨끗한 편이다. 여러 옷가지를 입은 남녀, 음식 준비하는 모습, 교예 장면, 말 사슴 노루 곰 등 짐승들, 집, 장식 무늬 등이 보인다. 특히 인물들의 옷차림 중 모자와 신발이 매우 다양하다. 동암리는 대동강변에 있으며 동암동으로 바뀌었다.

료동성(遼東城) 무덤 보존 유적 제60호

우리 쪽에서는 요동성총이라고 지칭한다. 대동강 기슭 룡봉리에 있으며 강 건너 북쪽으로 2㎞ 가면 천왕지신무덤(천왕지신총)이 있다. 4세기 후반의 고구려 벽화무덤이다. 이 성은 고구려가 건설한 요새로 보이며, 내성과 외성으로 이루어져 있는데 그 사이에 집들과 자성(子城)이 있다. 그중의 한 건물에 료동성이라고 쓰여진 글씨가 있다.

무덤칸은 2개의 안길, 앞칸 좌우의 두 곁칸, 4개의 관실로 이루어져 있다. 벽화는 앞칸 남벽의 성곽도, 서쪽 곁칸의 장방생활도와 사신도, 동쪽 곁칸의 방앗간 그림, 제1관실 동서벽의 인물도, 천정고임부의 구름무늬 등의 흔적을 볼 수 있다. 그중 보존 상태가 나은 것은 성곽도이다.

천왕지신무덤 모습과 내부 벽화 중 천왕 부분

🏛 천왕지신(天王地神) 무덤 보존 유적 제59호

우리는 천왕지신총이라고 한다. 5세기 때의 고구려 무덤이다. 무덤 건축 형식, 내부 장식, 벽화가 다 뛰어나고 화려하다. 벽면 곳곳을 꾸미고 그린 것이, 무덤이지만 무덤 같지 않고 고대광실 같은 느낌이 들게 한다. 두칸 무덤으로 특히나 무덤칸(현실 玄室)의 건축양식이 독특한데, 기둥을 쓰지 않고 석재를 십자로 교차시켜 궁륭상 천장을 축조하였다. 남아 있는 벽화를 보면, 벽면에 연꽃과 거북잔등무늬 등이 보이며 주인공 부부의 실내 생활도가 그려져 있다. 천장에는 해, 달, 별, 구름, 신선들과 이상한 짐승들이 있는 중에 가운데에는 천왕과 지신이 있어 그것에서 이 이름이 왔다. 북창리에 있으며 대동강변에서 멀지 않다.

고구려인들이 말 타고 뛰어다니며 크게 활약한 곳이지만, 신라가 삼국을 통일하고 이 지역의 패권자가 되고 난 뒤로는 별 정책 없이 방치하였다.

고려

고려시대 들어와서 군사적 요충지로 삼고 군진을 설치하는 등 힘을 기울여 국토를 넓히고 다져갔다. 성종 때 이 일대를 순주, 자주, 은주로 고쳐 부르고 이들 주마다 방어사를 두어 여진족의 남침을 방비하였다. 몽골 침략 때 크게 유린되고 동녕부(東寧府) 관할 하에 들어갔다가 충렬왕 때에 수복되었다.

고려 때의 문인 이규보(李奎報, 1169~1241)는 외적의 침략에 시달릴 때에 조상들을 생각하였고, 고구려 시조를 기리며 〈동명왕편〉이라는 서사시를 써서 널리 읽혔다. 그는 또한 북방 이민족의 침범을 걱정하는 시, 전승을 기뻐하는 시도 많이 썼다.

나의 불안 [不安] — 이규보

벼슬에서 벗어나 한가로운 이 되어

녹을 받아 가난치도 않거늘

내 무슨 일로 한없는 불안 있어

매양 가슴속이 이렇게 쓰라릴까

늙어도 녹 받으니 나라은혜 지극하다

때로 술 빚어 시름을 잊노매라

내 마음 이리도 불안에 휩싸임은

적들이 우리 땅을 침노함이라

적들의 날뜀이야 온 나라의 근심인데

내 어이 홀로 이다지 아파할까

아직도 심장에 붉은 마음 살아 있나니

벼슬서 물러나도 그 마음 어이 그칠거나

조선

조선 전기 때 이 지역과 인근 지역은, 순천, 강동, 성천, 은산, 개천, 안주, 숙천 등으로 이름이 정비되고 경계선이 조정되었다. 순천을 순찰사가 머무는 곳으로 삼기도 하였다. 인조 임금 때부터는 여진족 방어를 위한 군사적 중요성이 더욱 크게 부각되었다.

근대

1896년에 13도제가 실시되면서 순천군은 평안남도 관할이 되었다.

1936년에 만포선과 평원선(평양~고원)이 부분 개통되면서 철도 분기점이 되자 인구가 크게 늘어났다. 교통의 요지라는 점 때문에 점점 중요해지고, 일본제국의 식민지 경영의 주요 기지 중 하나로 사용되었다.

현대

해방 전에도 제약공장과 화학공장 등이 있기는 했으나, 해방 후에 급속도로 발전하여 이제는 중요한 공업지대가 되었다. 북한의 대표적인 화학공업지대로 부상하였다. 1983년에 시로 승격되었다. 각급 학교와 도서관, 문화회관, 은덕원(종합복지관), 요양소 등이 잘 갖추어진 편리한 도시이다.

순천 도서관

산업

순천시는 서부의 대표적인 화학공업지구 중 한 곳이다. 이 지역 내 탄광에서 채굴되는 무연탄을 쓸 수 있고, 화력발전소가 있어서 전력 공급이 원활하다는 강력한 장점 덕분이다. 광업과 화학공업의 지역이지만, 외곽에 있는 농촌에서는 벼와 옥수수, 여러가지 채소를 기르고 있으며 염소목장에서는 유제품을 생산하고 있다.

농림어업

① **농업**

해방 전에는 관개시설이 갖추어지지 않아 조, 수수, 피밖에 심지 못하였다. 해방 후에는 물 공급이 조금씩 원활해지면서 대동강, 장선강, 금천강 유역에서 논농사가 일어나기 시작했다. 여전히 새땅 찾기(농경지 개간)를 꾸준히 하고 있고 하천 근처에서 침수지나 떼기밭을 정리하는 등 경작지 정비에 힘을 쏟고 있다.

주변 지역인 북창군, 숙천군과 더불어 쌀독을 책임진다는 마음으로 농사일에 임하고 있다. 농업의 성공을 위해서는 세 가지가 핵심이다. 비료, 물, 품종이다. 다수확을 위해 지력을 높이는 유기질 비료를 더 많이 만들어서 사용한다. 물이 부족하지 않도록 관개 작업을 하며, 냉습지 개량에도 최선을 다한다. 염기견딜성이 강한 품종을 배치하고 병충해 예방에도 노력을 기울인다.

동암동, 오봉리, 강포동, 금천동, 룡봉리 일대에서는 옥수수가 잘 되고 있다. 밭에서는 시금치, 양배추, 고추, 파, 마늘, 호박, 오이 등 채소류가 자란다. **평리 협동농장, 증산 협동농장, 동암 협동농장, 서남 협동농장, 강포 협동농장**

낟알 수확 중인 평리 농장(위)과 룡봉리 농장(아래 왼쪽), 그리고 담배농장.

을 비롯 동과 리(里)에 협동농장이 있다. 북한도 과학 영농, 선진 영농을 강조하고 있는데 **리수복 청년협동농장**이 온실 농법 등에서 모범적이다. 비탈진 곳의 과수원들에서는 사과, 배, 복숭아 등을 재배한다.

가공해서 새로운 상품을 얻고자 기르는 작물을 공예작물이라고 하는데, 담배와 깨, 피마주, 박하 같은 것들이 있다. **서남 공예전문협동농장**에서는 박하, 락화생(땅콩)에서 기름을 얻는데 더 많은 기름(식용유)을 얻는 기술을 발전시켜가고 있다. 종이 원료를 얻기 위해 타래붓꽃을 심는 농장도 있다. **순천 담배농장**이 있다.

북한 전역에서 토끼를 식용 고기를 얻기 위해 많이 기른다. 수의학적 뒷받침을 받으며 노력하고 있다. 축사를 위생적으로 관리해주고 잘 말린 풀을 먹이며, 품종 관리에도 역점을 두고 있다. 순천시가 자랑하는 품종은 흰 바탕에 검은 얼룩점이 박힌 종류로 우량 품종으로 인정받고 있다. 2021년에는 시 안의 서쪽인 응봉동 매봉골 기슭에 **염소목장**을 새로 건설했다. 염소목장의 목표는 탁아소, 유치원에 질 좋은 젖제품(유제품)을 공급하는 것이다.

누에치기 양잠업도 평리와 풍덕리 등지에서 행해지고 있다. 일제시대 이래로 양잠업에서도 전문성을 보유해왔는데 근래에는 '순천뽕나무'를 자랑하고 있다. 개체선발법으로 길러낸 다수확 품종이며 내랭성(耐冷性)이 강하다. 가지가 굵고 길며 곧다. 색은 황갈색이며 마디 사이 길이는 4cm로 보통이다. 이 뽕나무는 자웅동체로, 평안남북도와 황해남북도에서 재배하고 있다. 전국의 농촌 곳곳에서 누에치기운동을 대대적으로 벌이고 있고 생산량 늘리기를 독려하는데 평안남도가 성과가 좋은 편이다.

② **임업**

　순천시는 국토관리 사업에서 좋은 성과를 내는 곳으로 주목받고 있다. 이 시의 산림자원은 천성산줄기와 청룡산줄기가 뻗은 북동부와 남서부 지역에 풍부하다. 소나무, 이깔나무, 세잎소나무, 잣나무, 물푸레나무, 단풍나무, 참나무, 자작나무, 오리나무 등이 있다. 약용식물, 산열매, 산나물, 도토리 등도 많이 얻는다. 내남리, 원상리, 신리 등에서는 밤나무가 많이 자라 굵은 밤을 많이 거둔다. 룡악동에는 기름나무림(식용유를 얻기 위한 나무숲)을 비롯 경제림이 있다. 근래에는 수유나무림을 조성하는 것에 공들이기 시작했는데, 수유나무(쉬나무) 열매에서도 기름를 얻는다. 순천시 산림경영소에서는 양묘장을 만들어 나무모(묘목)을 생산 보급한다. 푸른 숲을 가꾸어감은 물론이고 쓸모있는 임업을 연구하고 보급하고 있다.

　북한에서는 산림조성 사업과 보호관리 사업을 잘 수행한 단위들에게 '사회주의 애국림' 칭호를 수여하는데, 한 해에 한두 차례 선정 포상하고 있다. 2020년 9월에는 모두 74개소가 선정되었다. 그중 순천시 안에 있는 단위들이 10곳이나 된다. 순천 사슴목장, 순천시 상업관리소, 순천시 사회급양관리소, 순천시 백화점, 순천시 국수집, 순천시 량정(糧政)사업소, 순천시 원상고급중학교, 순천시 세멘트련합기업소 점판암광산, 순천 담배공장, 순천 은하피복공장이다.

　숲에는 산토끼, 청서, 다람쥐, 족제비, 너구리, 여우, 삵, 노루, 복작노루(고라니) 같은 포유류와 꿩, 꾀꼴새, 밀화부리, 콩새 같은 조류가 어울려 살아가고 있다. 희귀종 조류로 수릿과에 속하는 **붉은배새매**(*Accipiter soloensis*)가 분포하는 지역이다. 한국에서 겨울을 나는 철새 **산골갯도요**(*Gallinago solitaria*)도 관찰되었다.

③ 수산업

강과 저수지에는 붕어, 누치, 버들치, 헹베리(피라미), 강준치 등이 살고 있다. 평안도 지역 요리 중에 '헹베리고추장찜'이 있는데, 피라미를 튀겨낸 뒤에 그 위에 고추장 양념장을 끼얹어 먹는 음식이다.

 물고기 기르기에도 노력을 기울이고 있어, 양어 작업장, 종어 사업소 등이 있다. 메기공장에서는 화력발전소에서 나오는 따뜻한 물을 재활용하여 메기를 기르고 있다. 북한은 동물을 기르는 곳을 공장이라고 한다. 닭공장, 오리공장

순천 메기공장

이 있고 메기공장도 있다.

광업

순천은 다양한 지하자원이 풍부하게 매장된 지역으로 채굴업 곧 광업의 도시이다. 북에서는 채굴공업이라고도 한다. 북한의 광물자원 분야 행정기구는 자원개발성, 석탄공업성, 금속공업성, 채취공업성으로 나뉘어 있다. 자원개발성은 지하자원 탐사를 주관하고, 다른 세 성은 광산개발 운영을 관장한다. 금속공업성은 철과 마그네사이트, 그리고 채취공업성은 철광석 외의 금속들과 비철금속, 비금속을 다룬다. 석탄은 공업에서의 식량과 같다는 표현을 쓰고 있다. 석탄공업성 아래 '석탄연구원'이 있고 그 산하에 '순천 채굴공학연구소'가 있다.

이 지역은 대동강 지류의 침식 작용으로 복잡한 기복을 이루고 있는데, 기반이 되는 암석은 사암, 분사암, 탄질분사암, 편암 등이다. 남쪽 기슭에는 석회석이 묻혀 있어 중요한 석회석 산지이다. 시의 중부지역인 순천분지는 석회암을 모암으로 하며 대동강이 형성한 충적지형이다. 곳곳에 카르스트 지형이 발달해 있다. 분지 바닥을 이루는 기반은 고회암, 석회암, 석회질편암 등이며, 여기에 금, 철, 석탄, 망간토, 견운모편암, 류화철(硫化鐵, 황화철), 석회석 등 각종 자원이 매장되어 있다. 순천은 텅스텐(중석), 몰리브덴, 망간, 니켈 등 합금용 핵심 광물들을 채굴하는 곳으로, 매우 중요한 지역이다.

삿갓봉 근처에 **직동탄광**, **천성탄광**(은산군) 등이 있는데 이들 탄광이 순천지구 청년탄광 련합기업소로 묶여 있다. 이 연합기업소 산하에 순천 탄광기계공장, 은산 탄광기계공장, 부품공장, 기계수리공장, 기술자 양성학교 등도 있다.

순천시 탄부 건설사업소도 있다.

직동탄광은 평안남도에서 가장 큰 규모의 석탄 생산지이다. 직동탄광과 천성탄광은 2005년에 중국으로부터 투자를 받아 설비를 확장하고 개보수한 바 있다. 현재는 자체적으로 기술을 개발하고 발전시켜 가는 중이다.

경공업

① 식료품 공업

음료공장에서는 콩우유, 맥주, 막걸리, 콩산유(두유 요구르트), 발효식초 등 각종 음료를 만들어낸다. 이 음료공장은 자체의 연구와 기술로 무연탄가스 발동

순천시 광공업 현황 (2023년 12월 기준)

	업종	기업 수(개)
경공업	가구, 목재, 종이 및 잡제품	2
	섬유의류	6
	음식료품 및 담배	5
중화학공업	1차 금속	2
	건재	7
	기계	3
	수송기계	3
	화학	14
광업	비금속광물광산	4
	탄광	3
에너지	수력발전	2
	화력발전	1
합계		70

출처: KIET 북한 산업·기업 DB

발전기를 제작하여 전기문제를 해결한 것으로도 좋은 평가를 받았다.

② 방직, 피복 공업

순천 직물공장은 1970년대에 발족했는데, 직포, 방적, 염색 등으로 공정을 나누어서 각종 직물제품들을 생산해내고 있다.

③ 신발 공업

순천 구두공장은 구두, 장화, 천 신발 등을 만들며, 구두를 연간 100만 켤레, 천 신발을 150만 켤레 생산하고 있다. 북한에서는 운동화만이 아니라, 천으로 된 가벼운 편리화도 많이들 신는다. 합성피혁 재료는 평성 합성가죽공장에서

순천 구두공장 과학기술보급실

제공받고 있고, 고무는 폐타이어 등을 재활용하고 있다. 2010년대 들어 신발이 주민의 생활필수품인 점을 십분 고려하여 생산량을 늘려왔다. 그리고 다종화, 다양화, 다색화, 경량화 등 제품의 질을 높여가고 있다. 내각의 경공업성이 주최한 '2023년 봄철 전국 신발전시회'가 **평양 역전백화점**에서 열렸고 순천구두공장도 자랑하고 싶은 상품들을 출품하였다. 북한 사람들도 "세련되고 맵시있는 신발"을 찾는다.

중공업

2021년 5월 5일자 《로동신문》은 나라 전체의 경제에서 이 순천 일대의 공업지대의 성공 여부가 몹시 중요하다고 역설하였다. 평안남도의 주요 공장과 기업소들은 대부분이 순천에서 시작해 은산, 북창, 덕천, 개천, 안주로 이어지는 둥근고리 모양 지대 안에 들어 있는데, 이를 류환선(輪環線)이라고 하였다. 전력, 석탄, 세멘트, 비료, 기계제품들을 생산하는 대규모 공업기지들이 바퀴 모양으로 고리를 이루고 있다, 하나로 연결되어 있다는 것을 강조하는 말이다. 이 류환선은 우리 몸 구석구석까지 피를 보내주는 대동맥이나 마찬가지라고도 표현하고 있다.

   2020년에 이곳에 린비료공장을 완공하였다.

① 건재(건설 재료) 공업

시 안에는 순천 보온재공장을 비롯 건설 자재를 만드는 공장도 여럿 있다. 북한도 세계적인 건축 발전 추세에 맞게 '령탄소건물'(탄소 제로 건물), '령에네르기 건물'(에너지 제로 건물)에 관심을 가지고 건재 기술을 발전시키고 다양화, 다종

화해 가고 있다.

② 기계 공업

순천 농기계공장은 뜨락또르(트랙터), 탈곡기, 양수기 등 농업기계를 보급하고 있다. 뜨락또르공장은 1969년에 출발하여 16마력급 '전진'을 생산하기 시작, 차츰 대량 생산 체제를 갖추었다. 품질 개선에 연구 역량을 기울여, 연료 소모율은 낮추고 작업 능률은 높이는 뜨락또르를 생산 보급하고 있다.

 탄광 지대이므로 광업을 뒷받침하는 순천 탄광기계공장이 있고 이곳에서 탄차, 케이블카, 채탄기, 권양기 등을 생산한다.

③ 화학 공업

순천 제약공장(련봉동 소재)은 1958년에 시작된 곳으로 2014년에 현대화 공사

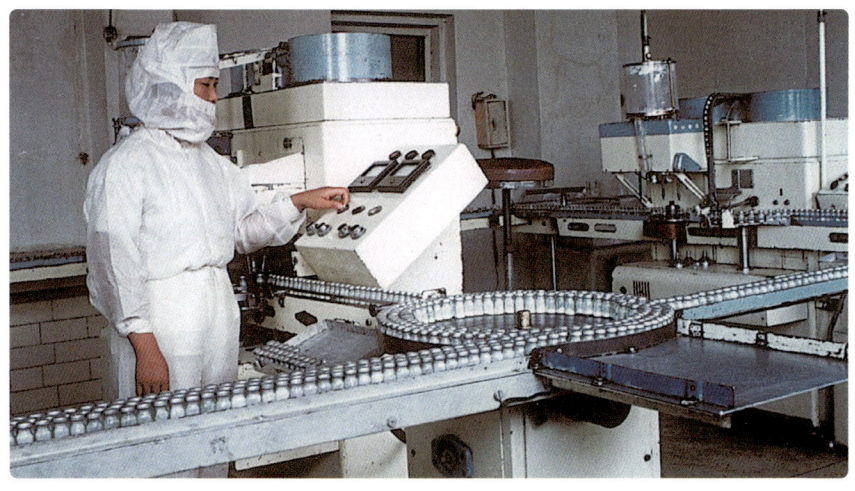

순천 제약공장의 페니실린 직장

가 이루어졌다. 여러가지 항생소(항생제) 의약품들과 각종 주사약, 합성의약품들을 생산하는 제약종합 기업소이다. 무상의료제도를 원활하게 시행해갈 수 있도록 한 공로를 인정받아 김일성훈장을 받은 바 있다. 코로나 전염병 시기를 잘 헤쳐가는 데서 기여가 컸다. 고려약공장도 있는데, 우리로 치면 한약 또는 생약 성분 제약회사이다.

　순천은 해방 이후에 화학공업 지대로 발돋움하기 시작, 현재는 매우 중요한 지역이 되었다. 화력발전소가 1983년에 세워져 40년 동안 전력을 생산해왔다. 전력난을 해결하기 위한 노력은 북한 전역에서 모색돼 왔는데, 화학련합기업소가 최근에 풍력 발전 체계를 개발하였다 하여 기대를 모으고 있다. 순천 화학련합기업소는 메탄올, 카바이드, 화학섬유 등을 생산하는 곳으로 근래에는 '탄소하나화학공업' 창설을 발표한 바 있다. '탄소하나(C1)화학공업'은 석탄가

순천 화학련합기업소

스를 통해 생산되는 일산화탄소인 메탄올(탄소가 1인 물질)을 이용하여 탄화수소 제품을 합성 생산하는 공업이다.

2023년 10월에는 **영양액비료공장**을 준공하였다.

순천이 자랑하는 중요한 공장(기업소) 두 곳을 좀더 상세히 살펴본다.

순천 세멘트련합기업소

이 세멘트(시멘트)공장은 1973년에 착공, 1977년에 완공되었다. 1979년 불가리아에서 열린 박람회에서 금메달을 받았다. 북한 곳곳의 건설공사에 질좋은 시멘트를 공급하는 것은 물론이고 중·러·일에 '금강'이라는 이름으로 수출하여 인정도 받고 외화도 벌었다. 착공 시점을 중요시하여 2023년에 50주년 기념식을 하였다. 여러 관련 부문과 공장이 합쳐져 있으므로 '련합기업소'라고 한다. 북한을 대표하는 대규모 생산 기지로, 정책적 뒷받침을 받아 연구 인력, 기술 인력도

순천 화력발전소. 20만 kW 규모이다.

파견받고 있다. 생산 공정을 과학화하고 컴퓨터화하는 한편 생산 설비를 계열별로 합리적으로 배치하는 등 현대화하기 위해 노력하고 있다. 대형 장거리 컨베이어벨트 설비도 갖추었다. 연간 300만톤 생산 설비를 갖추고 있다. 설비 관리, 기술 관리를 지속적으로 해가고 있다. 공장 내 대학도 운영하고 있다.

순천 린비료공장

"비료는 곧 쌀이고 쌀은 곧 사회주의이다." 《로동신문》 2021. 10. 24.)

1940년대 초반 일제가 이 지역의 석회석과 무연탄을 가져다가 값싼 임금노동자를 고용해 비료를 생산하기 시작했다. 군량미 증산을 목표한 정책이다. 6·25 전쟁 때 심하게 파괴된 것을 복구하고 1953년부터 석회질소비료와 카바이드(carbide)를 생산 공급하기 시작했다. 초창기에는

순천 세멘트공장

수공업적인 방식이었고, 곧이어 1966년 설비를 자동화하였다.

2020년 5월 1일 국제노동절에 맞추어서 순천 린비료공장 준공식이 있었다. '린비료'란 인산(燐酸) 비료를 말한다. 2017년 7월에 착공하였으니 만 3년이 못 되어 완공하였다. 기존 공장을 해체하여 들어내고 그 자리를 깨끗이 만든 뒤에 7만톤급 생산 설비를 갖춘 현대적 공장을 건설하였다. 이 공장은 나라의 기상을 보여주고 자립경제의 모습을 대내외에 보여주기 위해서 기획된 사업이다. 식량 증산이라는 목표가 가장 중대한 동기인 것은 두말할 필요가 없다.

새로운 공장의 특징은 현대화, 국산화 그리고 환경보호로 요약할 수 있다. 《로동신문》은 "에네르기 절약형, 로력 절약형, 환경 보호형"이라고 하고 있다.

원료 투입부터 제품 포장에 이르기까지 모든 공정이 자동화, 흐름선화(컨베이어)되어 노력 절약형이다. 자체 발전 시스템을 갖추어 전기 에너지를 외부에 의존하지 않도록 설계되었다. 생산

순천 린비료공장. 2020년 5월 1일 노동절에 맞추어서 완공하였다.

후 폐기물이 생태환경을 해롭게 하는 것을 막는 일에도 공을 들였다. 생산 구역, 교양 및 생활 구역으로 구분되어 있으며 구내에 전자도서관과 문화회관을 마련했다. 또한 전나무와 은행나무 등 40여 종 3만 5천여 그루를 심어 숲이 우거진 공장 겸 일터를 표방하고 있다. 21세기형 공장으로 화학공업 부문의 본보기 공장, 표준공장으로 내세우고 있다.

교육

북한도 지식의 중요성을 굉장히 강조하고 있다. 발상의 전환을 끝없이 강조하는 것도 남이나 북이나 매한가지다. 교육 강국을 건설하자고, 다른 일을 좀 미루더라도 교육 사업을 첫자리에 놓자고 하고 있다. 오지나 섬에 분교를 설치하고 운영하는 모습은 우리의 전시대의 열정을 떠올리게 한다.

북한에서는 교원을 굉장히 높이 추어올리는 것은 물론이고, 그만큼 교원의 질 향상을 위한 재교육에도 큰 노력을 기울이고 있다. 교안 만드는 법, 시청각 교재를 적극 활용하는 법, 인터넷 등 뉴미디어를 활용하는 법 등을 연구하고 서로 돕고 조언한다. 도 단위로 교수법을 발표하고 표창하는 경연 대회도 해마다 개최한다. 이 경연대회는 전국 단위로도 개최되는데 2017년에는 순천시가 단체 표창장을 받았다. '순천시 교원 재교육 강습소'가 중심이 되어 움직인다.

그리고 과학의 중요성을 강조하는 목소리도 늘 최고조의 흥분된 소리로 울리고 있다. 농촌에서도 '경험주의'를 배격하자는 말을 많이 하고 있다. 공장에서는 '기술신비주의'를 대담하게 불살라버리자는 말도 한다. 모두가 연구하고 공부하여 더 나은 것을 창안하자는 뜻이다. 그런 의미에서 북한의 고등교육 기관은 거의 다 산학연계 그 자체라고 할 수 있다.

순천시는 평양에서 가깝고 화학공업에서 중요한 곳이라 당에서 본보기로 지정하고 정책적으로 지원하는 일이 많다. 이곳 '학생소년회관'도 2019년도에 과외교양 부문 본보기 단위로 선정되어 지원받았다.

초등교육기관으로 순천시 유치원이 있고, 련봉 소학교, 봉두 소학교, 서문 소학교, 직동 소학교 등이 있다. 중등교육기관으로 강안 초급중학교, 봉두 초급중학교, 부산 초급중학교, 순천 초급중학교, 직동 초급중학교 등과 금천 고급중학교, 대동 고급중학교, 련포 고급중학교, 룡봉 고급중학교, 새덕 고급중학교, 수복 고급중학교, 원상 고급중학교, 직동 고급중학교, 그리고 련봉 기술고급중학교, 서문 기술고급중학교 등이 있다. 순천제1중학교가 있는데 '제1중학교'는 어려운 시험을 통과한 수재들이 들어가는 중학교이다. 고등교육기관

서문중학교 모습. 북한은 2012년에 교육제도를 개편하여 중학교를 초급중학교와 고급중학교로 나누었다. 초급중학교는 우리의 중학교에, 고급중학교는 고등학교에 해당한다.

중 화학공업을 뒷받침하는 곳도 있고, 경공업을 뒷받침하는 곳도 있다.

순천 경공업전문학교는 피복 설계, 요리, 수학, 외국어 등에서 우수하여 전국 실력 대항 경연에서 높은 순위에 오른 적이 여러 번이다. 순천 건설전문학교는 마감, 장식, 문 등에서 전문성을 보이고 있다.

순천공업기술대학

1961년에 비료공장 병설로 공업 관련 전문학교로 출발하였다. 화학공학과, 기계공학과, 공업경영학과를 비롯 여러 학과와 기초과학기술강좌, 계획통계강좌, 식료가공강좌, 료리(요리)기술강좌, 채취기술강좌, 건설학강좌 등이 개설되어 있다. 학위 소지자를 교수진으로 두고 있는데도 만족할 만한 성취가 부족하다고 느껴, 최근에는 아예 현장에서 출발한 문제의식으로 강좌를 마련하고 있다. 그만큼 실용성을 중시한다는 뜻이다. 현실문제 해결능력을 높이는 것을 최우선으로 한다. 강좌장들이 구두공장이나 식료공장 등을 찾아가서 그곳에서 제기되는 문제를 가지고 학교로 돌아와 교육 내용에 반영한다. 실험 실습, 전공 실습 역시 당연히 현실에서 나온 문제를 가지고 실행하고 있다. 학생들에게 과제를 내줄 때도 관련 연구 과제를 주고, 기술 혁신 활동에 적극 참여하도록 유도하고 있다. 덕분에 대학생 과학탐구상 수상자를 내고 있다.

인물

독문학자이자 번역가인 전혜린(田惠麟, 1934~1965)이 이 고장에서 태어났다. 하지만 마음속 고향은 신의주라고 쓴 바 있다.

숭산스님(崇山, 1927~2004)

조계종 지도자. 속명은 이덕인(李德仁)으로, 해방 전 순천군 군내면에서 나고 순천공립학교를 마쳤다. 상급학교는 평양으로 진학했으며 해방 뒤 월남하여 불교인의 길에 들어서 수덕사 등에서 배우고 익혔다. 교계의 행정 일을 맡아보았고,《불교신문》의 전신인《대한불교》를 창간하였다. 한일 교류에 헌신하다가 국제 포교의 길을 걷게 되어 일본과 미국 등지에 선원을 마련하는데, 이는 나중에 관음선종이라는 수행단체가 된다. 세계일화(世界一花: 온 세상이 하나의 꽃이라는 말)의 정신을 전파하며 한국 불교를 일본과 미국 등지에 널리 알린 종교인이다. 화계사 조실로 있던 중 입적하였다.

교류협력

순천(順川) vs 순천(順天)

전라남도 순천(順天)과 평안남도 순천(順川)은 한글로 적었을 때 이름이 같다. 뿐만 아니라 길과 길이 교차하는 교통의 요지라는 점도 비슷하다. 평남의 순천은 평라선(평양~라선)이 지나고 만포선(순천~만포)과 대건선(순천~북창)이 출발하는 곳으로 북한 수도권 교통의 요지이다. 전남의 순천은 전라선과 경전선(밀양 삼랑진~광주 송정)이 지나면서 두 노선이 교차하는 곳으로 역시 교통의 요지이면서 호남권 제3의 도시이다. 또한 바로 옆의 여수시는 평남의 순천처럼 화학공업이 발달한 지역이다.

수도권 교통의 핵심 교차로 순천시와 광명시

평남의 순천시는 평라선과 만포선과 대건선이 지나는 교통의 요지이면서, 평양과 매우 가까운 도시로 수도권의 핵심 중의 핵심이다. 그러한 특징은 남한의 경기도 광명시에 견줄 수 있는데, 광명시 역시 서울과 가깝고 고속철도 역이 있다. 두 도시 다 이러한 조건 덕분에 지속적인 발전이 기대되는 곳이다.

엄마야 누나야

김소월(金素月)

엄마야 누나야 강변 살자.
뜰에는 반짝이는 금모래 빛,
뒷문 밖에는 갈잎의 노래,
엄마야 누나야 강변 살자.

—《개벽(開闢)》, 1922년 1월

황해북도

사리원시

沙里院市

사리원(沙里院)은 한반도 중서부 내륙에 자리한다. 1954년에 신설된 도인 황해북도의 도 소재지이다. 재령강이 흐르는 비옥한 재령평야에 터를 잡고 있어 예로부터 물 좋고 땅 좋기로 이름난 고장이다. 본래는 오랫동안 봉산군 소속이었다. 해방 후 1947년에 봉산군에서 분리 독립하여 시로 승격되었다. 역사적으로 국경 방비의 요새였는가 하면, 사신이 오가던 사행길 위의 주요 역참마을이었다. 한반도의 남북과 동서를 잇는 길목에 자리하여 사통팔달 교통의 중심지로 발전하였다. 일제강점기 때 경의선과 황해선이 개통되면서 교통 도시로서의 기능과 역할이 더욱 커졌다. 지금도 사리원역을 통한다면 기찻길로 북한 곳곳을 가볼 수 있다.

교통의 요지, 문명의 교차로라는 특성이 경제와 문화의 발전을 이끌었다. 천 년 전 이 땅에서는 간결하면서도 세련된 고려의 불교문화가 꽃을 피웠다. 조선시대에는 해서(海西)지방 탈춤의 최고봉이자 서민문화의 정수로 꼽히는 봉산탈춤의 본고장이었다. 오늘날 사리원은 전통과 현대가 공존하는 도시이다. 땅의 은택을 아낌없이 받는 곡창지대이자 중앙공업과 지방공업이 골고루 배치된 탄탄한 산업지대이다. 고등교육기관이 많이 설치된 교육도시이기도 하다. 예나 지금이나 황해도 내륙지역의 정치, 경제, 문화, 교육, 교통의 중심지이다.

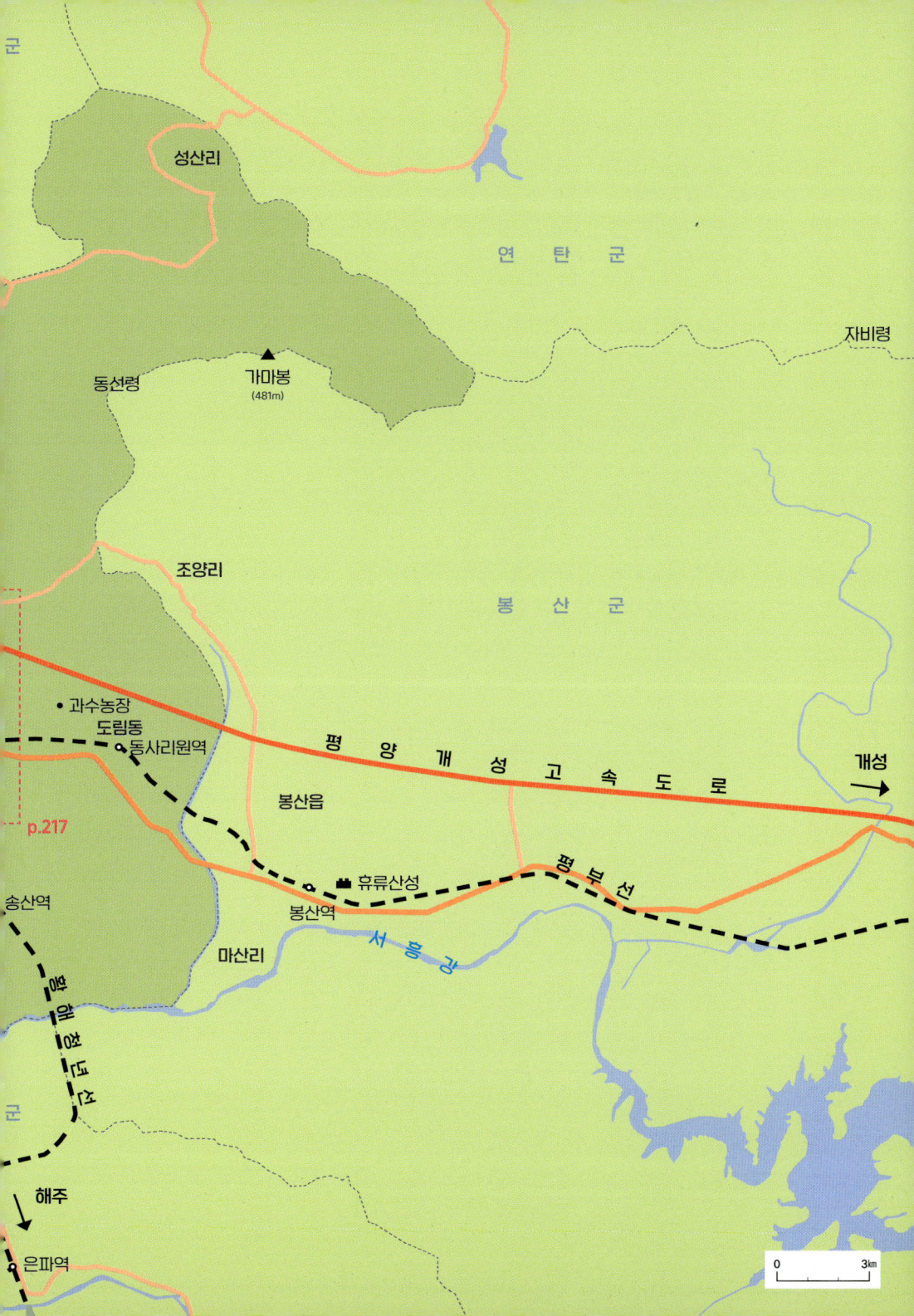

위치와 지형

사리원시(沙里院市)는 한반도 중부 내륙에 자리한 황해북도의 서부에 있다. 도 인민위원회가 설치되어 있는 행정 소재지이다. 시의 북부는 황주군, 북동부는 연탄군, 동부는 봉산군, 남부는 은파군, 봉산군과 잇닿아 있으며, 서부는 재령강을 사이에 두고 황해남도 재령군, 안악군과 마주한다. 사리원시의 중심은 동경 125°46′, 북위 38°30′에 위치한다. 면적은 124.146㎢이다. 철길로 개성특별시까지는 125.7㎞, 황해남도 해주까지는 91.8㎞, 평양까지는 60.6㎞이다.

재령강 하류 연안에 자리한 사리원시의 지형은 시의 북동쪽에 산지가 분포하고 서부와 남부 일대에 상당히 넓은 충적평야 지대로 이루어져 있다. 북동부에는 정방산줄기(정방산맥)가 뻗어 있다. 이 위에 정방산(正方山, 481m), 발양산(發陽山, 440m), 가마봉(481m)이 솟아 시의 북부를 병풍처럼 둘러싸고 있다. 정방산은 정방산맥의 주봉이다. 기봉산, 모자산, 노적봉, 대각산의 산마루가 서로 잇닿아 바른네모꼴[正方]을 이룬다고 붙여진 이름이다. 정방산은 산세가 험하고 주변 산들에 비해 높으며, 드넓은 재령평야를 끼고 있어 더욱 두드러져 보인다. 도시 중심에 경암산(景岩山, 140m)이 솟아 있는데 남쪽으로 뻗은 능선이 점차 낮아지면서 미아산(嵋峨山, 149m)과 연결된다. 경암산은 바위산으로, 어디에서 바라보아도 독특한 원뿔 모양을 하고 있다.

시의 서부는 재령강의 충적지로서 재령평야와 잇닿아 있는 평야 지대이다. 시 안의 땅들은 해발 50m 이하 지역이 대부분이며 외곽 쪽도 100m 안팎의 낮은 산지들이 있다.

재령평야는 재령강 유역에 발달한 평야로 황해북도와 황해남도에 걸쳐 있다. 황주, 봉산, 사리원, 재령, 신천, 안악 등에 걸쳐 있는 손꼽히는 평야이다.

'극성(棘城)평야'라고도 하고 '나무리벌'이라고도 한다. 또다른 이름으로 재령벌, 봉산벌, 봉산나무리벌도 있다. 나무리는 '먹고 입고 쓰고도 남는다'는 뜻인데, 대동여지도를 비롯 오래 전 문서를 보면 한자를 음차해서 '南勿里坪'으로 적고 있다.

시의 서쪽에 재령강 본류가 흐른다. 재령강은 시와 인접 군의 경계선도 되고 황해북도와 황해남도를 가르는 경계선도 된다. 시 안에는 큰 강이 없으며 립석천(立石川), 신양천, 락촌천 등의 평지성 중소 하천이 흐른다. 이 밖에 원주천(原州川), 상매천(桑梅川)과 같은 계절성 하천이 흐른다. 1954년 경암산 기슭에 두 개의 큰 경암호(景岩湖)를 건설하고 시내 한복판에 운하를 건설했다. 운하가 건설되면서 시의 서부에 있는 길성포(吉星浦)를 통해 서해 바다로 이어지

사리원시 운하 주변 풍경

게 되었다.

사리원시 안에는 다양한 지하자원이 매장되어 있다. 갈탄, 석고를 비롯한 규암, 중정석, 천매암 등이 매장되어 있다.

나무리벌 노래 ― 김소월

신재령(新載寧)에도 나무리벌
물도 많고
땅 좋은 곳
만주(滿洲) 봉천(奉天)은 못 살 곳

왜 왔느냐
왜 왔느냐
자곡자곡이 피땀이라
고향산천이 어디메냐

황해도
신재령
나무리벌
두 몸이 김매며 살았지요

올벼 논에 닿은 물은

출렁출렁

벼 자랐나

신재령에도

나무리벌 　　—《동아일보》 1924년 11월 24일

기후

사리원은 내륙의 평지로 여름에는 무덥고 겨울에는 그다지 춥지 않다. 강수량이 비교적 적은 편이며, 봄철 가뭄이 심하다는 특징이 있다. 해발 높이에 따라 다소 지역적 차이가 있을 뿐, 기후 변동이 심하지 않다.

연평균기온(1991~2020 평년값)[1]은 11.2°C이다. 기온의 연교차는 29.7°C이다. 여름철 평균기온이 23.8°C이며, 특히 7~8월 최고기온은 평균 29.2°C에 이르며, 최저기온도 21°C이상이다. 북한에서 여름철 최고기온이 평양과 더불어 가장 높은 곳이다. 열대일은 일 최고기온이 30°C 이상인 날로 정의하는데, 열대일 일수를 분석하여 여름철 최고기온 특성을 파악할 수 있다. 사리원은 35.9일로, 희천(36.4일), 강계(36.4일), 평양(36.2일) 다음으로 열대일이 많이 발생했다.

연평균 강수량은 813.1㎜로 황해북도에서는 적은 편이다. 서부 평야 지대에서 북동쪽으로 갈수록 점차 많아진다. 봄철 강수량은 131.9㎜로서 한해 강수량의 16.2%, 여름철 강수량은 486.6㎜로 한해 강수량의 59.9%나 된다. 특히 7~8월 사이에 내리는 강수량이 406.6㎜로 한해 강수량의 절반을 차지한다. 이 시기에는 집중호우가 자주 발생한다.

[1] 기후 평년값: 0으로 끝나는 해를 기준 30년간 기온, 강수량 등의 기상요소 평균값을 말한다. 세계기상기구(WMO)의 권고에 따라 10년마다 산출한다.

사리원시 기후 그래프 (1991~2020년)

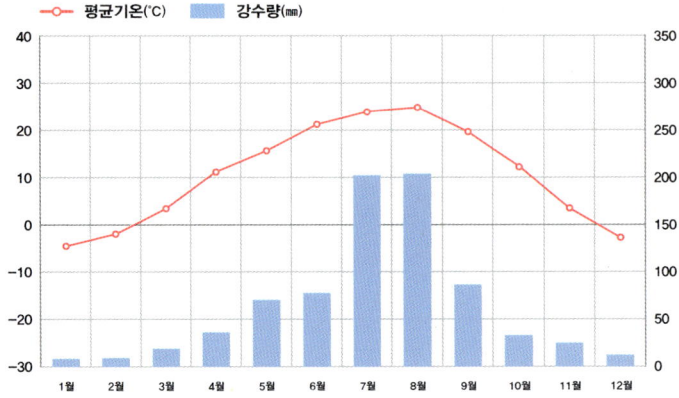

	30년 평균	2023년
연평균기온(℃)	11.2	12.5
최한월(1월) 평균기온	-4.8	-4.2
최난월(8월) 평균기온	24.9	26 (7월)
연교차	29.7	30.2

	30년 평균	2023년
연강수량(mm)	813.1	1110.0
여름 강수량 (6, 7, 8월)	486.6	768.3
겨울 강수량 (12, 1, 2월)	35.5	69.8
평균 풍속(m/s)	2.2	1.4

출처: 대한민국 기상청 〈북한 기상 연보〉

    한해 평균상대습도는 72.4%이다. 연평균 풍속은 2.2㎧로 남포(2.3㎧)와 선봉(2.3㎧)과 더불어 바람이 센 지역이다. 봄철 평균 풍속이 2.7㎧로 일 년 중 가장 세다. 봄, 가을, 겨울에는 북서풍이 강하고 여름에는 남동풍이 우세하다. 서리는 평균 10월 중순경에 내리기 시작해 이듬해 4월 중순 무렵 끝난다. 눈은 대체로 11월 중순부터 3월 중순까지 내린다.

행정구역과 인구

사리원(沙里院)은 조선시대 초기부터 써온 이름이다. 당시에는 행정구역이 아니라 역원(驛院)■의 이름이었다. 사리(沙里)에 있는 역원이라 하여 사리원이라 하였다.

조선시대 봉산군(鳳山郡)에 속한 지역이었다. 1912년 봉산군 봉산읍에 있던 군청이 사리원으로 이전되었다. 1939년 사리원읍으로 개편되었다. 1947년 봉산군에서 분리되어 사리원시로 승격하였다. 1954년 10월 황해도가 황해북도와 황해남도로 나뉘면서 사리원시는 황해북도의 도 인민위원회 소재지가 되었다. 이후에도 봉산군에 속한 지역을 병합, 편입하는 등 여러 차례의 개편이 있었다.

■ 역원(驛院): 고려와 조선시대에 벼슬아치가 공무를 수행할 때 이용하는 숙박 및 교통 통신 시설. 숙식과 물품과 교통수단인 말을 제공한다. 역참(驛站)이라고도 한다. 외국에서 온 사신들도 이를 이용하였으므로 손님 맞이와 짐 보관과 수송도 중요한 업무였다. 세종 때 전국적인 규모의 도로망을 만들어 44개의 역로(驛路)에 538개의 역을 설치했다.

현재 31동(경암동, 광성동, 구천1동, 구천2동, 구천3동, 구천4동, 대성동, 도림동, 동1동, 동2동, 만금동, 북1동, 북2동, 북3동, 북4동, 산업동, 상매1동, 상매2동, 상하동, 서리동, 성문동, 신양동, 신창동, 신흥1동, 신흥2동, 어수동, 운하1동, 운하2동, 원주동, 은별동, 철산동), 9리(구룡리, 대룡리, 문현리, 미곡리, 봉의리, 선정리, 성산리, 정방리, 해서리)의 행정구역으로 이루어져 있다. 시 인민위원회 소재지는 구천1동이다.

여러 번에 걸친 행정구역 개편과 지명의 변경으로 예전 역참마을을 상징하는 이름은 옛 지명에서나 찾아볼 수 있다. 원주동이 1952년 사원리(沙院里)와 사리(沙里)를 병합해 신설되었는데, 사리원의 원래 고을이 있던 지역이라 하여 붙여진 이름이다. 지금 원주동은 시 중심지의 북부에 있다.

사리원시는 재령평야에 자리한 곡창지대이기도 하다. 구룡리, 문현리, 미곡리, 봉의리, 선정리, 해서리가 재령평야에 속하는 봉산나무리벌 지대에 있는 농촌 지역이다. 봉의리와 미곡리에는 재령강이 유입되며 지역 전반에 서흥호 지구 관개수로가 그물처럼 뻗어 있다.

공업지역은 도시건설계획과 주민 거주지에 따라 배치되었다. 방직과 기계공업을 비롯한 중앙공업 부문은 산업지구, 지방공업 부문은 대성지구, 차 수리를 비롯한 일련의 공장들은 도림~어수지구, 원주~철산지구에 있다. 주민 거주지 안에는 주로 여성 인력에 의지하는 피복, 식료, 문화용품을 생산하는 공장들이 배치되어 있다.

사리원시의 인구는 2008년 기준으로 30만 7,764명이다. 남자가 14만 7,135명이고 여자가 16만 629명이다. 도시 인구가 27만 1,434명이고 농촌 인구가 3만 6,330명이다. 일제강점기 사리원시는 교통 중심지로 상업 소비도시의 성격이 강했다. 해방 후 중앙공업과 지방공업이 발전하면서 노동자와 사무원 인구

미곡리 봉산나무리벌

가 늘어나고 농촌 인구가 상대적으로 줄어들었다. 주민 구성에서 도시 인구가 기본을 이루고 있다. 인구밀도가 높은 지역은 북4동, 산업동, 원주동, 구천4동이며, 비교적 낮은 지역은 주변의 신흥동, 대성동, 어수동이다.

사리원시 인구 현황 개괄 (단위: 명)

인구수	남자	여자	도시	농촌
307,764	147,135	160,629	271,434	36,330

출처: 2008년 북한 중앙통계국 발표 인구 센서스

사리원시 인구 피라미드

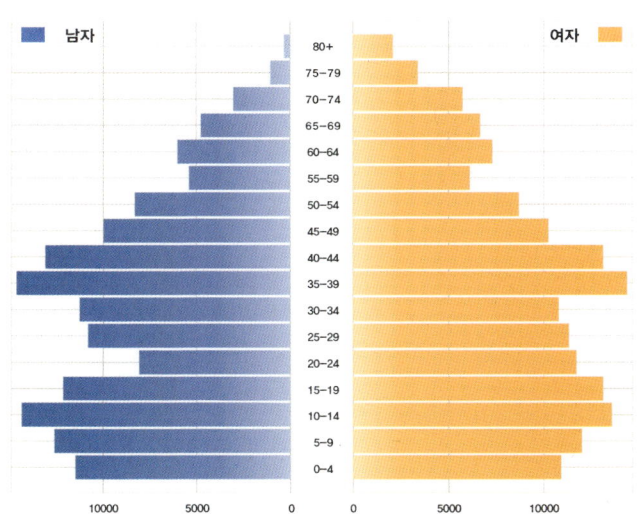

* 위 인구 피라미드는 2008년 북한 중앙통계국 발표 인구 센서스 자료를 바탕으로 연령대별 인구를 추산하여 작성한 것으로 참고용이다.

교통

북한 서부지방의 중부에 위치하며 평양과 개성시, 황해남도 해주시로 가는 길목에 있다. 서해 바닷가로부터 내륙 산지까지 이어지는 교통의 요지이다.

철도

철도교통이 교통의 기본을 이룬다. 간선 철도 2가지를 이용할 수 있다. **평부선**(平釜線, 평양~부산을 뜻하지만 평양~개성 사이의 노선으로 구 경의선)과 **황해청년선**(黃海靑年線, 사리원청년~해주항)이 지나면서 서로 교차한다. 평부선 노선 중 이 시 영역에는 **사리원청년역**과 **동사리원역**이 있다. 사리원청년역에서 평양직할시까지는 북쪽으로 60.5㎞, 중간에 8개의 역을 지난다. 평부선의 개성 방향(남쪽) 열차에 오르면 **평산역**에서 **청년이천선**(평산~세포청년, 황해북도 평산군과 강원도 세포군을 잇는 철도)을 이용할 수 있는데, 강원도 방향으로 향한다. **세포청년역**에서 **강원선**으로 갈아타면 원산에 닿는다.

황해청년선은 황해남북도를 종단하는 간선 철도로, 사리원청년역이 기점이며 이 역을 출발하여 **송산역**(松山驛), **은파역**(銀波驛, 은파군), **하성역**(下聖驛, 황해남도 신원군), **학현역**(鶴峴驛, 해주시) 등을 거쳐서 **해주청년역**, **해주항역**에 닿는다. 은파역에서는 지선인 **은률선**으로 갈아탈 수 있다. 사리원시에서 해주시까지 철길로 73.3㎞이다. 평양 이북에서는 순천시가 교통의 요지이고 이남에서는 사리원시가 교통의 요지이다. 곧장 닿거나 한두 번만 갈아탄다면 철도로 전국 곳곳을 여행할 수 있다.

사리원청년역은 여객만 대상으로 하는 역이지만, **평부선**과 **황해청년선**이 교차하는 자리에 있으므로 평양, 개성, 해주 등에서 들어오는 화물열차의 중계 역할도 수행한다. 현대적인 기술 장비로 개건 확장되었다. 동사리원역과 정방역이 기본 화물역이다. 두 역 모두 주변이 공업지대라 화물 수송량이 많다. 정방역은 집중 화물역으로 시로 들어오는 화물량의 절반 이상을 이곳에서 취급한다.

철도 조직의 편제 상으로 평양철도국 산하에 사리원철도분국, 사리원기관차대, 사리원객화차대, 사리원철길대, 사리원전기대가 있다.

도로

도로교통은 철도 다음으로 중요하다. ▮ 평양~개성 간 고속도로가 통과한다. ▮ 사리원~해주, ▮ 사리원~신천 간 도로가 놓여 있다. 또한 사리원~은률, 사리원~수안, 사리원~린산, 사리원~은파 등 황해북도 여러 군들과 이어지는 도로가 개설되어 있다. 사리원~어수동, 사리원~대룡리, 사리원~만금리, 사리원~송산리, 사리원~봉의리, 사리원~성산리~선정리, 사리원~해서리, 사리원~봉산군 묘송리 등 사리원시 안의 마을과 마을을 잇는 도로망 또한 잘 구축되어 있다. 버스로 인근 군을 오갈 수 있다. 시 안에도 노선버스가 운행되고 있어 많은 사람이 버스로 통근한다.

수운

⚓ 길성포항(吉星浦港)에서 재령강과 대동강을 따라 송림항(松林港)과 남포항(南浦港)을 비롯한 서해안의 여러 항구까지 이어진다. 길성포에서 뱃길로 재령강을 사이에 두고 인접한 황해남도 재령군 삼지강리까지는 20㎞, 안악군 굴산리 33㎞, 신천군 석당리 40㎞이다. 송림항은 37㎞, 남포항은 50㎞, 평양은 80㎞,

강동은 105㎞, 순천까지는 180㎞이다.

길성포(吉星浦)

시의 서쪽 립석천과 매상천이 합류하는 곳에 있다. 예전에 이 포구는 밀물 때 재령강을 통해 대동강을 오가는 작은 포구였다. 주로 쌀, 사과, 수박을 비롯한 농산물이 나가고 백하젓과 조개젓을 비롯한 수산물이 들어왔다. 1954년에 대대적인 공사를 벌여 현대적 항구를 건설했다. 구부러졌던 물길을 곧게 펴고, 포구 아래 4㎞ 구간의 강바닥을 파내고 강폭을 넓혔으며, 강 양쪽 기슭의 둑을 높여 큰 배도 자유롭게 다닐 수 있도록 했다.

길성포 물줄기가 갈라지는 곳에 갑문을 건설하여 하천 연안 지대 홍수를 막을 수 있게 되었다. 또 하나의 물줄기는 사리원 운하와 연결된다. 갑문 주변은 유원지가 조성되었다. 길성포에는 해운사업소와 수산사업소가 있고, 4㎞ 떨어진 해서리에는 황해북도 수문관측소가 있다.

길성포

역사와 문화

고대

이 고장은 1947년 봉산군에서 분리되어 사리원시가 되었으므로 봉산군의 역사와 문화를 공유한다. 현재 봉산군 지역인 지탑리, 송산리, 무정리 등지에서 신석기시대의 유물이 대량 발굴되었다. 특히 지탑리 유적에서 발견된 돌보습, 돌낫, 돌도끼 등의 농기구와 탄화된 곡식 낟알 등으로 이 지역에서 신석기시대 말부터 농업 생산이 이루어지고 우리 조상들이 생활해왔음을 짐작할 수 있다.

또한 신흥동과 상매1동 일대에서는 청동기시대의 주거지와 돌상자무덤(돌널무덤)이 발견되었다. 무덤 안에서는 청동 활촉과 소라껍데기로 만든 장신구가 나왔다. 돌상자무덤은 고인돌과 함께 청동기시대의 무덤 방식 중 하나이다.

삼국시대에는 고구려의 휴암군(鵂嵒郡) 지역이었다. 4세기 초에 휴류산성(鵂鶹山城)이 축조되었다. 고구려 시기의 고분군(古墳群)도 발굴되었다. 특히 구룡리에 있는 벽돌로 만든 무덤 장무이묘가 유명하다. 주민들 사이에서 도총(都塚)이라 불렸는데, 여기서 '대방태수장무이(帶方太守張撫夷)'라는 글자가 적힌 벽돌이 발견되며 고고학 연구의 대상이 되었다. 고구려에 의해 4세기 중엽에 축조되었을 가능성이 크다.

이러한 자료들로 보아 당시 이 지역이 지방 문화의 중심지였음을 알 수 있다. 삼국 통일 후에는 신라의 영토로 되어 서암군(棲嵒郡)이 되었다.

고려

후삼국시기에 고려 태조 왕건의 근거지가 되었다. 918년 고려를 세운 왕건은 수도를 철원에서 개경(개성)으로 옮긴다. 왕건은 북방 이웃 나라 외적의 끊임없는 침략에 대비해 정방산에 성을 쌓아 개경 방비를 강화한다. 정방산은 지금의 황주군과 봉산군 경계에 있으며 사리원시의 중심부에서 북쪽으로 8㎞ 떨어진 곳에 자리한다. 조선시대 의적 임꺽정의 활동 무대로도 유명하다.

정방산성(正方山城) 국보 유적 제89호

정방산성은 한반도 서부의 남북을 이어주는 주요 통로에 자리한다. 예로부터 황해도 지방의 으뜸가는 요새로 알려졌다. 정방산 북쪽의 가파른 절벽과 서쪽의 남산령, 동쪽의 기봉산 산등성이, 남쪽의 정방골로 내리뻗은 능선 등 산의 험한 산세를 이용해 돌로 성벽을 쌓았다. 성벽은 대부분이 바깥 면에만 돌을 쌓아 올린 단애성벽이다. 고려 때 처음 축성한 뒤 1632(조선 인조 10)~1635년에 대대적으로 보수하였다. 산성 둘레는 12㎞이다.

성문은 동서남북 사방에 1개씩 설치했다. 옛날에는 네 개의 성문에 웅장하고 화려한 문루(門樓)가 세워져 있었다. 지금은 정방루라 하는 남문의 문루만 남아 있다. 6·25전쟁 때 폭격으로 불탄 것을 1968년 복원했다. 문루는 성벽 위에 만들어졌는데 정면 3칸 측면 3칸의 단층 팔작지붕 집이다. 규모가 커서 단층 문루로는 우리나라에서 가장 큰 것에 속하며 개성 남대문과 비슷하다.

성 안팎을 감시하고 전투 지휘를 하는 남장대, 동장대, 서장대, 북쪽의 안국장대가 있다. 병영과 무기 창고, 양식 창고 등의 집터가 남아 있다. 옛 기록에 따르면 정방산성 안에 4개의 못과 7개의 우물이 있어 수원이 풍부했다. 또한 성안에는 48개의 사찰이 있었다. 지금도 고려 때의 사찰 성불사와 5층 석탑이 있다. 1592년 임진왜란과 1636년 병자호란이 일어났을 때 의병이 이 성을 근거지로 황주와 봉산 일대를 넘나들며 싸웠다.

정방폭포

정방산성 전경

조선

1413년(태종 13)에 봉산군이 되었다. 고구려 시대부터 이루어지기 시작해 고려 때 전국적으로 실시된 역원제(驛院制)가 조선시대에 들어와 완전히 그 모습을 갖추었다. 역원을 중심으로 공공 물자가 운송되면서 중앙과 지방, 지방과 지방 사이의 상품이 오고가는 경제가 이루어졌다. 또한 역원을 중심으로 촌락이 형성되고 교통의 중심지가 되었다.

이 고장은 조선시대 10대 간선로 중 가장 중요한 도로인 의주대로가 지나는 곳이다. 고려 때까지만 해도 개성에서 평양으로 가려면 지금의 연탄군과 봉산군 경계에 있는 자비령(慈悲嶺) 고갯길을 넘어야 했다. 조선 초기 자비령에서 호환(虎患)이 많이 발생하고 명나라 사신들도 다른 길을 이용하게 되자 자비령길을 막아버린다. 대신 정방산 동쪽에 있는 동선령(洞仙嶺)을 통한 길이 이용되기 시작했다.

이때부터 동선령 남동쪽에 자리한 역원인 동선관(洞仙館)과 남쪽의 사리원(沙里院)이 교통의 중심지가 되었고 그 덕분에 나날이 발전하게 되었다. 《세종실록》에 의하면 15세기 중엽 봉산군의 인구는 총 1,564호 6,200명으로 황해도 안에서 해주와 평산 다음으로 많았다.

한편, 지금의 봉산군 관정리와 유정리, 곡산군 청송리, 수안군 소부동 등에는 15~19세기의 가마터가 다수 남아 있다. 이 지방이 황해도 백자 문화의 중심지였다는 것을 말해준다. 18세기 말엽에는 봉산군 내에 7군데에서 장시가 열렸다. 인구도 엄청나게 늘어나 1759년(영조 35)에는 총 8,705호, 30,339명에 이르렀다.

근대

역참제도의 기반 아래 1896년 이후 현대적인 도로교통 체계가 발달했다. 의주대로 위에 있던 역원 주변의 촌락이 새로운 시대에도 교통의 요지로 발전하는 경우가 흔한 일은 아니다. 사리원은 도로에 인접해 있었기 때문에 신작로의 건설과 함께 더욱 교통의 중심지로 발전하게 되었다.

1905년 일본 제국주의가 대륙침략을 목적으로 부설한 경의선(서울~신의주)이 사리원을 지나가게 된다. 경의선 철로는 의주로를 거의 그대로 따라간다. 그리고 1936년에는 해주선(海州線, 사리원~해주)이 개통되었다. 오늘날 황해청년선(黃海靑年線)의 전신이다. 1937년에는 장연선(長淵線, 사리원~장연)이 개통되었다. 지금은 은률선과 장연선으로 개편되었다. 이들 철도는 곡창지대인 재령평야와 서해안의 해주항을 연결하면서 농산물과 수산물의 수송에, 그리고 인근 지역의 산업 개발에 이용되었다. 철도와 도로가 발달한 사리원은 황해도 북부지역의 교통 중심지가 된다.

또한 주변 지역이 곡창지대이고 보니 사리원은 쌀, 보리, 조, 옥수수, 밀, 콩, 감자 등 농산물이 모이는 집산지가 되었다. 따라서 그것을 재료로 하는 식품 산업이 발달하고, 그 외에도 견직, 농기구 공업 등도 발달하게 되었다. 특히 제분업이 크게 호황을 누렸다. 솜틀공장, 제사, 직조공장도 여럿 있어 섬유공업도 활발했다. 사리원 누비이불은 이 고장의 특산물로 국내는 물론 일본과 만주까지 널리 보급되었다.

교통의 편리함 덕분에 산업이 발전하면서 사람들도 몰려들었다. 시장도 매우 활기가 넘쳤는데 사리원 오일장에서는 쌀을 비롯한 각종 곡류가 많이 거래되었다. 사리원 서리(西里)에 있는 양돈 시장과 북리(北里)에 있는 우시장도 유명했다고 한다.

일제 말기 사리원에는 자금 수탈을 목적으로 하는 은행이 8개나 있었다. 일본, 서울, 부산, 평양에 본사를 두고 곡물, 비료, 농기구, 석유 등을 판매하는 상업회사들도 있었다. 호화로운 일본인 주택가에는 요리점과 여관 등도 적지 않았다. 당시 사리원읍의 인구가 5만 명이 넘었다. 농산물 약탈의 본거지요, 이윤 획득을 위한 상업 소비도시였다.

현대

오늘날 사리원은 황해북도의 정치, 경제, 교통, 문화, 교육의 중심지이다. 해방 후 빠르게 농업경제를 정비하고 현대적인 공업도시로 개발에 박차를 가하였다.

서흥호(황해북도 봉산군, 서흥군, 린산군, 은파군에 걸쳐 있는 호수)의 물줄기를 끌어다가 시내 한복판에 운하를 건설했다. 운하 주변으로 고층 건물이 들어서고 도로망이 정비되었다. 미곡리를 비롯한 농촌에도 농촌문화주택이 건설되었다. 2023년과 2024년에는 성산리와 문현리에 농촌 살림집을 새로 건설하는 등 마을 전체를 새로 단장했다.

사리원은 '공원의 도시'로 유명한데, 크고 작은 공원과 어린이공원 등 27개가 넘는 공원이 있다. 해마다 가로수 정비와 꽃 관목을 심고 나무울타리를 조성하는 등 도시 녹화에 힘쓰고 있다.

주민 수의 증가와 더불어 도시 규모가 확대되고 경제가 빠르게 발전하면서 상업 편의시설도 고르게 배치되었다. 시 중심가에 **사리원백화점**, 호텔 등이 있다. 문화시설로는 **황해북도 도서관**을 비롯한 10여 개의 큰 도서관이 있다. 황해북도 예술단이 소속해 있는 문화회관을 비롯해 가무극장, 영화관, 민속거리, 사리원경기장, 사리원역사박물관 등이 있다. 보건의료기관으로는 현대적 설비를 갖춘 황해북도 인민병원, 사리원시 병원, 강건대학병원, 동의병원(한방병원), 아동병원을 비롯한 15여 개의 병원과 40여 개의 진료소, 위생방역소 등이 있다.

2020년에는 상매산 기슭 경치 좋은 곳에 5,000석 관람석의 사리원 청년야외극장과 황해북도 태권도 훈련관을 새로 건설했다. 2021년에는 1,000석 관람석의 사리원 체육관과 1,500㎡ 면적에 다양한 시설을 갖춘 사리원 혁명사적지 답사 숙영소를 새로 건설했다.

사리원시 민속거리

시내 중심가 경암산 기슭에 조성한 유원지이다. 민속거리는 경암산과 경암호를 중심으로 2005년부터 몇 차례에 걸쳐 조성되었다. 부지면적 0.7㎢ 내에 경암루, 박물관, 음식점, 숙박시설, 민속마당, 사리원 동물원 등이 배치되어 있다.

황해북도 역사박물관, 경암려관, 사무청사, 민속거리 종합식당 등 30여 개 동이 합각 기와지붕의 조선식 건물이다. 특히, 경암호 유원지 쪽 녹지공간에 조성된 건물들은 황해도 집, 평안도 기역(ㄱ) 자 집, 개성 디귿(ㄷ) 자 집 등 각 지방의 주택 건축 양식으로 지었다. 이 밖에도 첨성대, 광개토대왕릉비, 단군릉, 동명왕릉, 왕건왕릉, 측우기, 석탑, 거북선 등을 재현한 모형이 만들어져 있다.

사리원 시민이 평소 즐겨 찾는 문화 휴식 공간이다. 정문 앞 민속놀이마당에서는 설이 되면 민속을 주제로 다양한 전시와 경연이 개최된다. 매체가 설 풍경을 취재하기 위해 찾는 단골 장소이다. 황해북도의 명소가 되어 외국인들도 자주 찾는다.

경암산 앞의 민속거리

해마다 4월이 되면 사리원 동물원 앞에서 풍산개 품평회가 열린다. 풍산개는 량강도(양강도) 김형권군(구 풍산군)이 원산지로 알려져 있다. 사리원시에서는 매년 '풍산개 품평회'를 열고 풍산개 보존과 보급에 힘쓰고 있다.

사리원시 여행

사리원은 아득하게 너른 평야 한가운데 자리한 아름다운 고장이다. 예로부터 사신길 위에 자리하여 새로운 문물을 접하며 다양한 문화가 발달했다. 신라와 고려시대의 불교 유적부터 조선시대 서민문화까지 곳곳에 볼거리가 많다.

시의 북부에 있는 정방산은 자연과 역사를 다 느낄 수 있는 곳이다. 정방폭포를 비롯한 기암절벽과 숲, 정방산성 등의 역사 유적이 하나로 이어지며 아름다운 공원을 이룬다. 정방산성의 남문을 지나면 가곡 〈성불사의 밤〉으로 익숙한 성불사에 닿는다.

성불사(成佛寺) 국보 유적 제87호

정방산의 주봉인 천성봉 기슭에 있다. 898년(신라 효공왕 2)에 도선국사가 창건하여 1,100여 년의 역사를 자랑한다. 고려와 조선시대를 거치며 여러 차례 중건되었다. 현재 극락전을 비롯한 응진전(應眞殿), 청풍루, 명부전, 운하당, 산신각 등 여섯 채의 건물과 5층 석탑이 있다.

절 앞에 서 있는 '성불사 사적비'에 따르면 조선시대 정방산성을 축조한 이후부터 이 지방의 종찰이 되었다. 일제 강점기까지도 31본산의 하나로 해서(海西) 지방 9개 군에 퍼져 있는 22개 말사(末寺)를 관장하는 큰 사찰이었다.

> 해서(海西) 지방: 황해도 일대를 해서 지방이라 하였다.

극락전은 성불사의 본전으로 조선 후기 양식의 아미타 삼존불이 모셔져 있다. 온화한 표정과 자비로운 미소의 목조 불상이다. 응진전은 고려 말기에 건립된 우리나라 최고의 목조 전각이다. 청풍루는 성불사 입구에 세워진 누각으로 중앙에 통로가 있다.

극락전 앞 뜨락에 서 있는 5층 탑은 전형적인 고려시대 석탑이다. 탑신의 높이를 일정한 비율로 줄여가며 올려서 안정감이 뛰어나며, 탑에 새겨진 양각과 음각의 연꽃 문양이 간결하면서도 아름답다.

사리원시 중심지에 있는 경암산 또한 예로부터 명승지로 이름난 곳이다. 봄철에는 복숭아꽃, 살구꽃, 벚꽃 등이 만발하고 여름철에는 참나무, 소나무, 전나무 숲이 우거지며, 가을철이면 붉게 물든 단풍이 경암루와 어울려 그윽한 정취를 자아낸다. 여기서 내려다보면 사리원 시내 전경이 한눈에 들어온다.

성불사

성불사 응진전과 5층석탑

경암산 북쪽 기슭에 있는 경암루(景岩樓) 국보 유적 제145호가 유명하다. 조선시대 봉산군 군수가 있던 관아의 누정(樓亭)이다. 경암루는 1436년 봉산군 마산리에 세워졌다가 1798년 군 소재지를 조양리로 이전하면서 함께 옮겨졌다. 그리고 1917년 지금의 자리로 옮겨왔다. 6·25전쟁 때 폭격으로 심하게 파손되었는데 1955년 복원했다.

1910년대부터 오월 단오 때 경암루 아래에서 봉산탈춤 판이 벌어졌다. 지금은 해마다 추석 무렵에 경암루 앞에서 봉산탈춤 경연대회가 열린다. 사리원시 각 리(里)의 농장마다 탈놀이 패를 꾸리고 열심히 준비하여 경연에 출전한다. 이 탈춤은 북한이 자랑하는 대표적인 비물질 유산의 하나로, 남북 양쪽 다에서 국가가 지정해서 보존하는 전통예술이다.

북한은 내각 산하 문화성에 '민족 유산 보호 지도국'이 있다. 도와 시, 군에도 문화유적관리소를 설치해 놓았다. 각급 인민위원회에도 관련 일을 하는 부서를 두었다. 사회과학원 력사연구소 같은 연구기관도 있다. 또 4월과 11월은 '문화유적 애호의 달'로 정해놓았다. 우리와 대체로 비슷하다.

봉산탈춤

고려 말엽부터 해서지방에 널리 퍼졌던 탈놀이(탈춤) 중 하나이다. 봉산군 경수대에서 단오놀이의 하나로 전승되었다. 단옷날 밤에 시작하여 이튿날 새벽까지 놀았다. 탈판은 낮에는 남자들의 씨름판과 여자들의 널뛰기에 사용되다가 밤이 되면 탈놀이 무대가 되었다. 장작불을 피워놓고 밤새도록 탈춤을 추며 놀았다. 사흘 밤을 이어 놀다 보면 수천 명의 관중이 모여들었다고 한다.

단오뿐만 아니라 사신(使臣) 영접, 관청 행사, 탈춤 경연 등에서도 놀았다. 1912년 봉산읍에 있던 군청이 사리원으로 옮겨진 뒤, 1915년경부터 탈춤도 경암산 아래 광장에서 전승되었다.

당시 놀이에 들어가는 비용은 지방의 유지나 상인들이 부담하였다. 19세기 말부터 1930년대까지 전성기를 이루었다. 1936년 8월 31일 백중날 연행한 공연이 경성중앙방송을 통해 중계되면서 전국적으로 알려졌다.

봉산탈춤은 춤이 위주인 종합연행예술이다. 춤은 굿거리, 타령장단에 맞추어 춘다. 몸짓과 재담과 노래가 따른다. 다양한 춤사위가 발달했는데, 몸 전체를 놀리며 공간을 크게 확장하면서 추는 춤이 단연 독보적이다. 취발이의 깨끼춤, 말뚝이의 두어춤, 미얄이의 궁둥이춤 등이 유명하다. 춤 사이사이의 연기 또한 빼어나다.

봉산탈춤은 목중, 노장, 양반, 미얄의 독립된 네 개의 놀이에 사당춤, 사자춤, 원숭이 놀이가 합쳐져 전체를 구성한다. 가면은 양반, 미얄할미, 도련님, 사자 등 모두 27개가 사용된다. 사회

1930년대 황해도 봉산 경암루 앞 봉산탈춤 공연장의 목중춤 장면

풍자의 성격을 지닌 전통 가면극으로 조선 후기 대표적인 서민문화로 꼽히며, 민속학의 중요한 자료이다.

분단 이후 남과 북은 각자 꾸준히 봉산탈춤을 연구하고 연행을 이어왔다. 북한에서는 1980년대 중반 봉산탈 22종을 현대적으로 복원하고, 2016년에 국가비물질문화유산으로 등록했다. 사리원에서는 현지 농민들도 즐기고 황해북도 예술단의 전문 예술인도 공연하는 등 다양한 방식으로 전승되고 있다.

이 고장은 전통적으로 논농사 지역이어서 곡식을 비롯한 과일, 채소, 산나물 등 먹을거리가 다양하고 풍성하다. 전통적인 음식 중에는 고기 요리가 많은데, 평안도의 순안 불고기, 강원도의 송도원 불고기와 함께 황해도의 사리원 불고기 또한 알아주는 요리이다.

사리원 불고기는 사리원 특산물인 포도주와 과일을 잔뜩 넣은 양념으로 재운다. 과일 풍미 가득한 심심하고 담백한 국물이 특징인데 일반적인 구이와 달리 전골요리에 가깝다. 여기에 냉면을 곁들이면 최고의 한 상이다.

산업

사리원시는 교통 중심지이고 송림, 봉산 공업지대와 인접해 있어 산업 발전에 유리하다. 시 주변은 농업 생산지이다. 시는 풍부한 원료 공급지이면서 소비지이기도 하다. 일찍부터 방직공업이 발달한 곳이자 북한 서부와 중부 광업 지구 중간에 자리한 지역적 특성에 따라 다양한 공업이 발전했다.

농림어업

① 농축산업

사리원은 도시 근교 농업을 갖고 있다. 농업에 적합한 기후, 풍부한 물 자원, 편리한 교통 등 농업 발전에 유리한 조건을 갖추고 있다. 농경지는 시 전체 면적의 45%이다. 논이 40.5%, 밭이 35.4%, 과수밭이 21.5%이다. 주로 곡물과 채소를 생산한다.

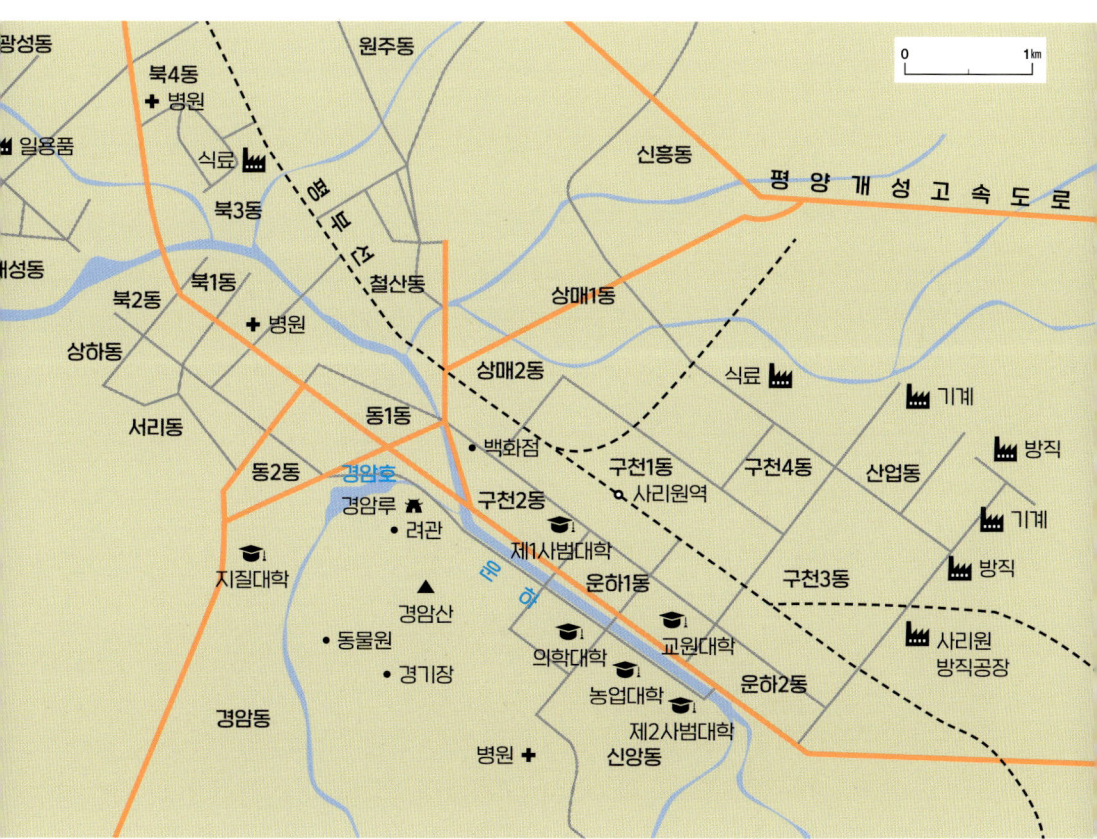

곡물은 벼, 옥수수, 콩, 밀, 보리, 수수, 메밀 등을 생산한다. 공예작물은 깨, 팔월풀(사탕수수 대용작물), 박하 등이 있다. 주요 농장에 **구룡 협동농장**, 대룡 협동농장, 문현 협동농장, 미곡 협동농장, 봉의 협동농장, 선정 협동농장, 성산 협동농장, 정방 협동농장, 해서 협동농장, 정방산 버섯공장 등이 있다.

채소 생산이 중요한데 분수식 관수, 온실재배, 계단식 재배 방법을 적극 받아들이고 있다. 주로 배추, 무, 양배추, 시금치, 고추, 오이, 호박, 가지, 미나리, 토마토, 마늘, 파, 쑥갓, 수박 등을 재배하고 있다. 예로부터 이 고장 특산물로 널리 알려진 사리원 미나리는 특이한 향기와 맛으로 수요가 높았다. 초절임으로 가공한 미나리 생채는 입맛을 돋우고, 약재로도 널리 이용된다. 주요 농장에 미곡 협동농장, 만금 남새전문협동농장, 대성 남새전문협동농장, 미라 남새전문협동농장 등이 있다. 미곡 협동농장에서는 수십 개 동의 온실을 갖추

미곡 협동농장

고 온실 채소 생산을 늘리고 있다.

과일은 사과, 포도, 배, 복숭아 순으로 많이 재배한다. 이 밖에 감, 추리(자두), 살구, 대추 등을 생산한다. 사리원은 옛날부터 포도 산지로 널리 알려졌다. 사리원 포도는 다른 지방 포도와 달리 알이 크고 신맛보다 단맛이 많고 영양가도 높아 인기있다. 현재 다른 지방에서도 사리원 포도를 많이 재배하고 있다.

1950년에 발족한 **사리원 과수농장**에서 시 과일 생산량의 76%를 생산한다. 12㎢의 면적에 과수원을 비롯한 축산작업반, 채소작업반, 농기계 수리사업소 등을 갖추고 있다. 포도를 위주로 사과, 배, 복숭아, 자두, 살구, 체리, 대추나무 등을 재배한다. 최근 광물성 살충제를 비롯해 여러 농약을 스스로 만들어 병충해 구제와 과일나무 영양 관리에 노력하고 있다.

포도산지로 이름난 사리원 과수농장

축산업에서는 주로 젖소, 돼지, 닭, 오리, 토끼 등을 사육하고 있다. 닭공장, 오리공장, 돼지공장, 젖소목장 등 전문화된 축산기지가 있다. 또한 사리원 배합먹이공장, 시 협동농장 경영위원회 배합먹이공장을 비롯한 사료 재배지들과 축산학연구소 등이 배치되어 있다. 성산 소목장, 정방 오리공장, 축산 종합목장을 비롯한 축산 전문 농장 외에 대부분의 협동농장에서 농업과 축산을 병행한다.

한편, 북한에서는 협동농장에서 하는 공동 축산과 함께 집집마다 토끼, 돼지, 오리, 염소 등을 키우는 가내 축산도 장려해 왔다. 토끼 사육도 꾸준히 발전시켜 왔는데, 재래종 토끼와 개량 토끼를 교잡한 품종으로 육성해 낸 '사리원 흰토끼'가 유명하다. 북한에서는 사리원 흰토끼의 원종 생산 체계를 세우고 이 토끼 사육을 적극 권장하고 있다.

이 밖에도 잠업이 발전하였고, 4㎢ 정도의 갈밭을 조성하여 갈대를 생산한다. 갈은 황해남도 은파군의 은파 주름판지공장으로 보내져 종이 원료가 된다.

2023년 사리원 양정(糧政)사업소를 새로 건설하고 양곡 보관부터 가공, 포장에 이르는 가공 공정을 현대화했다. 또한 농업연구원 과수학연구소 사리원 연구분소가 새로 건설되었다.

② 어업

길성포에 해운사업소와 수산사업소가 있다. 사리원 수산사업소는 황해남도 은률군 서해리에 생산기지를 두고 멸치, 까나리, 곤쟁이, 새우, 굴, 바스레기(바지락) 등을 잡는다. 경암동과 어수동에는 양어장이 있는데 초어, 화련어(대두어) 등의 종어를 기른다.

광업

사리원 탄광에서 석탄을 채굴한다. 한 해에 10만여 톤의 석탄을 생산해 지방 산업공장과 기관, 기업소에 보낸다. 시 공업생산액에서 차지하는 몫은 적지만 시 경제발전에 중요한 의미가 있다.

경공업

① 방직, 피복 공업

방직 및 피복 공업의 생산액이 시 공업생산액의 1위를 차지한다. 사리원시는 북한의 중요한 방직공업 기지이다. 사리원 방직공장을 비롯해 편직공장, 견직공장, 직물공장, 타올공장 등이 배치되어 있다.

사리원 대성타올공장은 주로 면 혼방계열의 타올 천과 어린이용 목욕 포단, 수건, 침대용 타올, 목욕용 가운 등을 생산한다. 피복공업도 발전했는데, 경암산 피복공장, 사리원 운하피복공장을 비롯하여 여자와 남자, 어린이, 학생, 겨울옷을 전문으로 생산하는 피복공장이 있다. 2023년 12월에 사리원 학생교복공장이 새로 지어졌다. 공장에는 재단작업반, 재봉작업반 등 다양한 형태의 학생 교복을 원만하게 생산할 수 있는 공정이 꾸려졌다.

📘 사리원 방직공장

해방 전의 제사공장이 전신이다. 1945년 사리원 방직공장으로 개칭했다. 1970년 방적 공정을 조업하였고, 1974년부터 직포, 염색 공정 조업을 시작한 종합 방직공장이다. 비날론, 테트론, 면 섬유를 원료로 실을 뽑고 줄무늬 천을 짜서 앞뒤 처리 가공이 가능한 현대적인 공정을 갖추고 있다. 방적직장에서는 고번수, 중번수, 저번수 실을 생산한다. 방적직장, 직포직장, 염색직장에는 각 공정에 필요한 현대적인 설비가 갖추어져 있다. 설비 수리, 열 관리, 운송, 전기, 건물 보수 등 공장 관리와 관련한 직장 등이 잘 배치되어 있어 원만하게 생산이 이루어지고 있다. 또한 방적, 직포, 염색 기술 준비실과 공업시험소가 있어 생산공정에 관한 기술 관리가 이루어지고 있다.

② 가방, 신발 공업

사리원 가방공장, 사리원 신발공장, 사리원 학생신발공장 등이 있다. 사리원 학생신발공장은 2024년 6월 현대적인 설비를 갖추고 새로 건설되었다. 황해북도 과학위원회 첨단기술제품제작소와 공업기술연구소 등이 중심이 되어 신발 생산의 다종화, 다양화, 다색화, 경량화를 위한 설비 제작 등에 노력하고 있다.

사리원 대성타올공장

③ **식료품 공업**

시에서 방직공업 다음으로 생산액이 많은 공업이다. 증가하는 시민들의 수요에 맞게 옥수수 가공, 과일 및 채소 가공, 장류와 당과류 생산, 고기와 생선 가공, 담배 생산 등 부문별로 전문화되어 있다. 사리원 곡산공장은 옥수수로 국수, 물엿, 포도당, 녹말가루, 사탕, 과자, 기름, 술 등을 생산하여 공급한다. 녹말과 물엿은 도의 다른 시, 군 식료품 공장의 원자재로 이용된다. 사리원 정방식료생산협동조합에서 생산되는 '정방채'는 채소를 2차 가공한 식품인데 맛이 독특하여 사리원 특산물로 알려졌다.

장공장에서 만든 '홍곡 고추장'은 홍곡(紅穀)을 써서 붉게 만들었는데 맛이 특이하여 널리 알려졌다. 사리원시 경암술 공장과 포도술 공장에서 생산하는 경암술과 포도주 등은 전국 각지에 보급되고 있다. 사리원 담배공장은 인근 9개

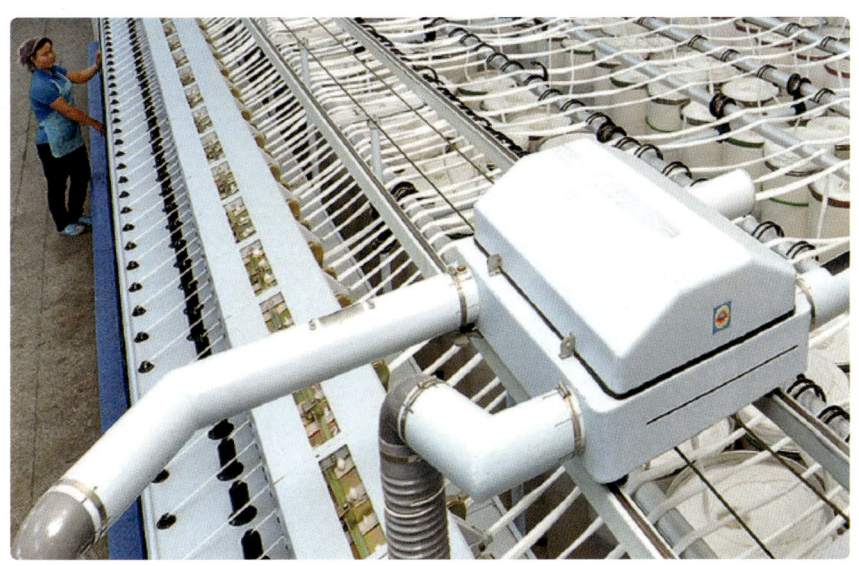

사리원 방직공장

군에서 생산되는 잎담배를 원료로 여러가지 담배를 만든다. 황해남북도는 물론 전국 각지에 공급한다.

2023년 6월 사리원시 기초식품공장의 생산공정을 현대화하는 개건 공사가 마무리되었다. 간장 여과 공정과 기름 정제 공정의 완성으로 제품의 질을 한 단계 높였다. 또한 압착식 수동 착유 방법으로 생산을 중단없이 진행하고 있다. 2024년에는 현대적인 설비를 갖춘 즉석국수(라면)공장이 새로 건설되었다. 이외에도 사리원 과자공장, 어린이 식료품공장 등이 있다.

④ **일용품 공업**

일용품 공업 가운데 가정용품, 학용품, 문화용품, 일용잡화 등이 중요한 몫을 차지한다. 철제일용품공장, 학용품생산협동조합, 가정용품생산협동조합, 가구

사리원 학생신발공장

생산협동조합, 영예군인재봉실공장, 완구생산협동조합, 도자기공장, 연필공장, 시계공장, 체육기구공장, 교육실험기구생산협동조합, 냉동기공장, 어구생산협동조합, 유리병공장, 종합주물공장, 사리원 수지 포장제 공장 등이 있다.

  사리원 바늘공장에서 생산하는 '장미꽃' 바늘은 전국으로 공급되고 있다. 사리원 빈침(핀)공장에서는 다양한 핀 종류를 생산하여 전국에 공급한다. 사리원 애국수지일용품공장은 다양한 부엌 용품과 가방류, 비옷류 등을 생산하는 현대적인 공장이다. 사리원 텔리비전 수상기 조립공장은 텔레비전 수상기의 부속품을 생산하기도 하고 관련 기업체에서 부속을 받아 조립한다. **화학공장**에서는 주로 비누, 치약, 화장품 등 생활필수품과 도색재료 생산을 기본으로 한다.

 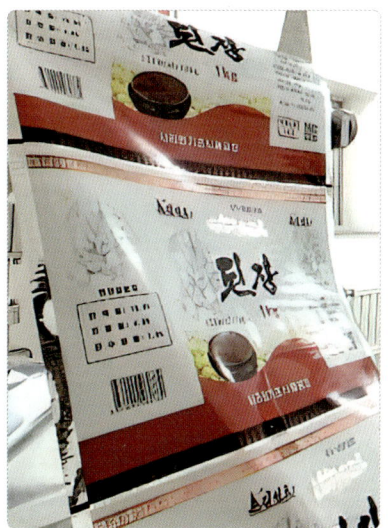

사리원시 기초식품공장

⑤ 제약공업

사리원 동약가공공장에서는 도 안에서 생산하는 약초로 생약과 한약과 보약을 제조한다. 사리원 제약공장에서는 주사약, 치료 약, 보약 등을 만드는데 도에서 가장 크다.

⑥ 종이공업

종이는 사리원 신문종이공장과 사리원 학용품생산협동조합에서 생산한다. 사리원 신문종이공장은 종업원 8명으로 시작하여 주로 창호지를 생산하는 작은 공장이었으나 지금은 도에서 제일 큰 종이생산기지로 발전했다. 주로 신문지, 포장지, 장판지, 공책, 도배지, 창호지 등을 생산한다. 사리원 학용품생산협동조합에서는 공책을 비롯한 다양한 종이 제품을 생산한다.

중공업

① 기계 및 금속가공 공업

황해북도에 공급하는 기계설비와 기계 부속품을 생산한다. 기계공업은 농기구, 광산 설비, 방직기계, 열 설비를 생산하는 부문이 있다. 또한 자동차, 뜨락또르(트랙터)를 비롯한 운전 기계 수리 부문과 전기, 통신, 탐사 기계 부문 등으로 이루어져 있다.

관련 사업체로 사리원시 뜨락또르부속품공장, 사리원시 련결농기계공장, 정미기계부속품공장, 농기구공장, 보이라(보일러)공장, 대성기계공장, 광산기계공장, 사리원 방직기계공장, 통신기계부속품공장, 도시경영부속품공장, 탐사기계수리공장, 차부속품공장, 차수리공장, 농기계작업소 등이 있다.

이 밖에도 전기공장, 타이어공장, 사리원 강철공장 등이 있다. 2023년 사리원 강철공장에서는 선철 생산공정을 위한 용광로 건설을 마무리하고 시운전에 성공했다. 이것으로 황해북도에서 요청하는 철강재 수요를 보장하게 되었다.

② **건재공업**

시는 건재(건설 재료)공업 발전에도 유리한 조건을 갖추고 있다. 사리원 부재공장은 콘크리트 부재, 살림집 건축 부재를 생산한다. 4만㎡의 부재 생산능력을 보유한 건재 생산기지이다. 사리원 위생자기공장은 위생도기와 타일, 나무 건축재를 주로 생산한다. 만금 건구생산협동조합은 손잡이, 볼트 등 금속 건축재를 전문으로 생산한다. 사리원 모래사업소에서는 금천군과 황해남도 지방에 생산지를 꾸리고 모래를 생산한다.

사리원시 뜨락또르부속품공장

이 밖에도 5월16일건설사업소, 공공건물 보수사업소, 주택건설 사업소, 농촌건설대, 지방건설사업소, 어지돈 관개관리소, 시설사업소, 도 건물 보수사업소, 살림집 보수사업소, 상하수도난방사업소 등의 관련 사업체가 있다. 이 사업소들에서도 건설에 필요한 블록, 소석회, 기와, 구들 등을 생산하고 있다.

교육

사리원시는 초등, 중등 교육기관은 물론 고등교육기관도 다양하게 설치되어 있는 교육도시이다. 북한에서는 발전하는 시대의 요구에 맞게 교수 효과가 큰 실험기구와 교편물 창안 제작에 힘을 기울이고 있다. 사리원시는 도 단위에서 진행하는 실험기구 및 교편물 전시회에 1,000여 점에 달하는 전시물을 내놓아 참가자들로부터 높은 평가를 받았다.

신양 유치원, 선경 유치원, 원주 유치원, 운하피복공장유치원, 대성 유치원 등 90여 개의 유치원과 140여 개의 탁아소가 있고 사리원 애육원이 있다. 영광 소학교, 운하 소학교, 경암 소학교, 산업 소학교, 대성 소학교, 경암 소학교, 신양 소학교, 상매 소학교, 원주 소학교, 사리원 초등학원 등 18개 이상의 소학교가 있다.

상하 초급중학교, 상매 초급중학교, 신양 초급중학교, 선정 고급중학교, 동리 고급중학교, 신창 고급중학교, 운하 고급중학교, 원주 고급중학교, 구천 고급중학교, 정방 고급중학교, 구천 기술고급중학교, 사리원제1중학교, 경암제1중학교 등 30여 개의 중학교가 있다.

고등교육기관으로 강건대학, 계응상대학, 리계순사리원제1사범대학, 사리원 고려약학대학, 사리원 공업기술대학, 사리원 교원대학, 사리원 제2사범대학, 사리원 지질대학, 사리원 체육대학, 사리원 예술학원, 사리원 외국어학원 등 10여 개의 대학과 역시 10여 개의 전문학교가 있다. 이 밖에도 사리원 농업경영간부학교, 사리원 재정간부학교, 사리원시 교원재교육강습소 등이 있다. 또한 연료연구소, 축산학연구소 등의 과학연구기관이 있다.

리계순사리원제1사범대학은 황해북도 안의 중학교 교원을 양성하는 사범교육기관이다. 1997년 항일 투사 리계순(李桂筍, 1914~1938)의 업적을 전하기 위해 현재의 이름으로 개칭했다. 사리원 교원대학은 황해북도 안의 소학교 교원과 유치원 교양원을 양성하는 3년제 사범 교육기관으로, 2022년 개건 준공하

경암소학교

였다. 사리원 제2사범대학은 황해북도 안의 중학교 교원을 양성하는 지방 사범 교육기관이다. 사리원 고려약학대학은 한약 자원의 보호 증식을 위한 현장 기사를 양성하기 위한 교육기관이다. 사리원 공업기술대학은 공업 부문 기술자를 양성하는 지방대학이다.

연료연구소는 1960년에 발족하였으며 최신 과학기술에 기초한 실험기구와 설비를 갖춘 현대적인 과학연구기관이다. 연료 화학 및 연료 화학공업 발전에 크게 이바지하고 있다. 축산학연구소는 1963년 발족하였다. 기후풍토 조건에 맞는 돼지, 토끼, 양, 염소 등의 새 품종을 개발했으며, 영양가 높은 사료 작물을 연구하여 널리 보급했다. 축산업의 전문화, 집약화, 현대화를 실현하는 데 필요한 과학기술을 연구한다.

계응상대학(桂應相大學, 계응상사리원농업대학)

농촌경제 부문의 인재를 양성하는 농업대학이다. 1959년 사리원 농업대학으로 발족했다. 대학은 농업 부문의 과학자, 전문가, 기술자를 양성한다. 저명한 유전학자이자 북한 잠학 분야의 개척자인 계응상(1891~1967)의 업적을 오랫동안 전하기 위해 1990년 계응상대학으로 개칭하였다. 계응상은 유전학으로 북한 기후풍토에 맞는 생산량 높은 새 품종의 누에를 육성하여 북한이 누에를 자급자족하는 데 큰 공헌을 했다.

대학에는 농학부, 수의축산학부, 농업생물학부, 농업화학학부, 과수학부, 잠학부, 산림하천학부, 농업기계화학부, 농업경영학부 등과 연구원, 박사원이 설치되어 있다. 이 밖에 농업생물공학연구소, 작물재배학연구소, 잠학연구소, 수의축산학연구소, 경제식물학연구소, 농업공학연구소가 있다. 현대적 종합실습농장, 100만여 권의 장서를 자랑하는 도서관, 출판사 등이 갖추어져 있다. 최근 산세가 험하고 삼림 구조가 복잡한 북한의 산림자원을 과학적으로 관리하기 위한 연구에서 성과를 냈다.

📛 사리원 지질대학

지질 탐사, 지하자원 개발 부문의 인재를 키워내는 중앙대학이다. 1970년 발족하였다. 지질학과, 지구화학탐사학과, 수문지질학과, 시추학과, 분석과, 지질탐사학부 등의 학부와 지질조사, 광물탐사, 외국어 등 수십 개의 강좌가 개설되어 있다. 또한 지질연구소와 4년제 전임 및 통신 박사원이 있다. 실습을 위한 지질조사중대, 실습공장, 실험실과 도서관, 출판사 등이 갖추어져 있다.

북한의 지질 연구, 지하자원 탐사와 효과적 이용, 탐사 설비의 설계, 제작, 운영, 광물 암석에 관한 종합분석, 대자연 개조와 건설 대상에 대한 기반 조사 등을 수행할 수 있는 기술자 양성을 목적으로 한다.

📛 강건대학(姜健大學)

1971년 사리원 의학대학으로 발족하였다. 1990년 항일 독립운동가이자 조선인민군 초대 총참모장이었던 강건(1918~1950)을 기리기 위해 지금 이름으로 개칭하였다. 대학이 위치한 거리도 강건거리로 명명했다. 의학부, 약학부, 임상의학부, 고려의학부(한의학부)를 비롯 여러 학부가 설치되어 있다. 인체해부학, 내과진단학, 정형외과학, 보약학을 비롯한 수십 개의 강좌와 연구실, 실험실, 표본실, 도서관 등이 갖추어져 있다. 일하면서 배우는 통신교육 체계도 마련되어 있다. 고려의학(한의학)을 과학화하고 진단과 치료에서 고려의학과 신의학을 결합하는 연구에 성과를 냈으며, 특히 암 치료에 효능이 좋은 고려약(한약) 생산에 큰 성과를 거두었다.

강건대학

🏥 강건대학병원

사리원시 강건거리에 있다. 1946년 사리원 제1인민병원으로 발족했다. 1957년 황해북도 중앙병원으로 개편 확장했다. 황해북도 도민의 예방치료 사업을 수행하며 강건대학 학생들의 임상 실습 기관으로 이용되는 도 중앙병원이다. 또한, 도 안에서 일하는 보건의료인들의 임상 재교육 기관이자 조선의학과학원의 임상 연구기관이다.

1976년 새로 준공된 병원은 부지면적 60,000㎡에 건축면적은 25,000㎡이다. 건물과 건물은 3층과 5층으로 된 외래환자 진료 건물을 사이에 두고 연결 복도로 연결되어 밖으로 나가지 않고 안에서 오갈 수 있게 배치되어 있다. 병원에는 통일적인 소독체계, 위생통과체계, 중앙산소공급체계, 신호체계, 유선방송청취체계 등이 잘 되어 있다. 특히, 자체 수원에 의한 물 공급, 자체 전원과 비상 전원을 갖춘 전력공급, 열난방과 습기 조절 및 환기, 건물 안 수송 등의 체계가 잘 갖추어진 최신의 전문화된 병원이다. 내부구조와 시설에 있어 완전히 표준화되었다.

병원에는 방사선동위원소연구실, 소화기질환연구실, 소아영양연구실, 혈액질환연구실 등이 설치되어 있다. 조선의학과학원의 임상 연구기지로도 쓰이며 많은 성과를 거두어 임상에 도입하고 있다.

인물

우리 글자에 처음으로 '한글'이라는 이름을 붙이고 한글 연구의 체계를 세운 선구자 **주시경**(周時經, 1876~1914)이 봉산군 무릉동(현재 황해북도 은파군) 출신이다.

1960~1970년대의 한국 영화를 대표하는 **유현목**(俞賢穆, 1925~2009) 감독이 사리원에서 태어났다. 〈오발탄〉(1961), 〈순교자〉(1965), 〈사람의 아들〉(1980) 등 43편의 장편 극영화를 연출했다. 인간 운명과 종교, 분단된 역사 등 중요한 주제를 담아내, 우리 영화사에서 가장 지성적이며 진지하고 실험적인 감독으로 평가되고 있다.

이 고장의 자랑인 봉산탈춤을 해방 이후 남한에서 꾸준히 공연해 온 인물들이 있다. 분단의 아픈 역사 속에서 봉산탈춤이 본고장을 떠나서도 지금까지 이어진 데는 이들의 공로가 크다.

김진옥(金辰玉, 1894~1969)과 민천식(閔千植, 1898~1967)

김진옥은 봉산구읍에서 태어났다. 민천식은 사리원에서 태어났다. 두 사람 모두 7세 때부터 애기탈을 놀았다. 이윤화(취발이, 첫목중의 명연희자)와 박천만(목중, 마부역)으로부터 탈춤을 배웠다. 김진옥은 첫목중과 노장춤을 잘 추었다. 민천식은 사자머리, 마부, 놀량 창, 장구와 북을 반주했다.

두 사람은 해방 후 월남하여 각각 서울과 인천에 살면서 직접 가면을 만들고 봉산 출신자를 모아 탈춤을 가르쳤다. 1958년 전국민속예술경연대회에 참가해 해방 후 처음으로 대중에게 봉산탈춤을 선보였다. 이후 해주탈춤의 이근성, 양소운과 합류하여 봉산탈춤을 보존, 전수하였다. 1967년 봉산탈춤이 국가무형유산으로 지정될 때 김진옥은 첫목중과 노장 역의 예능 보유자로 민천식은 놀량 창과 사자마부의 예능 보유자로 지정되었다.

교류협력

에이스경암, 남북 간 민간 교류의 모범

국내 유수의 가구업체 중 하나인 에이스침대의 회장 안유수(1930~2023)의 고향이 사리원이다. '재단법인 에이스경암'을 통해 1990년대 말부터 꾸준히 대북 지원 사업을 해왔다.

2008년에는 황해북도 예술극장에 들어갈 의자 1,000석을 보내는 등 사리원시 주민 주거와 생활환경 개선을 위한 사업을 지원했다.

2009년에는 1만여 평 50동 규모의 온실농장인 임농 복합단지 '대성농장'을 조성하였다.

2014년과 2015년에는 비닐하우스 150동 규모의 시범영농단지와 텃밭용 소형 온실 210개를 지을 수 있도록 지원하였다. 농업에 필요한 배양토와 자재, 종자, 비료 등 컨테이너 20대 분량을 차에 실어 보냈다. 개성에서 운전기사를 교체하여 사리원시까지 운행하도록 하는 등, 최초로 남북 간 육로로 수송하는 방식으로 진행되었다. 이들 시설은 최근까지도 잘 운영되었다.

농업 기반 조성 사업뿐만 아니라, 페인트 지원, 가로등 설치 등 주거 환경 개선, 예술극장 시설 지원, 대성농장 육류 가공 기계 지원 사업도 진행하였다. 가장 큰 특징은 사리원시가 바라는 것을 존중한 수요자 맞춤형 지원이라는 점이다. 더 중요한 점은 인도적 지원이 아닌 인프라를 지원하는 사업이라는 점이다. 인프라 지원이야말로 인도적 지원을 넘어서는 더 깊은 인도적 지원이다. 에이스경암의 사례는 의미있는 남북 간 민간 교류의 사례로 평가받는다.

그리움

이용악(李庸岳)

눈이 오는가 북쪽엔
함박눈 쏟아져 내리는가

험한 벼랑을 굽이굽이 돌아간
백무선(白茂線) 철길 우에
느릿느릿 밤새어 달리는
화물차의 검은 지붕에

연달린 산과 산 사이
너를 남기고 온
작은 마을에도 복된 눈 내리는가

잉크병 얼어드는 이러한 밤에
어쩌자고 잠을 깨어
그리운 곳 차마 그리운 곳

눈이 오는가 북쪽엔

함박눈 쏟아져 내리는가

—《협동》, 1947년 2월

강원도

원산시
元山市

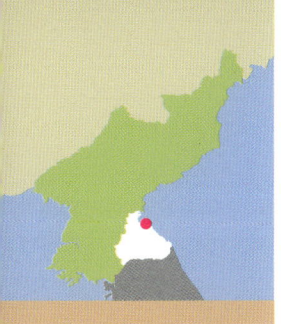

원산(元山)은 북한의 동남부 원산만 연안에 자리한 해양도시다. 마식령산맥이 뻗은 남서쪽은 지대가 높고, 북동쪽은 경사가 완만한 벌과 구릉이 넓게 분포한다. 적천천, 갈마천, 신포천이 도시를 가로질러 동해로 흘러드는데, 하천 길이가 짧고 유역면적이 좁은 것이 특징이다. 명승지 명사십리가 있는 갈마반도는 본디 섬이었으나 바다와 하천의 퇴적작용으로 육지와 이어진 육계도가 되었다. 반도와 앞바다 섬들은 원산항의 천연 방파제 역할을 한다. 동해의 영향을 받아 날씨가 온화하고 기온의 연교차와 일교차가 비교적 작아 송도원에는 기후휴양지가 있다.

강원도 소재지로, 평양과 동북부 공업지대, 금강산지대를 잇는 교통의 요지이다. 만경봉호가 니가타항을 오가며 대일무역을 주도하면서 원산항은 동해안 국제 물류의 중심지가 되었으며, 원산~금강산 국제관광지대 청사진이 발표되면서 원산갈마국제비행장은 핵심 교통 시설로 주목받고 있다. 원산시는 전력난을 해결하기 위해 수력발전소를 잇달아 건설하면서 전국으로 확산한 중소형 발전소 건설의 모델이 되었다. 자동화 시스템을 도입한 원산구두공장은 경공업의 새로운 변화를 이끌고 있다.

동해안 중심부에 위치하고 천혜의 명승지를 품은 원산시는 한국, 러시아, 일본과 가까운 지리적 입지로 인해 향후 물류와 인프라, 관광 분야에서 경제교류가 기대되는 도시다.

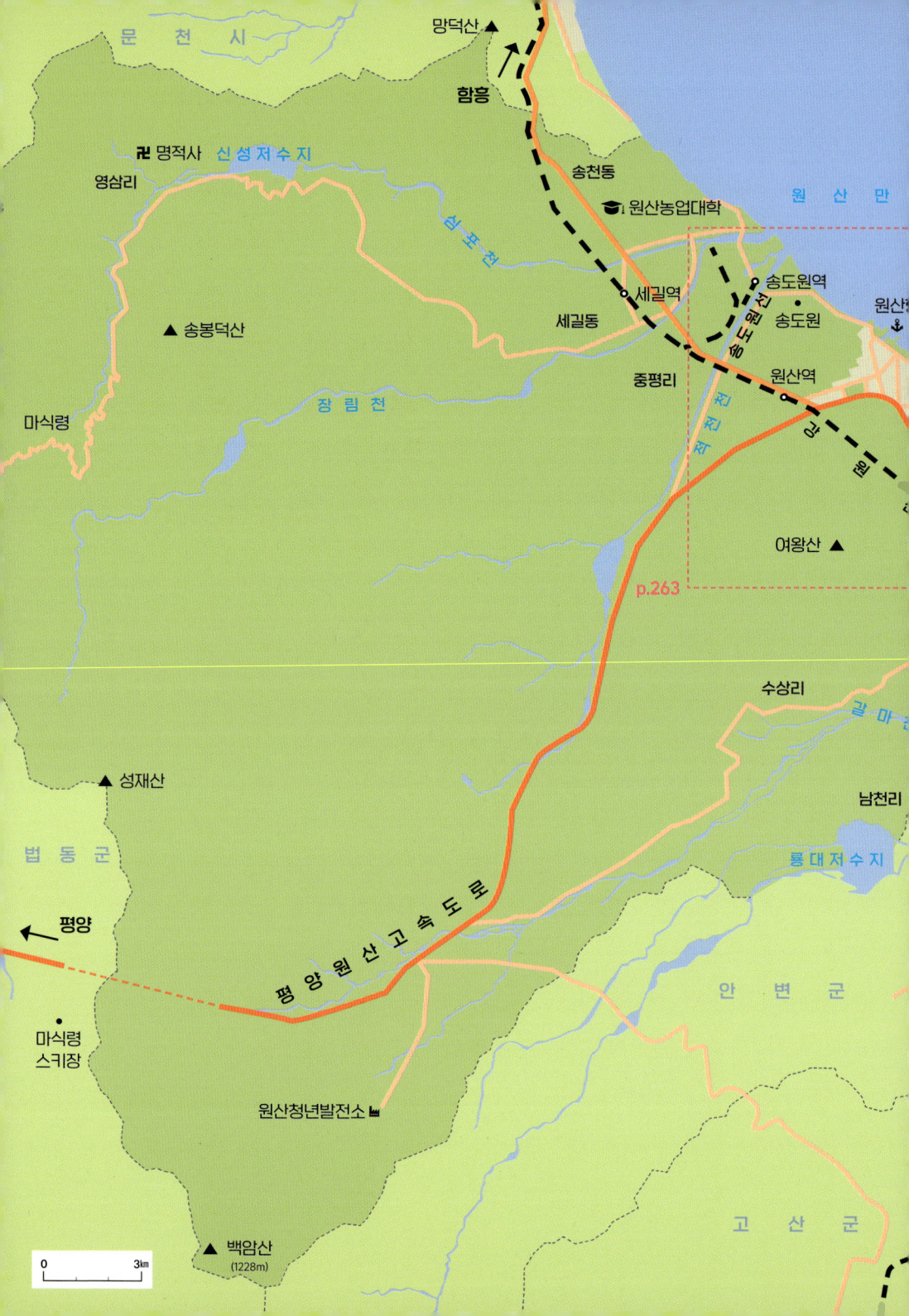

위치와 지형

강원도 북부의 송전반도와 갈마반도 사이의 원산만 연안에 위치해 있다. 북서쪽은 문천시, 남서쪽은 법동군, 남동쪽은 안변군과 접해 있고 북동쪽은 동해에 잇닿아 있다. 동경 127°26′, 북위 39°10′으로, 평양과 비슷한 위도 상에 있다. 면적은 314.4㎢이다.

마식령이 위치한 백두대간 구간이 서쪽 경계를 이루며, 남서쪽에는 백암산(白巖山, 1,228m)을 비롯한 1,000m 이상의 높은 산들이 솟아 있다. 그러나 원산만에 이르는 북동쪽으로 갈수록 경사가 낮아져 해발 200m 이하의 평탄하고 완만한 벌과 구릉이 총면적의 60% 이상을 차지한다.

강하천들은 길이가 짧고 유역 면적도 좁은 편이다. 마식령산지에서 흘러내리는 심포천(深浦川, 유역 면적 122.3㎢)에는 신성저수지가 있어 공업용수와 식수로 활용되고, 수력발전소가 건설되어 전기를 공급한다. 원산시의 중심부를 흐르는 적천천(赤川川, 유역 면적 69.4㎢)은 농업 용수와 식수원이다. 갈마천(葛麻川, 한내강 또는 보매기강, 유역 면적 82.8㎢)은 관개용수와 공업용수로 이용된다. 그 밖에 장림천(長林川, 유역 면적 49.8㎢)이 있다.

해안선은 28.75km로 굴곡이 복잡하지 않다. 원산만은 수심이 깊고 조수간만의 차가 작아 천혜의 항구 입지 조건을 지녔다. 갈마반도와 북쪽에 마주 뻗은 호도반도(함경남도 금야군)에 둘러싸여 바람이 상대적으로 약하다. 앞바다에는 신도, 려도, 웅도, 송도, 황토도, 대도, 장덕도 등 약 11개의 섬이 있어 원산항의 천연 방파제 역할을 한다. 원산시 북동부에는 명승지 송도원이 있으며, 동부의 갈마반도에는 명사십리가 있다. 남북으로 길게 이어진 갈마반도는 본디 섬이었으나, 안변 남대천과 동해의 퇴적작용으로 모래가 쌓이면서 점차 육지와 이어져 육계도(陸繫島)로 변했다. 갈마반도의 끝부분에 갈마산(葛麻山, 72.8m)이 있다.

명사십리 천연기념물 제193호

명사십리(明沙十里)는 '십 리에 펼쳐진 이름난 모랫벌'이란 뜻으로, 남대천 하구에서 갈마반도 기슭에 이르는 약 4km의 백사장으로 행정구역으로는 룡천리이다. 바닷가 모래가 우는 소리를 낸다고 해서 '울모래등[鳴沙]'이라고도 불리는 이곳에는 해마다 오월이면 해당화가 붉게 피어 푸른 바다와 흰 모래부리가 어울려 절경이 펼쳐진다. 안변 남대천과 동해안의 퇴적작용으로 천연 모랫둑이 넓게 펼쳐진 명사십리는 지각운동과 바다와 육지의 변화를 연구하는 데 중요한 자료이다.

항구문화도시 원산시

기후

사계절이 뚜렷한 온대기후 지역이고, 동해의 영향을 받아 같은 위도 상의 서해안 지역보다 연교차와 일교차가 작다. 산줄기가 찬 바람을 막아주고, 난류와 한류가 만나는 연안에 자리해 겨울과 여름의 기온 차이가 크지 않다. 또 삼

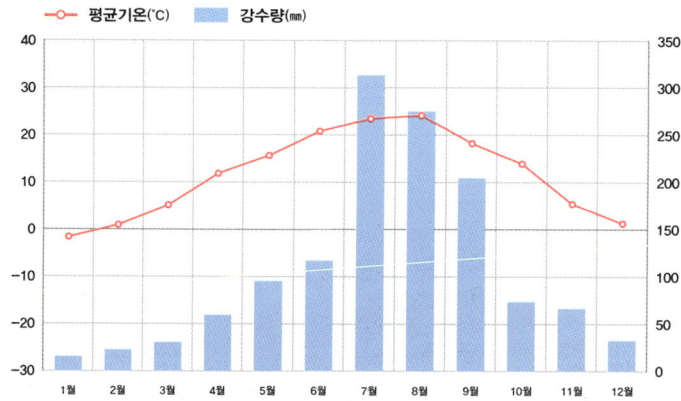

원산시 기후 그래프 (1991~2020년)

	30년 평균	2023년		30년 평균	2023년
연평균기온(℃)	11.7	13.0	연강수량(mm)	1350	1662.2
최한월(1월) 평균기온	-1.7	-1.2	여름 강수량 (6, 7, 8월)	727.3	963.5
최난월(8월) 평균기온	23.8	25.9 (7월)	겨울 강수량 (12, 1, 2월)	82.5	162.9
연교차	25.5	27.1	평균 풍속(m/s)	1.8	1.5

출처: 대한민국 기상청 〈북한 기상 연보〉

면이 산으로 둘러싸여 바람이 약해 같은 위도 상의 평양보다 겨울 기온은 높고 여름 기온은 낮다. 그러나 마식령산지의 해발 500m 이상의 높은 지대는 겨울에 기온이 많이 낮아져 일교차가 심하다.

1991년에서 2020년 평균값을 살펴보면, 연평균기온은 11.7℃, 가장 추운 달인 1월 평균기온은 -1.7℃이고 가장 더운 8월의 평균기온은 23.8℃로, 연교차가 25.5℃이다. 위도가 비슷한 평양은 1월 평균기온 -5.4℃, 8월 평균기온 25.0℃, 연교차는 30.4℃이다. 원산은 겨울철과 여름철의 기온 차이가 심하지 않다. 겨울이 비교적 덜 추운 지역이다. 2023년의 연평균기온은 13℃이고, 1월 평균 기온은 -1.2℃, 7월 평균기온은 25.9℃로, 연교차는 27.1℃이다.

연강수량의 30년 평균값은 1,350㎜로, 여름철인 6~8월 강수량은 727.3㎜, 겨울철인 12~2월 강수량은 82.5㎜이다. 2023년에는 여름철에는 963.5㎜, 겨울철에는 162.9㎜의 눈비가 내렸고, 2023년도 연강수량은 1,662.2㎜이다. 원산 일대는 북한 지역에서 강수량이 많은 다우지에 해당한다. 한류와 난류가 만나면서 연안 해역에는 해무(海霧)가 1년에 평균 9일 정도 발생한다.

마식령산지를 제외하면 겨울에도 바람이 약하고 맑은 날이 많고 서남서풍이 주로 분다. 지난 30년간 한 해 평균 바람 속도는 1.8㎧이고, 2023년은 1.5㎧이다.

행정구역과 인구

북한 강원도의 행정 소재지(인민위원회 소재지)이다. 18세기 말까지 덕원군에 속했던 원산은 1912년 원산부로 승격되었으며, 1933년에는 덕원군을 편입하여 함경남도 원산부가 되었다. 해방과 함께 1945년 원산시로 개편되었다. 남북으로 분단되면서 북한은 강원도의 발전을 위해 1946년 당시 함경남도에 속해 있던 원산시를 안변군, 문천군과 함께 강원도에 편입시켰다. 그리고 강원도 소재지를 철원에서 원산으로 옮겼다.

강원도의 정치, 경제, 문화의 중심지로 성장하면서 인구가 꾸준히 늘어났다. 2008년 현재 원산시 인구는 36만 3,127명으로 남북을 통틀어 강원도에서 가장 많고, 북한 도시들 가운데서도 5번째로 많다. 원산의 도시 지역에는 32만 8,467명이, 농어촌 지역에는 3만 4,660명이 살아 도시에 인구가 집중돼 있음을 알 수 있다. 함흥과 청진 등 동북부 대도시와 비교해 공업 분야의 종사자 비율이 낮고, 과학·교육·교통·건설·상업·문화·보건 분야의 인구 비율이 높은 것이 특징이다.

원산시는 45동과 14리가 있다. 도시는 동(洞)으로 농어촌은 리(里)로 편제돼 있으며, 도농 통합의 행정체계를 이루고 있다. 갈마동, 개선동, 관풍동, 광석동, 남산동, 내원산동, 덕성동, 동명산동, 려도동, 룡하동, 률동, 명사십리동, 명석동, 방하산동, 복막동, 봉수동, 봉춘동, 삼봉동, 상동, 석우동, 석현동, 세길동, 송천동, 송흥동, 승리동, 신성동, 신풍동, 신흥동, 양지동, 와우동, 원남1동, 원남2동, 원석동, 장덕동, 장산동, 장촌동, 적천동, 전진동, 중청동, 탑동, 평화동, 포하동, 해방1동, 해방2동, 해안동의 45개의 동과, 남천리, 락수리, 룡천리, 삼태리, 상자리, 수상리, 신성리, 영삼리, 장림리, 죽산리, 중평리, 춘산리, 칠봉리, 현동리의 14개의 리가 있다.

갈마역을 중심으로 원산시의 중심거리인 갈마거리가 있으며, 개선광장거리(봉춘동)와 송도원거리(송흥동), 해안거리(해안동)는 연결돼 있다. 내원산거리(내원산동)는 원산항이 자리하고 있는 곳이다. 덕원은 세 갈래의 길이 있다 해서 오늘날 세길동으로 바뀌었다. 장촌동은 본디 장마당(시장)이 있는 마을이라 해서, 해방동은 해방의 기쁨을 길이 전하기 위해 붙여진 이름이다.

원산시 인구 현황 개괄 (단위: 명)

인구수	남자	여자	도시	농촌
363,127	172,014	191,113	328,467	34,660

출처: 2008년 북한 중앙통계국 발표 인구 센서스

원산시 인구 피라미드

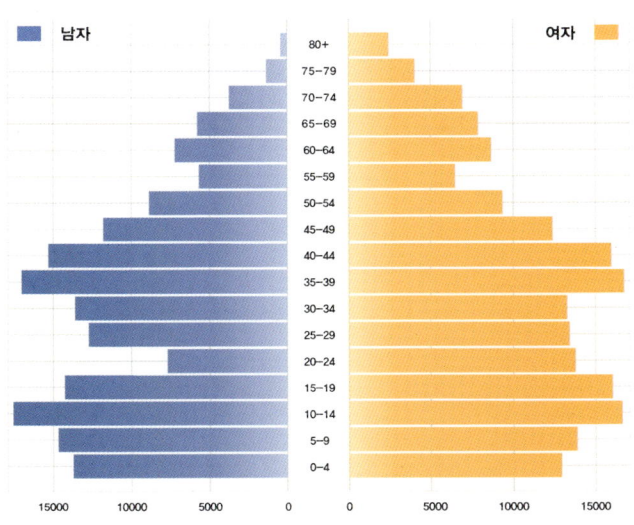

* 위 인구 피라미드는 2008년 북한 중앙통계국 발표 인구 센서스 자료를 바탕으로 연령대별 인구를 추산하여 작성한 것으로 참고용이다.

교통

오늘날 원산 교통의 가장 큰 특징은 철도와 자동차, 선박이 유기적으로 연결되어 있다는 점이다. 철도와 도로는 북한의 동서와 남북을 잇는다. 서쪽으로는 평양, 북쪽으로는 함흥과 회령, 남쪽으로는 고성과 연결되며 국토 균형 발전을 견인한다. 원산항은 물류의 요지이며, 원산갈마국제비행장은 원산~금강산 국제관광지대의 핵심 교통시설이다.

철도

원산의 주요 간선철도는 🚉 강원선(고원~평강)이 있고 지선으로 🚉 원산항선(갈마~원산항)과 🚉 송도원선(세길~송도원)이 있다. 원산을 경유하는 강원선의 역은 세길역(구 덕원역), 원산역, 갈마역이다. 여객 전용역인 원산역(양지동)은 함흥철도총국 원산철도분국이 자리하고 있으며, 원산기관차대, 원산객화차대, 원산철길대, 원산전기대가 있다. 세길역(세길동)은 여객과 화물 겸용역이다. 갈마역(갈마동)은 여객 화물 겸용역으로, 열차의 기술 검사와 정비 등의 시설을 갖춘 기술역이다. 또 집중화물역, 세멘트짐함(시멘트 컨테이너) 취급역, 비료짐함 취급역, 만능짐함 수송역으로, 강원도의 주요 철도역이다. 송도원역(송흥동)은 여객과 화물 겸용역으로, 송도원과 송도원 국제소년단야영소를 강원선과 연결하는 역할을 한다. 원산항역(포하동)은 원산항에서 물류를 하역해 갈마역으로 수송하는 산업철도역이다.

강원선의 고원역에서는 🚉 평라선(평양~라진)과 이어지고, 안변역에서는 🚉 금강산청년선(안변~금강산)과 연결된다. 2021년 원산시 무궤도전차사업소가 신설되었다.

도로

1978년 평양과 원산 사이를 이어주는 196km의 🏳 평양~원산 고속도로가 완공되면서 원산의 발전을 견인하는 교통로가 되었다. 107km의 🏳 원산~금강산 고속도로는 원산~금강산 국제관광지대의 교통기반시설이다. 원산~평양, 원산~라선, 원산~김화 사이를 연결하는 이 도로가 있다. 자동차 도로로 평양까지 200km, 고성까지 102km이다. 원산~법동 간, 원산~문천 간, 원산~고성 간 정기 버스가 운행한다.

해운과 항공

⚓ 원산항(내원산동)은 북항과 남항, 두 개의 항구가 있으며 1만 톤급 이상의 선박이 드나든다. 국내 화물뿐만 아니라 해외 물류도 담당하면서 북한의 주요 무역항(1급)으로 발전했다. 하역 능력은 360만 톤이며 접안 능력은 1만 톤이다. 항구 수심은 6.1~7.9m이고, 부두 길이는 2,250m이다.

해양관광도시답게 여름철에 여객 수송량이 많다. 원산~문천~답촌 사이에 통근 여객선이 매일 운항한다. 원산~통천~고성 간, 원산~흥남 간, 원산~신포 간, 원산~청진 간에도 정기 여객선이 다닌다. 원산~니가타 간 정기항로가 개설되어 선박이 운항했으나 대북 제재로 중단되었다.

✈ 원산갈마국제비행장은 ✈ 평양국제비행장과 함께 북한의 양대 국제비행장으로, 현대화한 여객청사를 갖추고 있다. 원산~금강산 국제관광지대의 핵심 교통시설이다. 국제항공운송협회(International Air Transport Association, IATA)로부터 WOS, 국제민간항공기구(International Civil Aviation Organization, ICAO)로부터 ZKWS 코드를 부여받았다. 이전에는 군용 비행장으로 운영되었으나, 2014년

대대적인 확충 공사에 들어가 2015년 7월 ✈ 원산갈마국제비행장으로 재개장했다. 활주로가 2개 있는데, 구 활주로를 연장하여 길이 3,125m, 폭 50m로 정비했다. 신 활주로는 길이 3,500m, 폭 50m로, 보잉-747 등 대형 여객기가 운항할 수 있다. 여객청사는 탑승교 2곳을 갖춘 약 13,000㎡ 규모이고, 최대 12기의 여객기와 승객 2천 명을 수용할 수 있다.

비행장 여객청사에서 강원선 갈마역이 약 3.5㎞ 거리에 있으며, 평양~원산 고속도로와 원산~금강산 고속도로, 원산~라선 간 도로와 연결된다.

원산항 모습

역사와 문화

원산의 지명은 고구려에서는 둥근 마늘처럼 생긴 산이 있다 해서 마늘 선(蒜) 자가 들어간 선산(蒜山)으로 불렸다가, 고려에 와서는 둥근 산을 낀 고장이라는 뜻에서 둥글 원(圓) 자를 넣어 원산(圓山)이라 부른 데서 유래했다. 조선 말기부터 소리가 같은 으뜸 원(元) 자로 바꾸어 쓰고 있다.

고대

원산은 본디 동예와 고구려 땅이었다. 원산이 속했던 덕원(德源)은 고구려에서는 천정군(泉井郡)과 어을매(於乙買)로 불렸다. 남북국시대에는 신라 삭주 지방의 정천군(井泉郡)에 속했다. 신라는 오늘날의 원산시 세길동에 탄항관문(炭項關門)을 세워 발해와의 국경 관문으로 삼았는데, 이곳은 발해사람들이 신라의 수도 경주로 간 길, 신라도(新羅道)의 39개 역의 출발지였다.

명적사(明寂寺) 국보 유적 제105호

신라 사찰 명적사는 원산시 영삼리에 있다. 신라 진평왕 때인 600년에 창건된 절로, 여러 차례 중건하였는데 현재 남아 있는 대웅전과 심검당(尋劍堂)은 1771년(영조 47)에 다시 짓고 1895년(고종 32)에 중수한 것이다. 겹처마합각지붕과 배흘림기둥의 대웅전은 조선 중후기의 전각 양식을 연구하는 데 귀중한 유산이다. 특히 대웅전 꽃무늬 문살은 아름답기로 유명하다. 대웅전 두 공에 새겨진 용머리와 봉황새 조각은 섬세하고 세련되어 조선시대 사찰 건축의 예술성을 보여준다. 명적사 적조암 터에서는 송봉덕산(松峯德山)의 전경이 한눈에 바라보인다.

명적사 대웅전 전경 그리고 출입문. 연꽃무늬 문살이 매우 아름답다.

고려

고려 태조 때 용주(湧州)라 고쳐 불렸으며, 995년(성종 14) 국방력 강화를 위해 방어사(防禦使)를 두었다. 성종 때 의주(宜州)로 바뀌었다가, 1018년에 진명현(鎭溟縣) 또는 수강(水江)이라 했다. 1258년(고종 45) 원나라에 점령당했다가, 공민왕 때인 1356년 영토를 수복했다.

조선

1413년(태종 13) 의천(宜川)으로 고쳐 부르다가, 1437년(세종 19)에는 덕원군이 되었다. 조선 왕실의 어향(御鄕)이라 해서 1445년에는 덕원부로 승격되었다. 1895년 부군제(府君制)를 실시하면서 함흥부에 속한 덕원군이 되었다가, 이듬해 13도제를 실시하면서 함경남도 관할로 바뀌었다. 원산에 국가창고를 설치해 경상도 곡식을 바닷길로 운반해 쌓아 두었다가, 관북지방에 흉년이 들면 배로 여러 고을에 보내어 백성을 구휼했다.

　실학자 이중환(李重煥, 1690~1752)은 《택리지(擇里志)》에서 18세기 원산은 상인들이 모여들어 물자가 쌓인 큰 도회지로, 상업으로 자산을 축적해 부유해진 주민들이 많았다고 기록하고 있다. 원산이 일찍이 도시로 성장할 수 있었던 배경은 천혜의 항로와 육로가 있었기 때문이다. 원산항은 육진을 비롯한 동해 포구와 연결되었고, 러시아와 일본으로 진출할 수 있었다. 경흥대로(慶興大路, 한양과 함경도를 잇는 도로)가 18세기 전국에서 몰려든 상인들로 북적거리기 시작했는데, 함경도에서 잡히던 명태 때문이었다. 원산 사람들은 명태로 원산북어라는 시대적 상품을 만들어냈다. 원산북어가 한양에서 날개 돋친 듯 팔리면서, 원산은 상업의 요지로 부상했다. 원산항의 어시장과 육지의 원산장의 주도권을 쥐고 있던 상인은 원산을 거점으로 한반도 동북부에서 활동하던 북상(北商)이었다. 북상은 국내 교역에 그치지 않고 해외로 판로를 넓혀 청나라 상인과 무역을 했다.

근대

한반도 동북부 상업의 요지였던 원산항은 겨울에도 얼지 않는 부동항이어서 근대에는 열강의 각축지가 되었다. 1875년 일본 해군함 운요호가 원산 앞바다를 측량하고 돌아간 이듬해 불평등 강화도조약이 체결되었고, 이를 근거로 일본은 1880년 강제로 원산항을 개항했다. 일본의 수탈에 맞서 원산에서는 전통 신분사회에서 벗어나 만민이 평등한 근대사회로 나아가려는 움직임이 일어났다. 원산에서 불을 지핀 교육과 노동 운동은 전국으로 번져가면서 우리나라 근대화 운동의 전환점이 됐다.

개항기 외세에 대항할 힘을 키우기 위해 원산 주민들이 가장 먼저 한 일은 학교를 세우는 일이었다. 개항장의 시무를 담당할 인재를 양성하기 위해 민관이 힘을 모아 1883년 최초의 근대학교 원산학사가 문을 열었다. 원산학사는 외국 학교를 모방하지 않고 전통 학교를 근대학교로 발전시켰으며 실사구시 정신을 계승해 신인재를 양성하려 했다는 점에서 역사적 의의가 크다.

19세기 후반에서 20세기 초반 유럽과 북미에서 세계여행 붐이 일면서, 원산은 동북아시아의 휴양도시로 부상했다. 1894년 원산을 방문한 영국 지리학자 이사벨라 버드 비숍(Isabella Bird Bishop, 1831~1904)은 《조선과 이웃나라들(Korea and her Neighbours)》에서 원산이 '세계적인 휴양지'가 되리라 전망했는데, 그로부터 40년 뒤 만해 한용운(韓龍雲, 1879~1944)은 기행문 〈명사십리〉(1933)에서 "서양인의 별장 수십 호가 있는데 해수욕의 절기에는 조선 내에 있는 서양인은 물론 일본, 상해, 북평(北平, 베이징) 등지에 있는 서양인들까지 와서 피서를 한다"고 당시 원산의 모습을 그리고 있다.

1914년 경원선(서울~원산) 개통과 함께 국내 관광객도 늘어났다. 원산은 서울 사람들이 즐겨 찾던 피서지로, 금강산으로 들어가는 거점도시였다. 경원선과 함경선(원산~온성)이 차례로 개통되면서 도시화와 산업화가 빠르게 진행되었고, 도시 노동자들은 일제의 부당한 처우에 저항하며 근대적 자아에 눈뜨게 되었다. 1929년 근대사회운동사의 획을 긋는 기념비적인 사건, **원산 총파업**이 일어났다. 부두 항만 노동자들이 일제 수탈에 항의해 파업에 들어가자, 원산 노동연합회 산하의 24개 노동조합이 이에 합류했다. 항일운동단체인 신간회를 비롯해 각지의 지원이 이어지면서 **원산 총파업**은 지역의 노동운동을 넘어

민관이 힘을 합쳐 만든 근대학교, 원산학사의 수업 모습

덕원 성 베네딕도 수도원과 신학교

전국적인 항일운동으로 번져갔으며, 일제강점기 최대 총파업이라는 새 역사를 썼다. 국내뿐만 아니라 일본 노동자들도 동맹파업으로 지지를 보냈다. 일제의 탄압으로 도시가 고립된 속에서도 82일간이나 파업이 이어질 수 있었던 것은 원산 경제가 멈춰선 상태에서 주민에게 생필품을 공급하고 환자를 돌보았던 원산소비조합(1922년 설립)과 원산노동의원(1928년 개원)이 버팀목이 되어주었기 때문이다. 원산노동의원은 노동자들이 기금을 출자해 운영한 최초의 노동자 전문병원으로, 우리나라 의료협동조합운동의 효시가 되었다.

소설 《상록수》의 모델인 농촌계몽운동가 최용신을 배출한 여성 교육의 산실인 루시여학교와 한국 최초의 남성 수도회인 덕원 성 베네딕도 수도원과 덕원

신학교 등 그리스도교계 학교와 수도원이 설립되었다. **덕원수도원**은 동북아시아에서 가장 큰 가톨릭 수도원이었는데 해방 후 강제 해산되는 일을 겪었다. 이후 월남하게 된다. 신고딕 양식의 수도원 건물 중 일부가 6·25 전쟁 때 폭격을 피해 살아남아 **원산 농업대학** 건물로 쓰이고 있다.

현대

해방 이듬해 강원도 소재지로 승격한 원산은 철도 교통을 바탕으로 북한의 지역 균형 발전을 견인할 도시로 부각되었다. 1947년 북한 당국은 원산을 교통과 교육, 문화의 중심지로 육성하겠다는 계획안을 발표했다.

그러나 6·25 전쟁은 원산을 폐허로 만들었다. 전쟁이 일어나기 전 13만 명이었던 인구는 반으로 줄었고 학교와 병원, 주거시설뿐만 아니라 산업의 근간인 공업시설, 교통시설도 집중 폭격을 받았다. 전후 원산은 지역 특성을 살려 명승지, 문화유적지와 조화를 이루는 현대적인 항구도시로 재건되었다. 철도와 항만시설이 복구되면서 1970년대 이후 해양 교통을 기반으로 국제물류의 중심지가 되었다. 만경봉호는 1971년부터 원산항과 일본 니가타항을 운항하며 전자 제품과 기계 제품을 수입하고, 농수산물과 의류를 수출했다. 일본과의 교역량이 늘어나면서 원산은 전후 북한경제의 발전을 상징하는 도시가 되었다. 그러나 2006년 일본과의 무역 교류가 중단되면서, 원산 경제 부흥의 발판이었던 **만경봉호92**도 원산항에 발이 묶였다.

심각한 전력난을 겪었던 원산은 이를 해결하기 위해 중소형 발전소를 잇달아 건설했는데 2009년 **원산청년발전소**에 이어, 2016년 **원산군민발전소**를 준공했다. 원산군민발전소는 자체 기술과 자원으로 림진강(임진강) 상류에 댐을 짓고 동해로 터널을 뚫어 낙차를 이용해 전기를 생산하는 유역 변경식 수력발전소다. 원산의 발전소 건설은 이후 강원도 이천과 고성, 평강, 세포, 회양, 문천 등 6개 지역을 비롯해 함경남도, 함경북도, 자강도 등에서 중소형 발전소를 건설하는 데 선례가 되었다.

원산시 여행

원산시는 역사유적지와 관광명소, 백사장, 식물군락지 등 풍부한 관광자원이 있다. 송도원(松濤園, 송흥동)은 '솔숲이 우거지고 파도가 치는 마을'이란 뜻으로, 장덕산(長德山, 115m)이 병풍처럼 둘러쳐지고 솔숲을 지나 송천벌에 닿는 넓은 해안이다. 솔숲은 약 700년 전 주민들이 해풍과 모래 유출을 막기 위해 심은 방풍림이다. 북쪽의 호도반도와 남쪽의 갈마반도, 섬들에 둘러싸인 광활한 해안가에 송도원 유원지가 자리하고 있다. 물결이 잔잔하고 수심도 1.5~2m로 얕아 해수욕장으로 이용된다. 천 명 이상이 숙박할 수 있는 **송도원 국제소년단 야영소**가 있는데, 약 6,000㎡에 달하는 드넓은 공원에서 매년 4월 중순부터 10월 말까지 국내외 청소년들이 야영 활동을 한다. 국제친선 소년회관, 야외운동장과 실내체육관, 실내수영관, 야외 물놀이장, 야외 활쏘기장, 수족관, 조류사, 동물 박제품 진열실 등을 갖춘 야영소로 리모델링 공사를 마치고 2014년 5월 준공식을 했다.

송도원 **청년야외극장**은 1965년에 건설되어 해방 20돌 경축 공연을 했던 유서 깊은 극장으로 5,000명을 수용한다. 2012년 송도원 안에 문을 연 놀이공원 **원산 해안유희장**은 5만여㎡의 면적에 우주비행선, 비행관, 진동회전반, 회전그네를 비롯한 놀이시설을 갖추고, 롤러스케이트장을 새로 지어 시민 휴식처로 삼고 있다. 또 이곳에는 원산 동물원이 있다. 120여 종 600마리의 동물 중 특히 점박이물범의 묘기가 인기가 있고 이마에 임금 왕(王) 자가 새겨진 조선호랑이가 방문객의 눈길을 끈다. 특히 원산동물원에는 2000년 남북정상회담 때 김대중 대통령이 선물한 진돗개의 후손이 방문객을 반긴다. 송도원 식물원에는 1930년대생인 구상나무 천연기념물 제198호가 있다. 송도원 식물원은 이 나무의 북한계선이다. 또 이곳에는 송도원 기후휴양지가 자리하고 있다. 조선 의학과학원에서 1971년을 전후로 의학기후일기형 연구를 실시했는데, 송도원 일대가 인체에 적정한 기후여서 알레르기성 질병, 심장질환, 신경계통 질환 등에 자연치유 효과가 있다고 한다.

원산 역사박물관이 명석동에 있다. 이 박물관에는 원시사회로부터 3·1운동

송도원 국제소년단 야영소

까지의 자료와 유물을 전시하고 있다. 특히 원산 중평리와 현동리 일대의 구릉지대에서 출토된 청동기시대 유물인 돌촉, 돌도끼, 민무늬토기 등은 원산 선사시대의 발자취를 보여준다. 또 철령에서 출토된 쇠말모형 등의 철제 유물에서는 고구려의 선진 제철 기술을 살펴볼 수 있다. 삼국시대에 창건한 룡공사(龍貢寺, 통천군 백양면)의 금동부처와 범종, 오동향로 등이 전시돼 있다. 고려 오동촛대 국보 유물 제4호가 보존돼 있고 고려 국사나 왕사가 착용한 가사띠고리 국보 유물 제5호가 있다. 1392년 이성계가 왕위에 등극한 것을 기념해 석왕사에 시주한 기념비적인 작품으로 금속공예의 백미인 사자손잡이 달린 향로 국보 유물 제1호, 석왕사 향로 국보 유물 제3호 등이 전시돼 있다.

> 국보 유물 번호: 북한에서는 박물관마다 자체적으로 소장 유물에 번호를 붙인다. 도마다 있는 박물관 어디에서나 '국보 1호'를 소장하고 있다는 뜻이다.

원산 요리는 양념보다는 천연의 맛과 향기를 살리고 신선한 해산물과 채소를 식재료로 쓰는 것이 특징이다. 송도원에 가면 **송도원 돌불고기**가 유명하다. 육즙이 살아 있는 채로 고기를 구워내는 일등 공신은 달궈진 천연 돌판인데, 250℃ 고열을 견디는 돌판은 원산 근해의 두포 앞바다에서 건져온다. 송도원 돌불고기를 먹고

송도원 돌불고기. 원산 여행에서 빼놓을 수 없는 요리이다.

나면 원산 막국수가 식객을 기다린다. 메밀가루를 익반죽해 국수를 뽑고 꿩은 살을 발라 연한 뼈와 같이 다져 양념하고 큰 뼈는 국물을 우려 꿩탕을 만든다. 국수를 국물에 덥혀 꿩탕을 쳐서 낸다. 신선한 해산물과 채소로 만든 또 다른 이색 요리가 미식가를 기다리는데, 원산특산음식전문점인 '친선관'에 가면 원산 잡채를 맛볼 수 있다. 앞바다에서 갓 잡아올린 문어와 섭조개, 대합조개를 데쳐 쫄깃한 당면과 싱싱한 제철 야채를 무쳐 배즙으로 단맛을 낸 원산 잡채는 자극적인 양념보다 신선한 식재료 본연의 맛을 살린 원산 명물이다. 전통음식뿐만 아니라 관광도시에 걸맞게 새 특산 요리도 발굴 개발되고 있는데, 원산 조개밥이 대표적이다. 대합조개살과 찹쌀, 백미, 풋고추, 말린 고추와 생강, 계핏가루를 섞어 조개에 넣어 산야초나 야채에 싸서 쪄낸 요리다. 원재료와 부재료의 혼합 비율, 익히는 시간, 색감 살리기가 이 요리의 비결이라 한다.

원산, 세계적인 관광도시로의 비약을 꿈꾼다

원산시와 그 인근 지역 그리고 금강산까지는, 마식령스키장, 울림폭포, 석왕사, 총석정, 금강산지구를 포괄하는 관광지대이다. 역사유적과 관광명소, 자연호수, 해수욕장, 치료 효능이 있는 광천자원과 감탕(머드)자원 등 특색 있는 관광자원이 풍부하다. 2008년 금강산관광이 중단된 뒤, 북한이 독자적으로 국제관광단지로 개발하고 있다. 송도원 해수욕장과 명사십리 등 해안지역은 여름 휴양지로, 마식령 일대는 겨울 종합레저타운으로 건설해 사계절 내내 방문하는 종합휴양도시로 개발한다는 계획을 세웠다. 이를 위해 2011년 '금강산국제관광특구법'을 채택하는 등 관련법을 개정해 외국 자본을 유치하고, 기반시설을 구축하는 추진안이 나왔다. 이에 따라 원산에서 25km 떨어진 법동군에 다양한 스키 코스를 갖춘 마식령스키장이 2014년 개장했다. 또 2015년 원산갈마국제비행장 확장공사를 마친 기념으로 원산국제친선항공축전 행사를 열었다.

2019년 코로나19 사태 등으로 자재 수급에 차질이 생기면서 공사가 중단되는 어려움을 겪기도 하였으나, 이후 다시 재개하여 2024년 12월에 공사를 마쳤다. 원산항 여객 부두 확장공사를 마쳤으며, 평양과 원산, 함흥과 원산, 갈마비행장과 마식령스키장 등을 잇는 도로망도 확충하고 있다. 도시 전체를 재개발하는 사업에 착수해 상대적으로 낙후되어 있던 원도심 일대를 관광 문화

예로부터 명성이 높았던 명사십리. 최근 해안 휴양도시 개발 사업을 마치고 본격적으로 운영 준비중이다.

의 중심지로 재개발하였다. 갈마반도지구는 과학기술과 국제교류, 문화관광 부문에 중점을 두고 개발하였으며 해안광장구역과 휴양구역1과 2로 나누고 해수욕장, 다양한 체육시설과 레저시설을 갖추었다. 2025년 6월부터 본격적으로 운영할 예정이다.

북한은 앞으로 금강산관광지구와 갈마해안관광지구를 연결하는 관광문화지구를 잘 꾸리며 삼지연지구의 산악관광을 비롯해 다른 지역들의 관광자원도 적극 개발하여 지방경제 발전과 주민 생활 향상의 물질적 토대를 다지겠다고 향후 발전 구상을 밝혔다.

산업

원산~금강산 국제관광지대 개발이 핵심 현안으로 떠오르며, 산업구조도 관광 수요를 뒷받침할 수 있는 생활필수품과 식료품을 비롯한 경공업 분야의 수요가 높아지고 있다. 이에 부응하기 위해 채소와 공예작물의 경작지를 늘리고, 축산과 양어의 순환식 생산체계를 구축해 축산물과 해산물의 생산을 높이고 있다.

농림어업

① 농업

원산 농업의 특징은 채소와 공예작물의 비중이 높다는 점이다. 곡물은 벼와 옥수수, 콩, 밀보리 등을, 채소는 배추와 무, 가두배추(양배추), 가지, 시금치, 오이, 감자, 고구마, 도마도(토마토) 등을 주로 재배한다. 원산 농업종합대학이 중심이 되어 선진 영농기술을 받아들이고 기후와 풍토에 맞는 우량품종을 개발해왔다. 특산물인 '원산큰도마도', '온실단참외'를 비롯해 '큰씨수박', '체리도마도', '대추도마도', '무수정오이' 등 새 품종을 무공해 토양식 온실에서 육종하고 있다. 최근에는 농마(녹말) 함량과 생산성이 높은 새 감자 품종을 개발했다. 채소 수요가 날로 높아져 송천 협동농장을 전문남새(채소)농장으로 개편해, 계단식으로 채소를 심고 분수식 관수체계를 갖추어 사시사철 신선한 채소를 재배한다. 시루봉 협동농장, 중평 협동농장, 세길 협동농장도 남새전문협동농장으로 전환했다.

온화한 기후로 인해 과수 농사에 유리해 배, 감, 복숭아, 사과, 추리(자두), 살구 등을 생산한다. 이름난 배 원산지로, '원산배'와 '약수배'는 특산물이다. 감은 **현동 협동농장, 중평 협동농장, 남천 협동농장**에서 많이 재배한다.

1967년부터 야산에 호두나무를 심기 시작해 약 17여㎢의 호두나무밭이 조성되었다. 특산물인 '원산호두1호'는 해안지대에서 재배되는데 병충해와 내한성이 강하다. 삼태리에 **원산 호두재배사업소**가 있다.

공예작물은 주로 들깨, 팔월풀(국화과의 여러해살이풀로, 사탕수수 대용 작물), 약초, 역삼(기름의 재료), 박하 등을 생산한다. **현동 남새전문협동농장**에서는 5월에 유채를 심어 식용유를 만든다.

경사지를 일구어 뽕밭을 늘리며 잠업이 발전했다. 석현동, 세길동, 신성동 일대에서 누에고치를 생산한다. 뽕나무 '원산3호'는 원산 특산물로, 내한성이 강해 봄에 잎이 일찍 나서 '봄어린누에'를 먹인다.

최근 원산에서는 토지개량사업이 진행되고 있다. 화학비료를 써서 생산량을 늘리던 기존의 농법은 토지의 산성화를 불러와 지력이 약화하는 부작용을 낳았다. 산성 토양을 중화시키기 위해 유기질비료를 생산해 유기농법으로 농사를 짓게 되자, 땅의 지력과 토양의 유기물 함량이 높아졌다고 한다. 유기농법이 농업생산을 지속적으로 발전시킬 수 있음을 보면서, 원산에서는 유기농법이 확산하고 있다.

해양관광도시로 일신하기 위해 최근 화훼농업이 새롭게 부상하고 있다. 아름다운 장미로 화단을 꾸미고 가꾸는 사업에 힘을 쏟고 있다. **원산시 화초사업소**가 온실에서 새 품종의 장미를 생산하여 공급하고 있다. 새 품종의 잔디도 심고 있다.

원산은 구릉이 많은 지형적 특성으로 축산업이 발달했다. 주로 소, 돼지, 닭, 토끼, 오리, 양, 염소를 기른다. 적천동에 닭과 오리공장이 있고 석현동에는 젖소목장이 있다. 시루봉 협동농장에서는 소와 돼지를 기르고, 룡천 협동농장, 중평 협동농장, 세길 협동농장에서는 토끼를 주로 기른다. 특히 원산에서 육성한 '조선반기는털양'은 코리데일양을 이곳 기후풍토에 맞게 개량한 양 품종이다. 생활력과 내병성이 강해 전국 각지에 퍼져 있다. 털 생산량은 한 해에 수컷은 6~13kg, 암컷은 3.5~5kg이다. 원산목장에서는 염소를 길러 염소 젖 가공 제품을 생산한다. 수의방역소(관풍동)에서 축산기술 지도와 수의 예방을 하고 있다.

원산은 최근 축산과 양어의 순환식 생산체계를 구축하고 있다. 곡물 사료 부족 문제를 해결하기 위해 단백질 함량이 풍부하고 번식이 빠른 큰단백풀(천남성목에 속하는 아열대성 수생식물)을 못이나 저수지에서 대량 재배해왔다. 이를

2021년 준공된 원산 양어사업소

닭 사료로 이용하는 한편 닭 배설물을 큰단백풀과 함께 가공해 돼지 사료와 양어 먹이첨가제로 개발한 결과, '큰단백풀~닭~돼지~물고기'의 순환식 생산체계가 이루어졌다. 이 결과 종전보다 곡물 사료 소비량을 크게 줄이면서도 고기와 알, 물고기의 생산량은 늘어났다고 한다. 또한 큰단백풀을 재배하는 못에서 파낸 감탕(곤죽처럼 된 진흙)은 질 좋은 유기질비료로서 곡물과 채소에 거름으로 활용된다. 최근 원산의 협동농장은 큰단백풀 재배장을 크게 늘리고 있다.

② **수산업**

한류와 난류가 교차하는 원산만은 북한의 주요 어장으로 겨울에는 명태가, 여름에는 정어리가 많이 잡힌다. 수산물 생산량의 90% 이상을 차지하는 원산 수

원산제염소 전경

산사업소(해안동)는 원해어업과 근해어업을 병행하고 있는데, 대형냉동공장과 수산물 가공공장뿐만 아니라 자체의 선박수리 기지를 갖춘 대규모 수산기지이다. 명태와 가재미(가자미), 청어, 홍어, 멸치, 굴, 해삼 등을 주로 잡는다. 갈마세소어업사업소(해안동)는 송어, 홍어 등을 잡고 원산만의 얕은 바다에서 다시마, 파래 등을 양식한다. 이 밖에 원산 수산협동조합, 명사 수산협동조합, 삼봉 수산협동조합, 장덕 수산협동조합이 원산 앞바다에서 어업활동을 한다. 민물고기를 양식하는 양어사업소(룡천리)에서는 초어, 황협어, 붕어, 잉어 등 20℃ 이상의 따뜻한 물에서 자라는 온수성 물고기를 기른다. 2021년에는 칠색송어를 주로 양어하는 원산 양어사업소가 건설되었다. 2022년에는 갈마 바닷가 양식사업소가 준공되었는데, 섭조개 양식장과 참미역 양식장, 가공장과 축양장(畜養場) 등에는 현대적 설비가 갖춰져 있다.

원산제염소(천내군 염전리, 금야강(용흥강) 하구)는 강원도 소금 생산지휘부가 주도하는 사업으로, 합리적인 기술 혁신안을 도입해 2019년에는 수천m의 방조제 공사를 진행했다. 얼굼법(지층을 일시적으로 얼려서 물이 빠지는 현상을 막고 강도를 높이는 개선법)에 의한 짠물 생산법을 도입하는 한편, 소금밭 면 고르기 등에 힘써 하루 최고 수백 톤의 소금을 생산한다.

경공업

① 일용품 공업

철제일용품과 합성수지일용품, 목재, 문화용품, 화장품 등 다양한 생활용품을 생산하고 있다. 이 가운데 철제와 수지일용품이 큰 비중을 차지한다.

원산 영예군인수지일용품공장은 1952년에 창설된 원산의 대표적 기업으로,

칫솔과 부엌 세간류를 비롯해 각종 합성수지제품을 생산한다. 원자재의 국산화와 재자원화를 이루고 기술혁신을 도모하고 있다. 원산 철제일용품공장은 도금공정에서 로봇과 무인조종 운반차 등을 가동해 전자동화를 실현했다. 원산 유리병공장과 원산 철공생산협동조합도 기술혁신을 통해 상품의 질을 높이고 있다. 2023년에는 매봉산 의료용소모품공장이 준공되었다.

② **식료품 공업**

식료공업은 경공업의 약 30%를 차지한다. 양곡을 가공하는 원산 곡산공장과 밀가루를 가공하는 원산 제분공장 등이 있다. 부식류는 장류 생산과 수산물 가

원산시 광공업 현황 (2023년 12월 기준)

	업종	기업 수(개)
경공업	가구, 목재, 종이 및 잡제품	4
	섬유의류	15
	음식료품 및 담배	22
중화학공업	1차 금속	5
	건재	1
	기계	4
	수송기계	8
	전기전자	4
	화학	6
광업	비금속광물광산	2
에너지	수력발전	2
	합계	76

출처: KIET 북한 산업·기업 DB

공이 큰 비중을 차지한다. 원산 장공장은 간장과 된장, 기름, 고추장 등 기초 부식품을 생산한다. 수산물 가공기지인 원산 수산사업소에서는 1만 톤의 수산물을 저장할 수 있는 냉동공장과 수산물 가공공장이 있어 절임품과 젓갈류, 말린 수산물 등 가공품을 생산해 전국에 공급한다. 원산 맥주공장(평화동)은 강원도에서 가장 큰 음료 생산공장이다. 관광객 수요에 맞추어 사이다, 맥주 등 음료와 과일통졸임, 원산술, 송도원술, 금강술 등 수십 가지의 식음료 제품을 생산한다. 원산 담배공장(원남동)은 강원도에서 생산되는 잎담배를 원료로 다양한 담배를 생산하고 있다. 원산은 예로부터 유명한 샘물들이 있어, 대화봉 샘물공장과 매봉산 샘물공장이 있다.

각 도에 대표적인 종합식료공장을 건설해 식생활의 질을 높이려는 정책에 따라, 송도원 종합식료공장이 2010년 1월에 창설되었다. '인민들이 선호하는 소비품'을 위주로 150여 가지의 다양한 당과류와 식료가공품을 생산해 전국에

송도원 종합식료공장 작업 모습

원산 구두공장 작업 모습

서 손꼽히는 식료가공기업으로 성장했다. 기업 안에 과학기술보급실을 두고, 기술혁신에 참여할 수 있는 지식형 근로자로 재교육하는 프로그램을 운영한다.

③ 방직, 피복 공업

원산 애국피복공장(해안동)은 기계화를 통해 한 해에 백만 벌의 옷을 생산하고 있다. 원산 방적공장(복막동)은 스프(인조섬유, 스테이플 파이버staple fiber)와 비날론솜 등을 원료로 혼방실과 스프실을 생산한다. 원산 수출피복공장은 1974년에 설립되어 1992년에 개건 확장하고 생산공정의 자동화를 실현했다. 원산 양말공장과 원산 편직공장도 2020년 공장 시설과 설비를 현대적으로 재건했다.

2024년에는 원산 학생교복공장을 준공했다.

④ 신발 공장

원산 구두공장은 대중의 수요에 부합하는 기술혁신을 통해 2007년 연간 백만 켤레의 구두를 생산하는 기업으로 성장하며 북한 경공업의 발전 모델로 떠올랐다. 원자재를 국산화하고 공장 현대화에 성공하면서 제품의 질을 높여 전국적인 주문생산 체계를 갖추었다. 기업 브랜드인 '매봉산'은 2019년 최우수 제품상을 수상했다. 종업원의 절반에 해당하는 노동자들이 원격교육을 통해 과학기술 재교육을 받고 있다. 2024년에는 원산 학생신발공장을 준공했다.

북한은 최근 경공업 분야에서 생활필수품의 양과 질을 높이기 위해 '인민소비품전시회'를 열고 있다. 원산시의 기업들도 매년 전시회에 출품해 좋은 반응을 얻고 있다. 최근에는 재자원화 사업이 사회의 주요 이슈가 되어 재생 상품의 종류가 늘어나고 질이 개선되었다는 평가를 받았다. 2023년에는 원산 신발공장과 원산 영예군인수지일용품공장, 송도원 종합식료공장의 상품들이 호평을 받았다.

중공업

① 기계 공업

6월4일차량종합기업소(복막동)는 북한 최대의 수송 차량 생산기지이다. 60톤급과 125톤급 화차와 냉동차, 유조차, 객차, 골재 운반차, 세멘트차(레미콘) 등 특수차량을 제작한다. 원산 철도차량련합기업소(해안동)는 북한 최대 철도 생산공장이다. 원산 뜨락또르(트랙터)부속품공장은 연료펌프차를, 원산 충성호뜨락또르공장은 8마력 트랙터를, 원산 원동기공장에서는 농기계를 주로 생산한다. 원산 기계공장(복막동)은 현대 설비와 기술로 재건 확장공사를 통해 오늘날은 북한에서 손꼽히는 대규모 기계공장으로 발전했다. 통풍기와 가열기, 콘베아(콘베이어) 등을 생산한다. 금강 원동기 합영회사는 농기계용 원동기 전문제작 공장이다. 원산 통신케블공장은 원산지역의 체신 현대화를 추진하고 있으며, 원산 통신기계수리공장은 2020년 설비와 공정을 현대화하는 재건축공사를 했다.

② **화학 공업**

화학공업은 원산시의 주요 공업이다. 특히 돌솜 제품(사문암이나 각섬암이 변하여 섬유 모양으로 된 것)과 크롬(Cr) 제품은 북한에서 손꼽힌다. 원산 **화학공장**(장촌동)에서 돌솜 제품과 크롬 제품, 사진 인화지, 감광지 등을 대규모로 생산한다. 함흥과 청진 등의 화학공장과 생산 연계를 하며 큰 규모의 화학공장으로 발전하고 있다. 원산 가성소다공장은 기술혁신을 통해 다양한 화학제품을 생산한다.

③ **조선업**

원산조선소는 1만 톤급 대형 선박을 건조하는 기지로, 남포조선소와 함께 북한 조선업을 주도하고 있다. 원산~함흥 간 유람선과 1만4천 톤급 절임가공선 '룡남산호'를 건조했다. 큰 구조물들을 지상에서 완전히 조립해 선체 위에 얹는 지상확대식 조립 방법으로 선체의 대형화를 실현하고 있다.

현동공업개발구

지역별 특성에 맞는 자체 개발구를 만든다는 계획에 따라, 원산에서는 현동리 일대를 현동공업개발구로 지정해 해외 투자를 유치하고 있다. 원산항과 원산갈마국제비행장이 가깝고 평양~원산고속도로가 있다는 교통 인프라의 이점을 살리면서, 인근 원산발전소에서 생산되는 풍부한 전력을 바탕으로 경공업과 정보산업을 중심으로 관광기념품 생산업을 결합하려 한다.

상업

원산에는 공식적으로 신흥시장, 갈마시장, 율동시장, 세길시장 등 4개의 시장이 있다. 갈마시장은 원산의 최대 상설시장으로, 2015년 지붕을 설치하고 현대식 건물로 개조했다.

교육

최초의 근대학교가 세워진 원산은 오늘날 유수의 교육기관이 있는 교육도시가 되었다. 북한은 전반적 12년제를 채택하고 있다. 유치원 1~2년, 소학교 5년, 초급중학교 3년, 고급중학교 3년까지 의무교육을 받는다. 시에는 봉춘유치원, 평화유치원, 덕성유치원 등 105개의 유치원과 182개의 탁아소가 있다. 2015년에는 원산육아원과 원산애육원이 새로 문을 열었다. 또 특수교육기관인 롱아학교(농아학교)가 락수리에 있다. 갈마 소학교, 개선 소학교, 광석 소학교, 명석 소학교, 률동 소학교, 삼봉 소학교, 양지 소학교, 와우 소학교, 원산 소학교, 해안 소학교를 비롯해 27개의 소학교가 있으며, 원산제1중학교와 갈마 초급중학교, 봉수 초급중학교, 상동 초급중학교, 한병남 초급중학교, 복막 고급중학교, 석우 고급중학교, 석우 기술고급중학교, 원산 고급중학교, 상동 고급중학교, 영웅 해안고급중학교, 전진 고급중학교, 포하 고급중학교를 비롯해 36개의 중학교가 있다.

최근 북한은 학생의 재능을 개발하는 교육개혁을 추진하고 있다. 숙제 없는 방학을 시작한 데 이어, 특별활동과 견학을 권장하고 있다. 고급중학교도 다채로운 방학 활동에 힘쓰고 있는데, **상동 고급중학교**는 지역 관광지인 원산갈마해안관광지구와 양덕 온천문화휴양지 방문을 장려하고 있다. 6·1국제아동절을 명절로 정해 탁아소, 유치원 어린이들을 위한 행사를 열고, 해양체육월간인 7~8월에는 청소년들이 송도원 해수욕장에서 수영과 수구 등 다채로운 해양체육활동에 참가하도록 하고 있다.

원산육아원과 원산애육원 전경

종합대학을 포함 10개의 대학이 있는데, 교육·교통·수산업·물류도시로서의 원산의 정체성을 보여준다. 경제교육의 총본산인 **정준택 원산경제대학**은 평양경제대학과 함께 북한의 양대 경제전문대학이다. 5년 6개월 과정으로, 정경제학부, 노동행정학부, 상업경영학부, 계획경제학부, 자재공급학부가 있다. 전후 경제 재건을 이끈 정준택(鄭準澤, 1911~1973)을 기려 1990년 원산경제대학을 정준택 원산경제대학으로 이름을 바꾸었다. 정준택은 경기도 부평 태생으로 정무원 부총리를 지내며, 나라의 근간인 중공업을 우선하면서도 지역경제를 뒷받침할 경공업을 동시에 발전시키는 정책을 펴며 북한의 자립경제 노선을 수립한 인물이다.

1949년 북한 최초의 농업전문대학인 **원산 농업대학**(2009년 종합대학으로 승격)

원산 농업대학 모습. 앞쪽 건물은 토양식 무공해 온실.

이 세워졌다. 교내외에 수십 정보의 교재림을 심어 자연식물원을 방불케 하는 숲을 조성했다. 원산에는 대형 수산업 기지가 있어 해양자원의 보호와 증식을 위한 대학의 역할도 커지고 있다. 원산 수산대학에서는 2020년 동해에서 뱀장어를 인공 번식하고 해초류와 조개, 해삼 등을 혼합 양식하는 기술을 개발했다. 원산 의학대학은 대학병원과 강원도 인민병원과 실습과정이 연계되어 있다. 이외에도 리수덕 원산교원대학(구 원산교원대학), 원산 사범대학, 원산 공산대학, 원산 차량단과대학, 원산 경공업단과대학, 원산 전자자동화단과대학이 있으며 주경야독하는 조군실 원산공업대학(공장대학)이 있다.

또 수산업의 과학화와 현대화를 실현하는 동해수산연구소를 비롯해 농업과학원 원산분원, 산림과학원 원산분원, 식물학연구소 원산분소, 철도전기화연구소, 강원도 기상수문관측소 등 과학연구기관이 있다.

인물

작가 **최인훈**(崔仁勳, 1936~2018)은 함경북도 회령에서 태어났으나 원산에서 학창 시절을 보냈다. 그 경험을 투영해 소설 《광장》과 《화두》 등을 집필했으며, "통일보다 재통일이 더 위대하다"는 말을 남겼다.

소설가 **이호철**(李浩哲, 1932~2016)은 갈마초등학교와 한길중학교를 졸업한 원산 현동리 태생으로, 〈판문점〉 등에 실향민의 삶을 녹여내어 분단문학의 새로운 가능성을 연 작가로 평가된다.

음악가 **김원균**(金元均, 1924~2002)은 '피바다 가극단' 총장과 조선음악가동맹 중앙위원장, 조선민족음악위원장을 역임한 북한의 대표적 음악가로, 가극 〈지리산〉과 〈금강산의 노래〉의 주제곡을 작곡했다.

교류협력

여러 지방정부에서 북한 도시와 교류하기 위한 현실적이고 추진 가능한 구상안을 제시했다.

경상북도는 2020년도에 울릉도를 '남북해양교류특구'로 지정하고 포항과 울릉도 사이를 운항하는 관광 크루즈선의 항로를 확대해, 울릉도와 원산 간의 항로를 열겠다는 구상안을 내놓은 바 있다.

두 가지 사업을 더 살펴본다.

동해선 도로 현대화사업

2018년 남북정상이 만나 공동번영을 꾀하는 경제공동체 구상을 논의한 '4·27 판문점선언'에 따라 같은 해 6월 28일 남북도로협력 분과회담이 열렸다. 고성에서 원산에 이르는 '동해선 도로 현대화사업'은 회담 의제 중 하나였다. 동해선 도로 구간에 대해 공동 조사를 선행하기로 합의하고, 같은 해 12월 21일 남한 조사단이 서울에서 출발해 강원도 고성에서 원산까지 2박 3일에 걸쳐 동해선 북한 지역 약 100km 구간을 북한 관계자와 함께 둘러보며 도로의 노면 상태 등을 조사했다. 동해선 도로 조사는 남북이 공동으로 진행한 첫 조사라는 점에서 의의가 있다.

그러나 남북관계가 경색되면서 북한은 2024년 10월 15일 남북협력의 상징으로 남북을 이어주었던 동해선 도로와 철도를 폭파했다. 폭파 지점은 동해선 군사분계선에서 북쪽으로 약 10m 떨어진 국경 인근으로, 면적은 폭이 20m인 왕복 2차선 도로를 따라 길이는 약 60~70m로 전해졌다. 북한은 11월 2일 폭파한 도로 뒤에 약 11m 토성을 쌓고, 그 앞에 전차 기동 차단을 위한 대전차구를 만들었다.

춘천시와 원산시의 협력, '춘천-원산포럼'

2018년 지방정부 차원의 남북경제통합지대 구상안이 제기되는 가운데, 춘천시는 기초자치단체 간의 협력구상안을 전국에서 처음으로 제안했다. 2018년 10월 30일 춘천시는 춘천시청에서 기자간담회를 열고 북강원도 원산과 자매도시 결연을 맺어 지방정부 차원의 교류를 추진할 계획을 밝혔다. 춘천시와 원산시는 남북 강원도의 행정 중심지인 수부(首府)도시라는 공통점이 있다.

평창올림픽을 앞두고 2018년 2월 남북 스키선수단이 마식령스키장에서 공동 훈련을 하는 등 남북화해 분위기가 조성됐다. 춘천시는 관련 조례를 제정하고 자체적으로 남북교류기금을 조성해 제도적 기반을 마련하는 한편, 학술모임인 '춘천-원산포럼'을 창립해 원산시와 협력할 수 있는 모델을 개발했다.

2019년 11월 28일 첫 '춘천-원산포럼'을 시작으로 2023년 12월 13일 제5회 '춘천-원산포럼'에 이르기까지 일 년에 1~2회 꾸준히 정기 포럼이 열려 춘천과 원산 간의 도시협력 방안이 다층적으로 논의되었다.

북쪽 동무들

권태응(權泰應)

북쪽 동무들아
어찌 지내니?
겨울도 한 발 먼저
찾아왔겠지.

먹고 입는 걱정들은
하지 않니?
즐겁게 공부하고
잘들 노니?

너희들도 우리가
궁금할 테지.
삼팔선 그놈 땜에
갑갑하구나.

— 1948년

강원도

세포군
洗浦郡

세포군(洗浦郡)은 북한 강원도 중부에 자리한 산간지역으로, 서울과 원산을 잇는 추가령 구조곡의 등마루에 있다. 마식령산맥과 광주산맥이 마주하고 있어 산림의 비중이 높지만, 세포고원은 비교적 평탄해 드넓은 초원에는 대규모 방목지가 조성되었다. 추가령 구조곡의 가장 협소한 구역인 삼방협곡에는 삼방폭포, 삼방약수, 검불랑 등 명승지가 있다. 세포군의 중심부를 분수령으로 안변 남대천과 림진강(임진강), 북한강의 지류가 여러 방향으로 흐른다. 강원도에서 가장 춥고 바람이 많이 불며, 비와 눈이 많이 오는 다우지역이자 다설지역이다.

동서를 잇는 횡단열차 청년이천선과 남북을 잇는 종단열차 강원선이 만나는 세포군은 북한 동부와 서부를 이어주는 교통의 요지이다. 세포군 남부의 고원 지대에는 북한 최대의 축산기지인 '세포등판'이 조성돼 있다. 산지가 많아 곡물 생산에 어려움이 있는 지역이었는데, 이러한 변화 속에서 농축산업과 임업이 순환생산체계를 이루고 있다. 종합생산지령실이 운영되며, 축산 분뇨는 에너지자원으로 회수돼 주택 난방 등에 활용된다. 우량품종의 가축 종자를 얻기 위한 종양장과 종우장, 종축장 등이 모여 있다. 향후 세포축산단지와 남북 축산벨트가 이어진다면, 축산업과 관련 제조업뿐만 아니라 근거리에 있는 원산~금강산 국제관광지대를 연결하는 관광산업과 융합해 복합산업단지로 발전할 수 있는 잠재력이 있다.

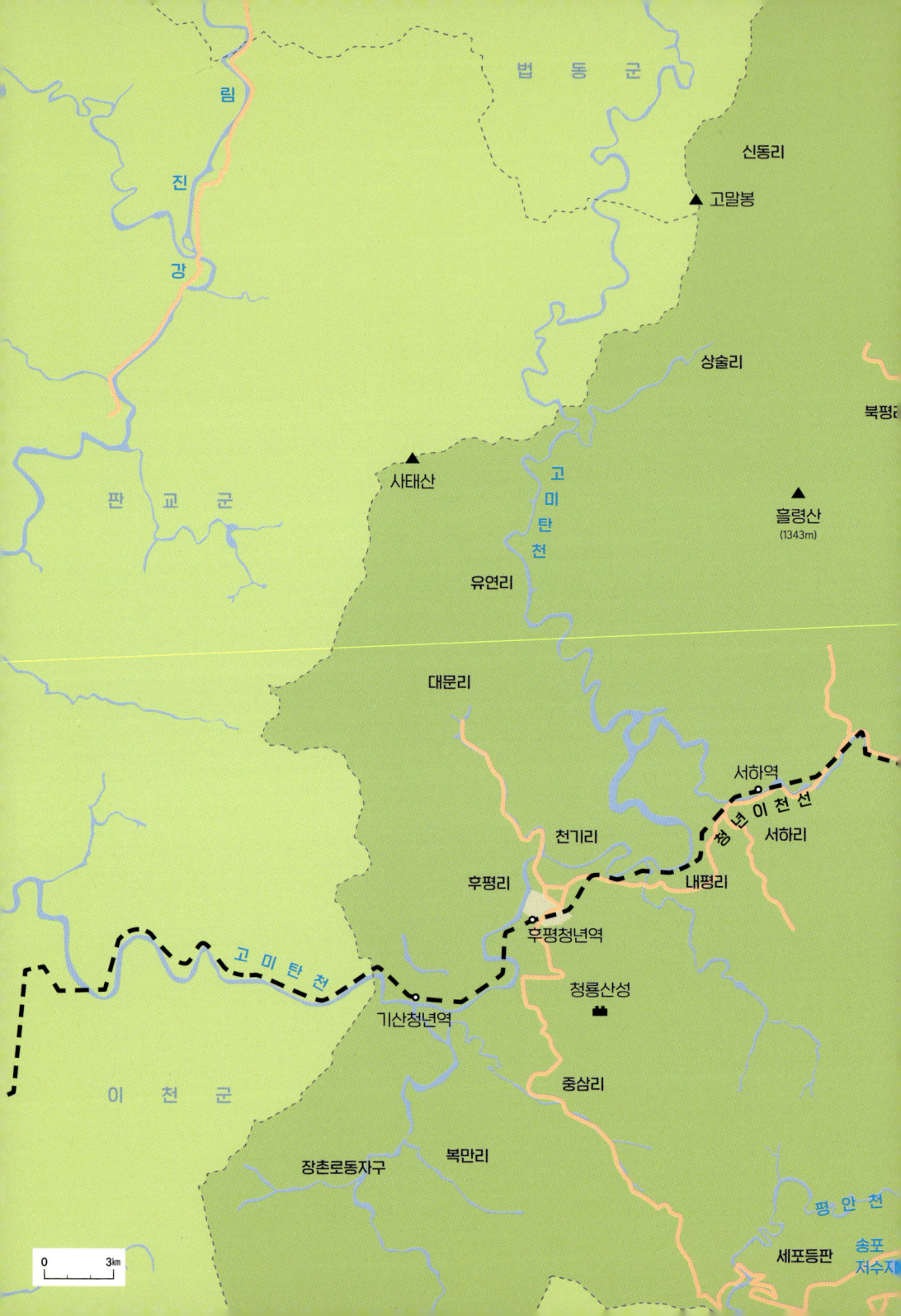

위치와 지형

세포군은 강원도 중부에 자리한 산간지역으로, 추가령 구조곡 선상에서 중북부에 위치한다. 추가령 구조곡은 마식령산맥과 광주산맥 사이에 발달한 큰 골짜기로 산맥과 나란한 방향으로 160km 이어진다. 마식령산맥을 따라 최고봉인 추애산(楸愛山, 1,528m)을 비롯해 흘령산(屹靈山, 1,343m), 마상산(麻桑山, 1,124m) 등이, 광주산맥을 따라 림암산(林巖山, 1,202m), 청하산(靑河山, 1,188m) 등이 솟아 있다. 200m 아래의 낮은 구릉이나 벌판은 거의 없고 400~1,000m의 산지가 압도적으로 넓은 면적을 차지한다. 급경사지가 절반 이상에 이르지만, 세포군의 남부에는 평강고원과 이어지는 비교적 평탄한 용암대지 세포고원이 있다. 이 고원에는 북한 최대의 축산업 단지 '세포등판'이 조성돼 있다. 현무암 대지에 있는 세포읍의 해발고도는 548m이다.

북쪽은 고산군, 법동군과, 서쪽은 판교군과, 남쪽은 평강군, 김화군과, 동쪽은 회양군과 닿아 있다. 세포군 인민위원회가 있는 세포읍의 위치는 동경 127° 21′, 북위 38°39′이다. 면적은 956.057㎢로, 강원도에서 금강군 다음으로 넓다.

하천의 굴곡이 심하고 강바닥 물매가 급하며 유속이 빠르다. 안변 남대천(安邊南大川, 유역 면적 857㎢)과 북한강 지류인 개동연천(個東延川, 유역 면적 218.4㎢), 림진강(臨津江, 임진강)의 지류인 고미탄천(古味呑川, 유역 면적 1,088㎢)과 평안천(平安川, 유역 면적 404.5㎢) 등이 여러 방향으로 흘러간다. 안변 남대천은 검불랑에서 발원해 추가령 구조곡을 따라 북으로 흘러 동해로 향한다. 고미탄천과 평안천은 남서쪽으로, 개동연천은 남동쪽으로 흘러 남한 지역으로 유입된다.

추가령 구조곡(楸哥嶺構造谷)

추가령은 강원도 세포군 대곡리와 삼방리 사이에 있는 해발 600m의 고개로, 이곳을 중심으로 남남서~북북동 방향으로 한반도를 가로지르는 추가령 구조곡이 뻗어 있다. 신생대 말기에 화산 운동으로 지표면의 갈라진 틈에서 마그마가 분출하면서 철원~평강 용암대지가 형성되었다. 이 용암은 마식령산맥과 광주산맥 사이의 골짜기를 따라 북쪽으로는 안변 남대천을 따라 강원도 고산군까지, 남쪽으로는 한탄강과 림진강을 따라 경기도 파주시 파평면 일대까지 흘러내렸다. 추가령 구조곡 북부에는 안변 남대천이 파놓은 협곡을 따라 양쪽에 약 300~500m 높이의 벼랑이 이마를 맞대고 서 있는데, 폭이 좁은 곳은 20m에 불과하다. 삼방협곡은 구조곡에서 가장 좁은 골짜기로, 이러한 지형적 특성으로 인해 통행인을 검문하는 초소가 있었다. 근대에 이 구조곡을 따라 경원선이 개통되었다.

세포고원의 방목장 모습

🟫 세포고원

'강원도의 지붕'으로 불린다. 추가령 구조곡이 형성된 후 성산, 검불랑 일대에서 흘러나온 현무암이 덮여 이루어진 현무암 대지이다. 고원의 남북 길이는 약 27km, 동서 길이는 6km, 해발고도는 540~650m이다. 강우량과 강설량이 많고, 기온이 낮은 것이 특징이다. 예전에는 불모의 황무지였으나, 오늘날은 토지개간사업을 통해 대규모 축산단지가 조성되었다.

기후

대륙성 기후의 특성이 뚜렷해서 연교차와 일교차가 크다. 그러나 여름과 초가을에는 일교차가 작고 비가 많이 내린다.

연평균기온은 6°C로, 강원도에서 제일 낮다. 해발고도가 높아서 여름에도 기온이 낮다. 가장 추운 달인 1월 평균기온은 -10.7°C로, 강원도에서 제일 춥다. 가장 더운 8월의 평균기온은 20.5°C, 대관령면의 8월 평균기온 19.7°C와 비슷하다. 세포군 기온 연교차는 31.2°C로 겨울철과 여름철의 기온 차이가 심하다. 연강수량은 1,491㎜로, 강우량과 강설량이 많은 다우 및 다설 지역이다. 안개가 끼는 날이 많다.

남서풍이 우세하며 한 해 평균 풍속은 3.6㎧로, 강원도에서 바람이 가장 세게 부는 지역이다. 세포고원은 봄과 가을에는 건조한 내기바람(산비탈을 따라 세게 불어 내리는 바람)의 통로가 된다. 여름에는 바다로부터 차고 누진 샛바람이 삼방협곡을 따라 내륙 깊숙이 불어 들어오기도 한다. 풍해를 막기 위해 제방을 쌓고 방풍림을 조성했다.

참고자료 평강군 기후 그래프 (1991~2020년)

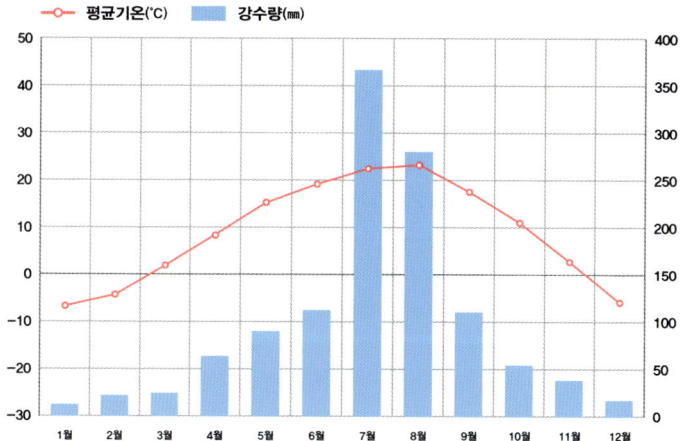

	30년 평균	2023년
연평균기온(°C)	9.1	10.3
최한월(1월) 평균기온	-7.0	-7.2
최난월(8월) 평균기온	22.9	24.2 (7월)
연교차	29.9	31.4

	30년 평균	2023년
연강수량(mm)	1211.9	1531.4
여름 강수량 (6, 7, 8월)	771.1	974.0
겨울 강수량 (12, 1, 2월)	56.8	78.9
평균 풍속(m/s)	1.7	1.3

출처: 대한민국 기상청 〈북한 기상 연보〉

해방 당시 세포면은 평강군 관할 아래 있었다. 세포군 지역의 최근 기후 자료를 구하지 못하므로 평강군의 자료를 참고한다.

행정구역과 인구

1952년 12월 군·면·리를 통폐합할 때 신설된 군이다. 당시 평강군 세포면, 유진면 전체와, 회양군 란곡면 중 7개 리, 안변군 신고산면 중 3개 리를 합쳐

세포군 인구 현황 개괄 (단위: 명)

인구수	남자	여자	도시	농촌
61,113	28,697	32,416	15,949	45,164

출처: 2008년 북한 중앙통계국 발표 인구 센서스

세포군 인구 피라미드

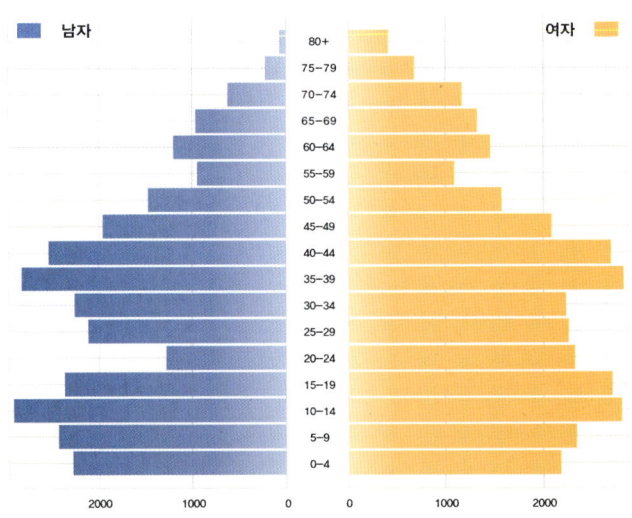

* 위 인구 피라미드는 2008년 북한 중앙통계국 발표 인구 센서스 자료를 바탕으로 연령대별 인구를 추산하여 작성한 것으로 참고용이다.

1개의 읍과 19개의 리로 구성되었다. 세포읍의 이름을 따라 세포군이 되었다. 이때 안변군 신고산면의 삼방협리, 삼방리, 청학리를 병합해 하나의 삼방리로 만들었다. 2001년에 평강군의 복만리, 장촌로동자구, 정동리, 송포리, 기산리, 중삼리가 세포군으로 편입되었다.

행정구역은 1읍(세포읍), 1구(장촌로동자구), 28리로 편제돼 있다. 장촌로동자구는 예로부터 돌담이 많은 마을로 담[墙]촌이라 하다가, 한자로 표기하면서 장촌(墻村)이 되었다. 린회석(인회석) 광산이 개발되면서 산간 소도시로 성장해 1984년에 장촌로동자구로 승격했으며, 2001년에 평강군에서 세포군으로 이관되었다. 28개 리는 **귀락리**, 기산리, 내평리, 대곡리, 대문리, 리목리, 백산리, 복만리, 북평리, 삼방리, 상술리, 서하리, 성산리, 성평리, 송포리, 신동리, 신생리, 약수리, 오봉리, 원남리, 유연리, **유읍리**, 정동리, 중삼리, 중평리, 천기리, **현리**, 후평리이다.

세포군 인구는 2008년 현재 6만 1,113명이다. 남자는 2만 8,697명, 여자는 3만 2,416명이다. 도시는 1만 5,949명, 농촌은 4만 5,164명으로, 축산업에 종사하는 인구 비율이 높다.

교통

철도

세포군은 철도도로망이 발달해, 두 개의 간선 철도가 지난다. 추가령 구조곡을 따라 남북으로 연결된 🚉 **강원선**(함경남도 고원~강원도 원산~평강)과 서쪽에서 들어온 🚉 청년이천선(황해북도 평산~세포)이 세포청년역에서 만난다.

🚉 강원선은 해방 당시의 경원선의 북한 쪽 노선 대부분을 이어받은 위에 약간의 구간이 추가되었다. 함경남도 고원역이 기점이다. 고원역에서 평라선(평양~라진)을 이용할 수 있다. 세포군 영역 안에는 락천역(구 삼방역), 삼방역(구 삼방협곡역), 세포청년역(구 세포역), 성산역, 검불랑역, 리목(이목)역, 이렇게 6개 역이 있으며 이어서 평강군으로 들어간다. 세포청년역은 집중화물역으로, 세멘트짐함과 화학비료짐함을 취급한다. 명승지가 있는 삼방역은 여객 전용역이고, 나머지 역은 여객과 화물 겸용역이다. 경사도가 심해 수송력을 높이기 위해 전 구간을 전철화했다.

🚉 청년이천선은 황해북도 평산군, 신계군, 강원도 판교군, 이천군을 거쳐서 세포군으로 들어와 8개 역 곧 기산청년역, 후평청년역, 서하역, 약수역, 백산청년역, 신생역, 새마을역, 세포청년역에서 선다. 그 가운데 새마을역은 간이역이고 나머지 역은 중간역이다. 전 구간이 완공된 것은 1972년 10월이며, 수송력을 높이기 위해 1980년 9월 전 구간을 전철화했다.

🚉 강원선을 이용해서는 고원역에서 🚉 평라선으로 바꾸어 타면 함경남도와 이어진다. 청년이천선을 이용하면 평산역에서 🚉 평부선(평양~개성)으로 갈아타고 평양과 개성 쪽으로 이동할 수 있다. 세포청년역과 새마을역 간에 통학열차가 운행된다.

세포군 구간은 역과 역 사이에 다리와 차굴(터널)이 강원도에서 가장 많은 구간으로, 26개의 다리와 8개의 차굴이 있다. 특히 강원선의 삼방역과 세포청년역 사이에 10개의 다리와 7개의 차굴이 집중돼 있다. 그리고 후평청년역에서는 지배구배(支配勾配)가 25%로서, 청년이천선 중 경사가 가장 심하다. 세포청년역에서 철길로 강원도 행정 소재지(인민위원회 소재지)인 원산까지 73.6km이고, 평강까지는 31.8km이다.

세포군 내 철도역 갯수가 강원도 전체에서 33.3%를 차지한다. 그러나 철도역 수에 비해 상대적으로 화물 물동량이 적은데 큰 기업이 적기 때문이다. 세포군으로 들어오는 화물은 무연탄과 화학비료, 소금 등이고, 나가는 화물은 주로 갱목과 축산물이다.

도로

세포군에서는 ▌**고산~평강 간 도로**가 간선 도로이다. 이 도로는 강원선 철도와 나란히 달리며, 세포읍을 중심으로 북쪽으로는 고산군과, 남쪽으로는 평강군과 연결되며 경제 도로망의 역할을 한다. ▌**세포~회양 간 도로**는 동쪽으로 회양군과 연결된다. ▌**세포~룡천리**(판교군) **간 도로**는 **청년이천선** 철도와 나란히 달리면서 판교군과 연결된다.

세포~삼방, 세포~리목, 세포~장촌 간 정기 버스가 운행된다. 도로망은 군 소재지인 세포읍과 리 사이, 리와 리 사이가 유기적으로 연결되어 있다. 도로망을 통해 세포읍에서 원산까지는 72km, 고산까지는 32.9km, 평강까지는 28km이다.

도로교통은 군 안에서 짧은 거리의 화물 수송과 리 사이의 여객 수송을 주로 담당한다. 화물 수송은 석탄과 비료, 어패류 등의 화물이 들어오고, 통나무와 축산물이 나가는 화물의 주류를 차지한다.

역사와 문화

1952년 세포군(洗浦郡)이 신설될 때 중심 지역인 세포읍의 이름을 따라 지명이 붙여졌다. 세포는 태봉국(泰封國, 901~918년)을 세운 궁예가 원남리 근방의 개울가에서 칼을 씻었다는 전설에서 유래하는데, 개울 이름 '씻개(싯개)'를 한자로 표기한 것이다.

고대

광개토왕 때 고구려 영토가 되어 부양현(斧壤縣) 또는 어사내(於斯內)라 했다. 진흥왕이 553년 한강 유역을 차지하면서 신라 한산주(漢山州)에 속했다. 757년(경덕왕 16) 구주오소경(九州五小京)의 지방 행정체계를 정비할 때, 광평현(廣平縣)으로 지명을 바꾸어 부평군(富平郡, 현재의 김화)에 속했다.

진흥왕은 북진정책을 펴면서 함경남도 황초령과 마운령에 순수비를 세운 뒤 북한산 비봉으로 가서 북한산 순수비를 세웠는데, 이때 진흥왕이 추가령 구조곡을 통해 이동했으리라 역사학자들은 추정한다. 일찍이 후고구려를 세운 궁예(弓裔, ?~918)는 철원으로 도읍지를 옮겨 나라 이름을 태봉(泰封)이라 했는데, 전성기에는 후삼국의 절반에 이르는 영토를 차지했다. 세포군은 후삼국시대에 태봉국의 영역에 속했다. **검불랑**(劍拂浪, 원남리)은 궁예가 군사 훈련장으로 사용한 곳이며, 인근에는 태봉국에서 과거를 보던 시험장인 문과원(文科原)이 있었다. 세포군 일대에는 궁예와 태봉국과 관련된 지명, 유적, 전설이 오늘날까지 전해진다. **후평석성**(後坪石城) **보존 유적 제1151호**은 후평리의 남서쪽 사창고개 위에 있는 옛 성터로 궁예가 축성했다고 전해진다. 둘레 길이가 1km, 밑너비가 3m, 현존 높이는 약 1.5m의 원형 석성이다. 이 밖에 태봉국 때 세웠다고 전하는 세포산성과 리목산성이 남아 있다.

고려

1018년 고려 현종 때 평강현(平康縣)으로 이름이 바뀌면서, 동주(東州, 철원)의 속현이 되었다. 1172년(명종 2)에는 감무(監務, 현의 수령)가 파견되었으나, 뒤에 김화현(金化縣)의 감무가 겸무하도록 했다.

삼방(三防)이란 지명은 세 곳에 초소를 둔 것에서 유래한다. 삼방협곡의 좁은 통로 세 곳에 초소를 설치해, 지나는 사람을 검문했다. 국방 요충지여서 1217년(고종 4) 거란족이 침입했을 때 격전지가 되었고, 1231년부터 시작된 몽골의 침입 때에도 군사 이동로가 되었다. 몽골의 내정간섭을 받다가 1389년(공양왕 원년)에 다시 고려의 영토가 되면서 감무가 파견되었다.

조선

1413년(태종 13)부터는 감무 대신 현감이 파견되기 시작했다. 세조 때는 진관도호부(鎭管都護府)가 설치돼, 평강현은 1도호부(철원)에 속한 현이었다. 1895년(고종 32) 평강군으로 이름을 바꾸어 춘천부에 속했으며, 이듬해 전국이 13도로 개편되면서 강원도 평강군이 되었다.

삼방 일대는 조선시대에 와서 위산사(衛山社)를 폐합해 위익사(衛翼社)로 개칭했으며, 13도로 개편할 때 함경남도 안변군에 속했다.

근대

1907년 전국에서 항일의병운동이 일어났을 때 세포군 주민들도 참여해 일본군과 접전을 벌였다. 옛 성터 **청룡산성**(중삼리 소재) ^{보존 유적 제332호}은 의병의 근거지로 항일의병운동의 전적지이다. 산성은 삼면이 절벽인 요새로, 부지는 약 50,000㎡이고, 성의 길이는 800m이다.

추가령 구조곡을 따라 1914년 **경원선**(서울~원산)이 개통되고, 당시 함경남도 원산과 함경북도 회령을 이어주는 **함경선**이 1928년 완공되었다. 한반도는 X자형으로 간선 철도망이 연결되었고 동시에 한반도와 중국 동북 지역을 이어주는 동부 간선망이 구축되었다.

군사 요충지 **삼방협곡**이 관광지로 주목을 받게 된 것은 경원선이 개통되면서다. 경원선은 경성역(서울역)에서 출발해 서빙고와 동(東)경성(청량리), 창동과 의정부, 동두천, 연천을 지나 철원과 평강을 거쳐 오늘날 세포군 영역인 리목(이목), 검불랑, 성산, 세포, 삼방협, 삼방을 지나 석왕사와 안변을 거쳐 갈마와 원산에 이르는 35개 역을 달렸다. 승객들은 창밖으로 주상절리가 펼쳐진 절벽과 폭포, 단풍이 어우러진 아름다운 협곡과 용암대지를 감상할 수 있었다. 특히 **삼방폭포와 삼방약수, 삼방협곡의 단풍**은 '삼방유협(三防幽峽)의 3대 명물'로 알려지면서 서울 사람들의 주말 여행지와 여름 피서지가 되었다. 세포군은 겨울에 눈이 많이 오는 다설 지역으로, 삼방협곡의 북쪽 경사면은 지형적 특색을 이용해 삼방 스키장이 건설되었다.

함경선과 경원선은 일제강점기 식민지경제의 핵심 철로였다. 이 문명의 이기는 지역주민에게 문화적 충격과 변화를 주었다. 철도를 따라 새롭게 도시가 형성되었다. 당시 안변군 고산(高山)에서 2km 떨어진 곳에 기차역 고산역이 들어서자, 역을 중심으로 새 마을이 형성되면서 신(新)고산이라 불렸다. 안변군 신고산면 중 삼방협곡 일대가 오늘날에는 세포군에 편입되어 있다. 신고산을 배경으로 하는 민요〈신고산타령〉이 경원선과 함경선 철길을 따라 널리 불렸다. 일제강점기 철도를 소재로 이별과 그리움을 노래한 이 민요는 식민지 산업화로 인한 이촌향도의 애환이 깃들어 있다.

> 신고산이 우르르 함흥차 떠나는 소리에
> 구고산 큰애기 반봇짐만 쌉니당
> 어랑어랑 어허야 어야 더야 내 사랑아

〈신고산타령〉은 분단된 뒤에도 남북 주민들에게 널리 사랑을 받아 불리다가, 2005년 **남북강원도민속축전**에서 남북 강원도 주민들이 만나 다 함께 불렀던

성산원. 이발소, 목욕탕 등이 있는 종합복지관쯤 된다.

뜻깊은 노래이다.

신고산처럼 기차역이 서는 추가령 구조곡 일대에는 새로운 마을들이 생겨났다. 품팔이 노동자들이 모여들기 시작했고 신작로와 여인숙이 생겨났다.

세포고원은 춥고 풀이 무성하고 비바람과 눈보라가 들이치는 변덕스러운 날씨 때문에 '비포', '눈포', '바람포'의 세포라는 별칭으로 불렸다. 봄은 늦게 오고 가을은 빨리 찾아와 삼복철에도 솜옷을 입어야 할 때도 있는 고산지대였다. 농지는 대부분 밭으로 무와 감자가 재배되었는데, 특히 무는 크고 연하고 맛있기로 유명했다. 일제는 세포고원에 군사기지와 군마장(軍馬場)을 세우고, 군부대 부식물을 대기 위해 무를 썰어 말리는 '싱기리공장'을 세웠다. 세포고원 일대의 주민들은 일제의 침략전쟁에 동원되었으며, 부대기밭(화전) 농사나 숯구이를 하며 생계를 이어갔다.

현대

해방과 함께 남북이 분단되면서 삼팔선 이북 지역이었던 세포군은 북한 영역이 되었다. 세포군은 본래 강원도 평강군, 회양군, 안변군 등에 속한 지역이었는데, 1952년에 신설된 군이다.

강원도에서 가장 낙후한 지역이었던 세포군에 상전벽해와도 같은 변화가 일어난 것은 불모지로 버려졌던 세포고원에 대규모 축산기지를 건설하면서다. 현무암 고원지대인 '세포등판'의 초원에 세계적인 축산기지가 5년 여의 공사 끝에 2017년에 준공했다.

세포지구 축산기지가 들어서면서 세포군은 도로망을 확충 재건하고 늘어나는 수송 수요에 맞추어 2018년에는 5개의 콘크리트 다리를 새로 건설했다. 곳곳에 풍력발전기와 태양광 발전기가 설치되었고, 가축 분뇨에서 메탄가스를 추출해 액화가스(LNG)로 가공해 연료와 취사용 가스로 공급한다. 전기, 수도, 가스가 완비된 '문화주택'들이 속속 들어섰다.

세포군 여행

북한은 2014년 원산~금강산 국제관광지대 개발을 추진하면서 근거리에 있는 삼방협곡 일대의 명승지, 세포고원과 삼방협곡 등 세포군 일대의 관광자원에도 주목했다. 삼방협곡 일대와 원산~금강산 국제관광지대를 연결하는 핵심 교통망은 강원선 철도이다.

삼방협곡은 예로부터 가을 단풍과 삼방폭포, 삼방약수가 '3대 명물'로 알려

삼방약수. 약수, 폭포, 단풍이 예로부터 이 고장의 자랑거리이다.

져 있다. 추가령 구조곡의 가장 높은 고개인 추가령의 비탈진 북쪽 사면의 협소한 골짜기가 남북으로 600m 곧게 뻗어 있는데 이곳이 명승지 **삼방협곡** 천연기념물 제236호이다. 깊은 협곡에 가을이 짙어지면 붉은 단풍숲과 깎아지른 벼랑, 은백색 폭포가 조화를 이루며 경치는 절정을 이룬다. 안변 남대천 상류의 가래산 골짜기를 따라 올라가면, 150여 개의 절벽에서 직하하는 비폭(飛瀑) 삼방폭포가 물안개를 일으키며 쏟아진다. 이 일대는 눈비가 많이 내리는 지역이어서 폭포의 수량이 풍부하다. 여름에는 웅장한 폭포수가 이끼 낀 암벽 위로 우레와 같은 소리를 내며 떨어지는데, 은하수가 내린 듯 아름답고 비단을 드리운 듯 기묘해 황홀하기 그지없다고 한다. 삼방폭포는 삼복더위에도 추위를 느끼게 할 정도로 시원해 한여름 피서지로 유명하다. 폭포 주위에는 단풍나무, 가래나

삼방협곡 입구. 협곡은 길이 25km, 너비 100~250m이며, 깊이는 350~500m로, 예로부터 극히 험한 골짜기로 삼방유협(三防幽峽)이라 불려왔다.

삼방폭포. 경원선 개통 이후 관광 명소가 되었다.

삼방 료양소

무가 울창해 가을에는 붉고 노란 단풍이 흰 폭포수와 어우러져 비경을 이룬다.

삼방협곡의 추가령 어귀에 있는 **삼방약수** 천연기념물 제238호는 장재봉, 기각봉, 비대산에 둘러싸이고 주변에 삼방폭포와 고음폭포 들이 있으며 앞에는 안변 남대천이 흘러 풍경이 아름답다. **삼방약수**가 세상에 알려지게 된 것은 1886년경으로, 배앓이를 하던 농부가 샘물을 달포 마신 뒤 속이 편안해지면서 '신기한 샘'이라 불리게 되었는데, 이 소문을 듣고 한양의 관리들까지 찾아오면서 유명해졌다. 삼방약수는 다량의 탄산, 규산, 칼슘, 나트륨 등의 광물질을 함유해 만성 위염과 대장염, 신장염 등에 효과가 있다고 한다. 1호샘은 북한에서 탄산이 가장 많이 함유된 약수의 하나이고, 2호샘은 광물질 함량이 1호샘보다 많다. 3호샘은 약수공장에서 쓰고 있다. 약수의 여름철 수온은 약 10~14℃, 겨울철 수온은 평균 11℃이다. 삼방약수터 부근 산기슭에 제비꽃 중 가장 크다는 **삼방왕제비꽃** 천연기념물 제239호의 군락지가 있는데, 개화기는 5월 중순이다.

세포군은 건강에 좋은 약수와 아름다운 경치로 인해 요양소들이 자리하고 있다. 1947년에 세워진 **삼방 료양소**는 삼방약수를 활용한 위세척과 장세척 등으로 소화기계통의 만성질병에 효과가 있다고 한다. 삼방 광천기후료양지와

세포려관

대곡 약수기후료양지는 조선의학과학원의 조사분석을 통해 여름에 무덥지 않고 선선한 기후와 일대 자연환경을 기반으로 '기후치료'와 '풍치(風致)치료'의 효과가 있다고 알려졌다.

북한의 국조인 참매(Accipiter gentilis) 번식지가 국가과학원 동물학연구소에 의해 2019년 세포군 대문리 양암산 동물보호구에서 새롭게 발견되었다. 참매는 북부 고산지대 수림에서 사철 살고 겨울에만 중부지대 이남으로 내려오는 것으로 알려져 있었다. 그러나 최근 산림복구사업으로 참매의 번식 환경이 좋아지면서 개체 수가 꾸준히 늘어나 참매가 북한 전 지역에서 번식도 하고 겨울도 나는 등 사철 함께 살아가는 새임이 밝혀지면서 관심을 모았다.

참매. 북한의 국조이다. 세포군 일대에서 번식지가 발견되었다.

삼방(三防) ― 백석

갈부던 같은 약수(藥水)터의 산(山)거리엔 나무그릇과 다래나무 지팽이가 많다

산(山) 너머 시오리(十五里)서 나무뒝치 차고 싸리신 신고 산(山)비에 촉촉이 젖어서 약(藥)물을 받으려 오는 두멧아이들도 있다

아랫마을에서는 애기무당이 작두를 타며 굿을 하는 때가 많다

―《사슴》(1936년)

산업

북한 최대의 축산단지가 있는 세포군은 산지가 많은 지형적 한계를 극복하기 위해 농업과 축산업, 임업이 순환생산체계를 이루고 있다. 습지대를 개간하고 냉습한 샛바람의 풍해를 막기 위해 바람막이숲(방풍림)을 조성해 농경지와 축산지를 보호하고 있다. 또 세포군민발전소가 2023년 12월 완공되면서 지역 경제의 토대를 마련했다.

농림어업

최근 개간사업을 통해 농경지를 늘리고 있다. 림진강(임진강)으로 유입되는 고

미탄천의 지류인 답전천을 막아 건설한 답전저수지(후평리)를 비롯해, 신생저수지, 송포저수지 등 관개용 저수지가 있다. 이 밖에 양수장, 취수보, 굴포(논밭에 물을 대기 위하여 만든 보조 수원 시설의 웅덩이), 졸짱(땅속 깊이 관을 박아 땅속의 물을 끌어올리는 펌프 시설), 지하저수지를 이용해 관개용수를 확보하고 있다.

① **농업**

곡물 재배를 위주로 하면서 남새(채소), 공예작물 등을 다양하게 생산하고 있다. 경지면적 가운데 비탈밭과 자갈밭 등 저수확지가 적지 않아 농업에 불리한 조건이지만, 고산지대 특성에 맞는 영농법을 도입해 정보당 수확고를 높이고

2023년 완공된 세포군민발전소

있다. 밭모 기르기와 강냉이 원형재배, 풀즙 영양비료주기, 청풀 깔아주기 등을 도입하고 이동식 탈곡기, 뜨락또르(트랙터), 모내는 기계, 분쇄기 등 농기계 보급률을 높여 농사의 전 과정을 기계화하고 있다.

원남리와 리목리 일대에 농지가 집중돼 있으며, 밭농사가 압도적으로 높은 비율을 차지한다. 주요 알곡으로는 감자, 옥수수, 벼, 콩, 수수 등이다. 특히 콩을 많이 재배해, 강원도에서 콩 생산량이 가장 많은 지역에 속한다. 메밀과 팥의 수확량도 강원도에서 손꼽힌다. 벼는 **후평 협동농장, 중평 협동농장**에서, 옥수수는 후평 협동농장에서 주로 재배한다. 밀은 **내평 협동농장, 중평 협동농장**에서, 보리는 서하 협동농장, 신생 협동농장에서, 콩은 성평 협동농장, 중평 협동농장에서 생산한다.

채소는 무, 배추, 고추, 가두배추(양배추), 시금치를 주로 재배한다. 성산 협동농장은 주요 무 산지로, '성산리 무'는 크고 연하며 수분이 많다. 신생 협동농장, 세포읍 협동농장에서도 무를 많이 생산한다. 배추는 성평 협동농장, 내평 협동농장, 신생 협동농장에서 재배한다. 감자는 세포군의 특산물로, 크고 맛있고 전분이 많아 강원도 여러 지역에서 씨감자로 쓰인다. 고도가 높은 **성평 협동농장, 신생 협동농장, 리목 협동농장**에서 감자를 주로 생산한다. 과수밭을 조성해 배, 사과, 살구, 복숭아 등을 재배하고 있다. 사과는 **후평 협동농장, 대문 협동농장, 상술 협동농장**에서 주로 생산한다.

북한 최대의 축산기지가 있어 사료작물의 면적은 강원도에서 가장 넓다. 공예작물은 들깨가 70% 이상을 차지한다. **중평 협동농장, 성평 협동농장, 상술 협동농장**에서는 역삼과 약초 등을 재배한다. 해마다 비경작지와 경사지를 일구어 뽕밭을 늘리면서 잠업을 발전시켜왔다. 주로 **백산 협동농장, 유연 협동농**

장, 상술 협동농장에서 뽕나무를 재배하고 있다. 양봉업이 발달해 천기리의 산 꿀은 천기 협동농장의 명산물이다. 세포군에서 가장 높은 지역에 있는 신동 협동농장도 양봉업이 발달했다.

② 축산업

세포군은 세포고원에 넓은 초원이 있고 고원 한가운데로 안변 남대천과 림진강, 북한강의 지류 하천들이 흐르며 곳곳에 샘터가 있어 축산업에 유리하다.

세포지구(세포군, 평강군, 이천군을 포괄하는 드넓은 지역)에는 2012년부터 개척사업에 들어가 5년 만인 2017년에 대규모 축산기지를 준공했다. 세포고원은 내기바람과 샛바람이 지나가는 통로여서 풍해를 막기 위해 약 수천㎢의 방풍림과 십수만㎢의 풀판 보호림을 조성하고 2,000여km의 방목 도로와 수백km의 배수로를 건설했다. 목초 방목장과 가축우리(축사)뿐만 아니라, 건초 재배장, 건초 가공장, 사료 공장 등이 있으며, 축산물 가공공장을 두어 육가공품과 유제품 등을 생산한다. 수의방역실, 품종개량실, 연구시설, 수천 동의 살림집 등이 갖추어진 종합 축산기지이다.

2018년 성평리와 서하리의 산림감독분소 등에서 600㎡의 축사를 새로 건설해 돼지, 오리, 게사니(거위), 염소를 기르고 있다. 소는 중평 협동농장, 상술 협동농장, 성평 협동농장, 내평 협동농장에서, 닭은 대문 농장에서, 닭알(달걀)은 성평 농장에서, 오리는 리목리 배합먹이공장, 상수리 배합먹이공장에서 생산한다. 세포읍에는 수의방역소가 있어 수의방역과 축산기술지도 체계가 갖춰져 있다. 우수한 가축 종자를 얻기 위해 우량품종의 가축을 기르는 종양장과 종우장, 종축장이 있고 사슴목장이 있다.

조선중앙통신(2020년 11월 12일)에 따르면, 과학적인 종축 생산체계와 배자(胚子) 이식과 인공수정 기술 등을 도입한 결과 소와 양, 염소를 비롯한 우량품종의 가축이 2020년에는 수십만 마리로 불어났다고 한다. 축산기지는 농축산업과 임업을 결합한 종합생산지령실을 운영하고 있다. 성산리와 원남리에 자리잡은 세포 종양장은 약 11㎢의 풀밭에서 해마다 수천 마리의 새끼 양을 생산해 다른 지역에 보내준다. 대곡리에는 종우장이 있다. 우리나라 고유 품종인 세포 조선소는 세포고원의 대곡리에서 방목하는 소로, 눈비가 비교적 많이 내리는 북한 동부산악지대의 기후 특성에 적응한 종이다. 천연기념물 237호로 지정해 관리 사육하고 있다.

! 조선소: 우리의 한우와 같은 말. 북에서는 한반도, 한의학, 한복, 한옥, 한우 같이 '한(韓)'이라는 글자를 넣어서 만든 어휘들을 쓰지 않는다. 대한제국(大韓帝國)이라는 국호 때부터 등장한 '한(韓)'이라는 글자를 두고는 논쟁이 있다.

세포 조선소. 세포군 동부 산악지대 기후에 적응해 살아가고 있다. 우리의 토종 한우와 같은 모습이다.

산지가 많아 곡물 생산에 어려움이 있는 지역이었는데, 이러한 변화 속에서 농축산업과 임업이 순환생산체계를 이루고 있다. 산지와 고원에 자연 풀밭과 인공 풀밭을 결합한 대규모 초원을 조성해 가축을 방목하고 있다. 리목 목장은 지력이 약한 지대 특성에 적합한 축산과학기술을 도입해 사료작물을 재배하고 있으며, 내평 축산농장에서는 기술을 혁신해 사료 소비량을 줄이면서도 증체율을 높였다. 삼방 사슴농장은 고려약재(한약재)를 생산하는 강원도 고려약생산관리처 소속으로, 강원도 최초의 사슴목장이다. 해마다 수백kg의 록용(녹용)을 생산해 제약기업에 공급한다. 이 목장에서는 지역 특성에 맞게 골짜기 물을 막아 10여m의 낙차를 이용해 자체로 발전소를 건설했다. 계곡이라는 지형 특성으로 인해 콘크리트 제방 대신에 토목 제방을 쌓고 수백m의 물길을 만들어 전기를 생산하는 극소형 수력발전소로, 남는 전기는 학교와 공공기관 등에 보낸다.

③ 임업

임산 자원이 풍부해 목재와 목탄 등을 생산한다. 최근 현대적인 양묘장을 새로 건설했다. 나무를 한 그루 벨 때마다 열 그루를 심는 원칙을 세우고 순환식 채벌구역과 무립목지(無立木地, 무입목지)에 산림 조성을 권장하고, 채벌 구역 주변에는 양묘장을 조성해 지역 기후풍토에 적응한 묘목을 생산하고 있다. 인력과 자재를 절약하면서도 사름률(활착률 活着律)을 높이기 위해 선진 임업을 받아들여 생물농약 생산기지를 세우고, 산불감시 지원체계를 구축했다. 농산과 축산을 병행해 복합경영을 하는 농장에서는 땔감 부족 문제를 해결하기 위해 생육이 빠른 수종을 심어 숲을 조성하고, 이미 조성한 산림은 경제적 가치가 높은 산열매 수종으로 개조해 산림 복구를 넘어 경제림을 조성하고 있다.

세포군 산림경영소에서는 통합생산조종실과 과학기술보급실, 나무모 온실과 야외재배장, 원형삽목장, 야외적응구, 생물농약 생산기지 등을 새로 건설해 연간 500만 그루의 묘목을 생산한다. 양묘장의 온습도 자동조절장치와 방울식 관수체계를 비롯한 통합생산체계를 갖추어 노동력을 줄이고 가뭄피해에도 대비하고 있다. 또 산성 토양을 개량하기 위해 영양단지(영양물질이 풍부한 흙덩이)에 씨를 심고 길러 흙덩이째 옮겨 심는 선진농법을 도입해 묘목의 사름률(활착률)을 높였다. 성평 산림감독분소 녀맹위원회는 자력으로 양묘장과 나무모 온실을 건설해 수종이 좋은 묘목 생산량을 늘리고 있다. 세포 협동농장에서는 과학기술보급실을 운영하며 식물생장 활성제를 자체 생산하고 있다. 천기 협동농장에서는 잣나무숲을 조성해 질 좋은 잣을 생산한다. 세포 갱목생산사업소에서는 탄광에 보낼 동발 나무를 생산하는 한편, 통나무를 생산해 강원도 원산 갈마해안관광지구 건설 현장에 공급했다.

경공업
① 일용품 공업

경공업에서 일용품 공업은 가장 큰 비중을 차지한다. 지역 원료에 기반해 가죽 일용품, 목재 일용품, 도자기 일용품, 철제 일용품, 초물 일용품 등을 생산한다. 세포 가죽공장에서는 가죽으로 만든 신발과 털모자, 장갑, 그림붓, 페인트솔 등 가죽제품을 만든다. 가죽 신발은 강원도 각 지역에 공급하고, 그림붓과 페인트솔 제품은 외국에 수출하고 있다. 세포 초물공장은 싸리, 버들, 왕골 등으로 광주리, 바구니, 과일그릇 등 초물제품을 생산하는데, 정교하고 우아해서 지방 특산물로 알려져 있다. 세포 토기공장에서는 김칫독, 버치, 장단지 등 토기류를 생산한다. 세포 제지공장은 포장지, 필기용지, 학습장, 장판지 등을 생산하는 종이공장이다.

② **식료품 공업**

식료품 공업은 지역의 넓은 산지와 고원의 자원을 이용해 장류와 기름, 청량음료, 축산 가공품과 산열매 가공품 등 다양한 제품을 생산한다. 세포 장공장은 수십 종의 간장, 된장, 고추장을 비롯해 과자류, 청량음료, 술, 남새와 산열매 가공품, 기름 등 다양한 제품을 생산한다. 세포군 고기가공공장에서는 축산물 가공품을 만들고, 세포군 량정(糧政)사업소에서는 옥쌀[1]과 가루 제품을 생산한

세포지구 축산지구 방목장 모습. 말 타고 소를 관리하는 모습이 인상적이다.

다. 세포군 식료공장에서는 장류와 당과류, 고기와 남새 가공품을 생산한다. 특히 산과일로 만든 단물, 단묵(젤리)과 삼방약수는 다른 지역에도 공급한다. 약산공장에서는 삼방약수를 가공하고, 지역에 풍부한 산죽(山竹)으로 진액을 생산한다.

▪ 옥쌀: 옥수수가루에 약간의 밀가루나 옥수수 녹말을 섞어 입쌀 모양으로 만든 것.

세포 고려약공장에서는 의약품을 생산할 뿐만 아니라, 지역 약초로 수의약품을 만들어 가축의 폐사율을 줄이고 증체율을 높이고 있다.

③ 방직, 피복 공업

세포 피복공장에서는 스프와 비날론을 혼방해 재생 천과 작업복 천, 안감 천 등을 생산한다. 세포 옷공장에서는 학생복과 작업복, 솜옷, 여자옷과 어린이

세포지구 방목장의 사료 관리장 모습. "세포등판을 세계적인 축산기지로!"라는 기치 아래 축산의 현대화를 꾀하고 있다.

옷을 가공한다. **방직목재기료품공장**은 방직공업에 필요한 북침대, 누름대, 목판 등과 풍경화를 생산한다.

중공업

기계공업은 농촌경영과 지방공업 발전을 견인하는 부문이다. 세포군 농기계작업소에서는 뜨락또르와 자동차를 수리하면서 호미, 낫, 쇠스랑, 곽지(괭이)를 비롯해 수십 종의 농기구도 생산한다. 특히 지역 실정에 적합한 농기계를 자체 제작하고 있다.

저수확지에서도 생산량을 높일 수 있는 강냉이 원형재배법에 적합한 농기계는 첫 공정인 구덩이파기를 기계화한 설비로, 10㎢에 수천 개의 구덩이를 빠르게 파는 작업을 해냄으로써 인력과 시간을 절약하게 되었다. 비탈밭과 평지밭이 산재한 지역 특성에 맞게 평지밭에서는 뜨락또르로, 비탈밭에서는 경운기로 가동할 수 있는 농기계도 제작했다. 이 기업에서는 무연탄을 가스화해 전력을 자체 생산하는 체계를 갖추고 있다.

세포군 기계수리공장에서는 전동기 등을 수리하고 기계 부속품과 가마솥, 자물쇠, 식칼 등도 생산한다.

신생 건재공장에서는 기와를 생산한다.

최근에는 가성소다와 염산을 주로 생산하는 **화학공장**이 창설되었다.

상업

공식시장으로 세포읍에 세포시장이 있다. 소규모 시장으로 읍 시장의 성격이 강하다.

교육

세포군 유치원을 비롯한 147개의 유치원과 133개의 탁아소가 있다. 세포군에서는 탁아소와 유치원 어린이들에게 공급하는 유제품의 품질검사와 과학적인 생산·보관 관리체계를 강화하고 있다. 탁구 명문인 세포 소학교를 비롯해 삼봉 소학교, 장촌 소학교 등 28개의 소학교와 세포제1중학교와 세포 고급중학교, 내평 고급중학교, 대곡 고급중학교, 새마을 고급중학교 등 25개의 중학교가 있으며 세포 농업전문학교가 있다. 군중문화회관, 세포도서관을 비롯해 20여 개의 문화시설이 있다.

세포군에서는 교원의 자질을 높이기 위해 전공과 인접한 과목은 물론 컴퓨

삼방중학교 모습. 2012년에 교육제도를 개편하여 중학교를 초급중학교와 고급중학교로 나누었다. 초급중학교는 우리의 중학교에, 고급중학교는 고등학교에 해당한다.

터와 외국어 학습을 강화하고 첨단과학기술 소양을 높이고 있다. 이를 위해 교원들이 '년간 자질향상계획'을 구체적으로 세우고 수행하도록 지원하며, 새로운 교수 방법을 탐구해 소논문을 집필하도록 권장하고 있다.

세포 문화회관. 남이나 북이나 문화의 힘을 중시한다.

교류협력

평창군의 축산 남북협력 구상

강원도 평창군에서는 평창동계올림픽이 남긴 평화 유산이 남북교류협력사업의 마중물 역할을 했다고 보고, 농축산업인들에게 실질적으로 도움이 될 수 있는 남북협력사업을 발굴하고 추진할 계획을 세웠다. 2019년 6월부터 '평창군 남북교류협력에 관한 조례'를 만들어 지방정부 차원의 남북교류협력의 제도적 토대를 마련하고, 구체적 협력방안을 모색했다. 2020년 9월 3일 '축산분야 남북교류협력 추진을 위한 기본구상'을 수립해, 9월 15일부터 축산 남북교류협력 구상을 가시화했다.

남강원도 평창군과 북강원도 세포지구 축산기지에서 남북이 함께 수익을 창출할 수 있는 사업을 발굴하고 이를 통해 축산분야에서 남북경제협력의 새로운 모델을 만들겠다는 구상이다. 평창군과 세포군의 축산단지가 연결되면 아시아 최대 규모의 축산벨트로 발전할 수 있는 잠재력이 있다고 보고, 평창군은 축산분야 현황과 자원을 조사하고, 협력사업을 발굴하는 한편, 지속가능한 남북 상생 전략을 마련해 최종 사업실행을 위한 대북 제안 방안을 마련하겠다고 밝혔다.

옥류동(玉流洞)

정지용(鄭芝溶)

골에 하늘이
따로 트이고,

폭포 소리 하잔히
봄우레를 울다.

날가지 겹겹이
모란 꽃잎 포기이는 듯.

자위 돌아 사폿 질 듯
위태로이 솟은 봉우리들.

골이 속 속 접히어 들어
이내[晴嵐]가 새포롬 서그러거리는 숫도림.

꽃가루 묻힌 양 날아올라
나래 떠는 해.

보랏빛 햇살이

폭(幅)지어 비껴 걸치이매,

기슭에 약초들의

소란한 호흡!

들새도 날아들지 않고

신비(神秘)가 한곳 저자 선 한낮.

물도 젖어지지 않아

흰 돌 위에 따로 구르고,

닦아 스미는 향기에

길초마다 옷깃이 매워라.

귀또리도

흠식한 양

옴짓

아니 긴다 　　　　　　　　　—《조광》, 1937년 11월

강원도

고성군
高城郡

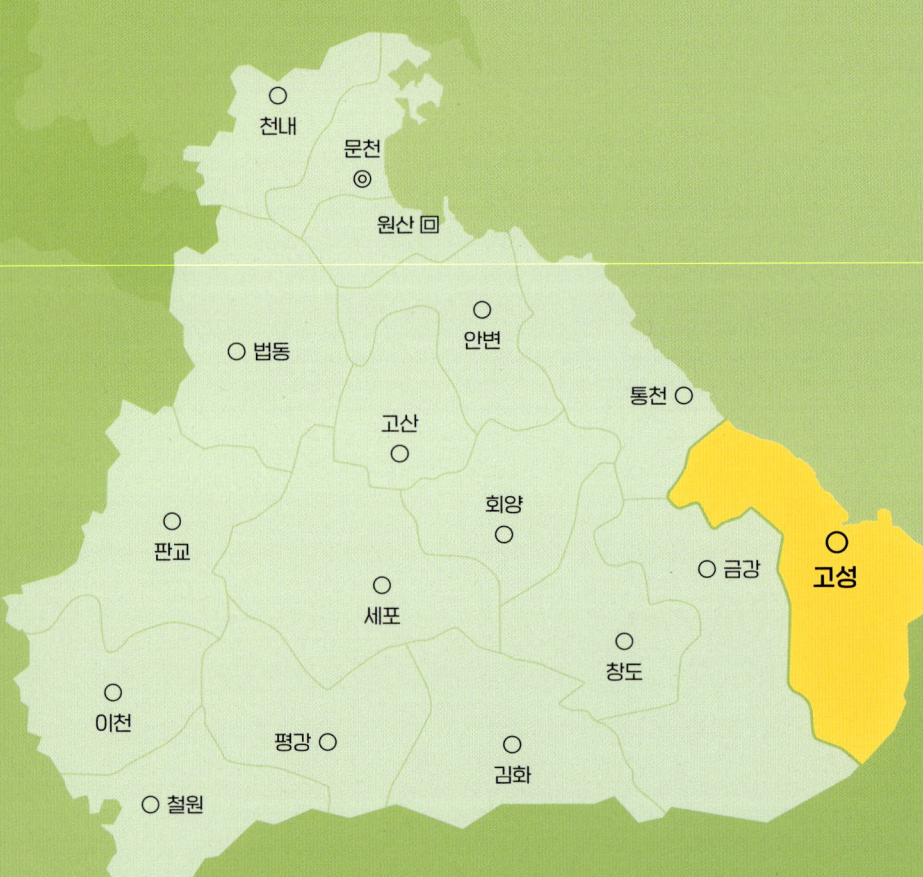

고성군(高城郡)은 북한의 동해안 연안에 있는 지역으로, 금강산의 외금강과 해금강이 있다. 비로봉을 비롯한 높은 봉우리와 고개 들이 장엄한 산악과 기암절벽을 이룬다. 고성군의 서부 경계선인 태백산맥은 동쪽이 급경사면을 이루며, 아름다운 폭포와 협곡이 이어지는 비경이 펼쳐진다. 남강과 여러 하천은 모두 동해로 흘러드는데, 길이가 짧고 유속이 빠르다. 남강 하구에는 삼각주가 형성되면서, 해안 충적평야인 고성평야가 자리하고 있다. 명승지 해금강에는 풍화와 파랑의 침식 작용으로 형성된 바다의 만물상이 펼쳐지는데, 석호 삼일포는 관동팔경의 하나이다. 비가 많이 내리는 다우지역이다.

남북이 강원도 고성군이란 지명을 함께 쓰고 있는데, 일반적으로 북고성과 남고성으로 부르고 있다. 최근 해안지대의 특성에 맞는 선진 영농법을 도입하고 황무지를 논밭으로 개간하고 있다. 지역 자원을 바탕으로 산업이 발달해왔는데, 참대 제품과 천연 벌꿀은 특산물이며 '은정차'의 대표적 생산지이다. 고성군이 원산~금강산 국제관광지대의 한 축을 담당하면서, 기업들은 금강산의 천연자원으로 건강식품과 주류 등 관광상품을 개발해 수요에 부응하고 있다. 금강산관광을 통해 해로와 육로가 이어졌던 경험을 바탕으로, 남북 고성군이 사회간접자본을 연결하고 비무장지대(Demilitarized Zone, DMZ)를 평화적으로 활용하는 경제협력과 교류가 기대된다.

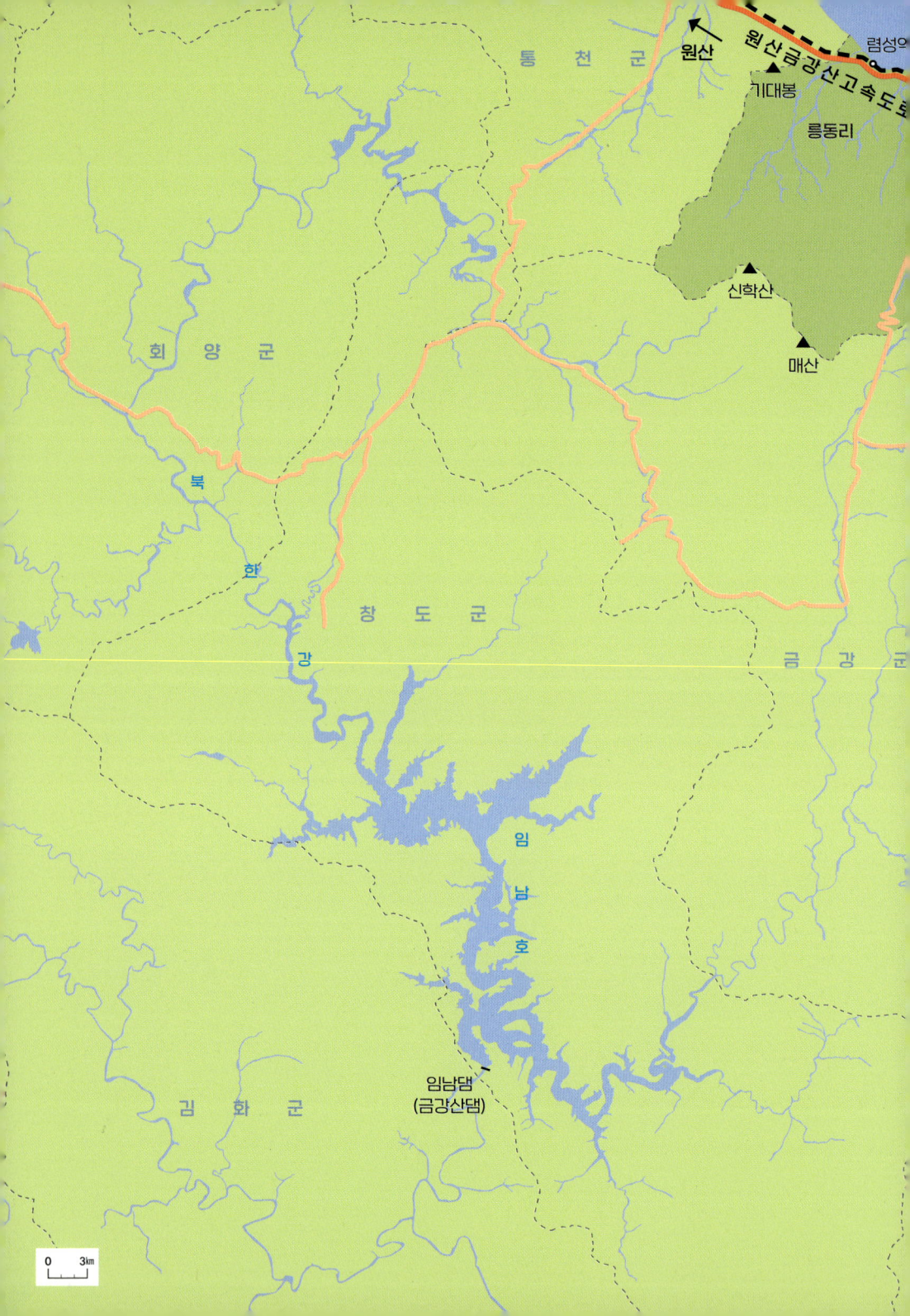

위치와 지형

북한 강원도의 남동부 동해안 연안에 있는 고성군은 태백산맥의 동쪽 경사면에 자리하고 있다. 인민위원회 소재지인 고성읍의 위치는 동경 128°11′, 북위 38°44′이다. 면적은 858.657㎢이다. 서쪽은 금강군, 북쪽은 통천군, 남쪽은 남한 강원도 고성군, 동쪽은 동해에 맞닿아 있다. 서쪽 경계를 이루는 태백산맥에는 금강산의 최고봉인 비로봉(毘盧峰, 1,639m), 월출봉(月出峰, 1,574m), 차일봉(遮日峰, 1,528m), 국사봉(國士峰, 1,383m), 오봉산(五峰山, 1,261m), 선창산(仙蒼山, 1,226m)을 비롯해 해발 1,000m 이상의 산봉우리들이 솟아 있고, 온정령(溫井嶺, 857m), 외무재령(外霧在嶺, 1,219m) 등 높은 고개들이 동서를 연결하며 장엄한 산악과 기암절벽이 펼쳐진다. 강원도 고성군과 금강군에 걸쳐 있는 금강산은 보통 내금강과 외금강, 해금강으로 나뉜다. 비로봉과 함께 이어지는 오봉산, 월출봉, 차일봉 등을 경계로 서쪽 내륙은 내금강, 동해를 향한 동쪽은 외금강, 동쪽 해안은 해금강이다. 고성은 금강산의 외금강과 해금강이 있는 지역이다. 금강산은 지반의 융기에 의해 땅속에 묻힌 화강암체가 드러난 후 오랜시간 풍화와 유수(流水)의 침식 활동으로 오늘날의 비경을 이루게 되었다. 옥류동 계곡은 수평으로 갈라지는 판상절리가 일어나 바위들이 평평한 널조각 모양을 하고 있으며, 만물상은 수직으로 갈라져 다각형 기둥 형상을 이루게 되었다. 태백산맥의 분수령으로부터 동쪽으로 갈수록 급격히 낮아지며 관음폭포, 구룡폭포 들이 깊은 협곡을 이루고, 크고 작은 소(沼)들과 어울리며 절경을 이룬다. 바다의 영향을 받는 해금강과 태백산맥의 영향을 받는 외금강은 식물 분포에서 뚜렷한 지역적 차이가 나타난다.

해안선의 길이는 89.88km로, 강원도 동해안에서 가장 길다. 고성만(구 장전만)과 장아대단 등이 있는 바닷가는 지형이 복잡하며, 파랑의 침식작용으로 해식해안이 발달했다. 만입부에는 퇴적해안이 발달해 모래부리가 바닷가를 따라 띠 모양을 이루고 있다. 바다 쪽으로 5° 정도 비탈졌는데, 해안선을 따라 이어지는 모랫둑이 만의 입구를 막아 삼일포(三日浦), 영랑호(永郞湖), 감호(鑑湖)와 같은 바다자리호수(석호)가 되었다. 이들 가운데 삼일포(0.79㎢)는 호수 경치가 아름다워 관동팔경의 하나로 꼽힌다. 삼일포와 해만물상이 있는 해금강은 동해로 뻗어내린 산줄기가 변화하면서 만들어진 해안 지형의 명승지이다. 화강암 절리를 따라 다양한 모양의 기묘한 돌기둥과 깎아 세운 듯 높이 솟은 해식 절벽이 금강산을 바다에 옮겨놓은 듯한 비경을 연출한다. 앞바다에는 형제섬, 삼섬, 솔섬을 비롯해 28개의 작은 섬들이 천연 방파제 역할을 한다.

운곡리에서 바라본 겨울 금강산

비봉폭포

금강산 차일봉의 동사면에서 발원한 남강(南江, 유역 면적 561.6㎢)은 남쪽으로 흐르다 DMZ 부근에서 크게 휘돌아 북쪽으로 흘러 삼일포 근처에서 온정천(溫井川, 유역 면적 131.0㎢)과 만나 동해로 빠져나간다. 렴성천(濂城川, 유역 면적 65.8㎢)과 운전천(雲田川, 유역 면적 67.2㎢)은 군의 북부에 위치한 하천으로 동해로 바로 유입된다. 금강산의 최고봉인 비로봉에서 시작하여 구룡폭포와 비봉폭포로 이어지는 하천이 신계천이며 온정천의 지류에 해당한다. 하천의 길이가 짧고 유속이 빠른 것이 특징이다. 남강 하구에는 삼각주가 발달해, 해안 충적평야인 고성평야가 있다.

비로봉의 해돋이

🏔 금강산 빙하 흔적

최근 온정리 외금강지역의 구룡연과 만물상에서 뚜렷한 빙하 흔적을 밝혀냈는데, 보존 가치가 높아 2020년 천연기념물로 새로 등록되었다고 한다. 구룡연 상팔담 계곡은 빙하가 흘러내리면서 지표면을 깎아내는 작용으로 형성된 빙식 계곡으로, 전형적인 U자형 계곡이다.

기후

동해의 영향을 받는 해안 지대는 같은 위도 상의 지역보다 기온이 높다. 그러나 금강산 일대는 겨울에 매우 춥고 눈이 많다. 30년 평균 연평균기온은 12.4℃로 강원도에서 가장 높은데, 같은 위도에 있는 서해안 남포시가 11.1℃이니 1.3℃나 더 높다. 기온이 가장 높은 8월 평균기온은 24.1℃, 기온이 가장 낮은 1월 평균기온은 -0.3℃이다. 남포보다 1월 평균기온이 4℃ 높을 정도로 겨울이 덜 춥다. 겨울철 날씨가 비교적 온화한 이유는 동해의 영향을 받을 뿐만 아니라, 태백산맥이 차가운 겨울철 북서풍을 막아주고, 산맥을 넘으며 고온 건조해지는 바람인 '금강내기'의 영향이다. 평균 연교차는 24.4℃로, 우리나라 다른 지역들에 비해 작은 편이다.

▪ 기후 평년값: 0으로 끝나는 해를 기준 30년간 기온, 강수량 등의 기상요소 평균값을 말한다. 세계기상기구(WMO)의 권고에 따라 10년마다 산출한다.

연평균강수량은 1,502.3mm로, 북한에서 비가 많이 내리는 다우지역이다. 가을과 겨울의 강수량이 다른 지역에 비해 상대적으로 많다. 고성군은 눈이 많이 내리는 대표적인 다설지역이다. 겨울철 북동풍이 부는 날에 동해상에서 눈구름이 형성되면서 태백산맥을 따라 영동지방에 많은 눈을 뿌린다. 2월에서 3월 초에도 눈이 많이 내리는 날들이 있다. 속초나 강릉과 비슷한 모습이다.

연중 바람은 남동풍이 우세하며, 연평균 풍속은 1.9m/s이다. 한류와 난류가 만나는 봄과 가을에는 짙은 안개가 끼는 날이 많다. 이러한 기후 특성들이 금강산의 풍광을 시시각각으로 변하게 해 산악과 계곡의 비경을 연출한다.

고성군 기후 그래프 (1991~2020년)

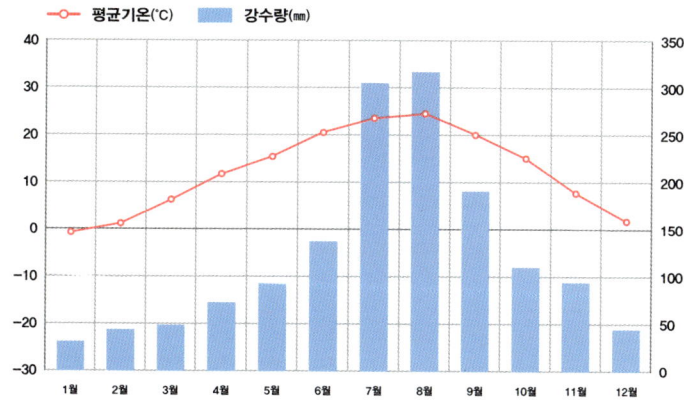

	30년 평균	2023년		30년 평균	2023년
연평균기온(℃)	12.4	13.6	연강수량(mm)	1502.3	1712.4
최한월(1월) 평균기온	-0.3	0.0	여름 강수량 (6, 7, 8월)	761.9	901.8
최난월(8월) 평균기온	24.1	26.1 (7월)	겨울 강수량 (12, 1, 2월)	133.8	251.2
연교차	24.4	26.1	평균 풍속(m/s)	1.9	0.9

출처: 대한민국 기상청 〈북한 기상 연보〉

행정구역과 인구

해방 당시 고성군은 하나의 군으로, 행정 소재지는 오늘날 지명으로는 구읍리(舊邑里)에 있었다. 당시에는 고성읍, 장전읍의 2읍과 간성면, 거진면, 서면, 수동면, 외금강면, 현내면의 6면으로 이루어져 있었다. 고성군 전체가 북위 38°선 이북이다. 6·25 전쟁으로 고성은 남북으로 분단되는데, 대략적으로 이전의 고성읍, 장전읍과 서면, 외금강면은 휴전선 이북이 되고, 간성면, 거진면, 현내면, 수동면의 4개 면은 이남에 속하게 되었다. 1952년 북한이 군, 면, 리 등 행정구역 체제를 재편할 때[1], 통천군 남단 림남

[1] 북한은 행정구역 개편을 하며 1군에 1읍을 두고 면은 폐지했다. 면과 리를 모두 리(里)로 편제하였다. 행정 소재지인 읍의 이름은 군의 이름과 일치시켰다. 행정 소재지를 옮길 경우, 이름도 따라서 옮겨간다.

장전(長箭)이라는 지명은 대동여지도에는 보이지 않는 지명이며, 일제시대 때 신북면 아래 리였는데, 1939년에 읍 이름이 되었다가, 해방 뒤 면으로 강등되었다가 전쟁 뒤에 사라졌다.

남강 참대밭

면을 합쳐 고성군을 새로 구성하게 되었고 1읍 25리를 관할하도록 했다. 1953년 군 행정 소재지를 당시의 장전읍 자리에 두면서 이름을 고성읍으로 바꾸었고 당시의 장전항도 고성항으로 이름을 바꾸었다.

고성군 인구 현황 개괄

(단위: 명)

인구수	남자	여자	도시	농촌
61,277	28,939	32,338	20,330	40,947

출처: 2008년 북한 중앙통계국 발표 인구 센서스

고성군 인구 피라미드

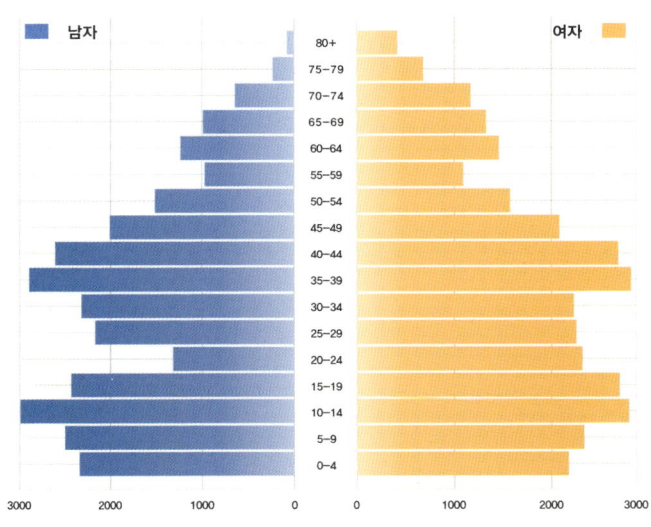

* 위 인구 피라미드는 2008년 북한 중앙통계국 발표 인구 센서스 자료를 바탕으로 연령대별 인구를 추산하여 작성한 것으로 참고용이다.

행정구역 통폐합과 조정을 거쳐 2008년 현재 1읍과 23리로 구성되어 있다. 고성읍과 고봉리, 구읍리, 금천리, 남애리, 두포리, 렴성리, 릉동리, 복송리, 봉화리, 삼일포리, 성북리, 순학리, 신봉리, 온정리, 운곡리, 운전리, 월비산리, 장포리, 종곡리, 주둔리, 초구리, 해금강리, 해방리의 23개 리다.

고성군 인구는 2008년 현재 6만 1,277명이다. 남자는 2만 8,939명, 여자는 3만 2,338명이다. 도시에는 2만 330명이, 농촌에는 4만 947명이 거주해 농어촌 인구가 도시의 2배 가까이 된다.

교통

철도

고성군을 지나는 철도는 🚉 금강산청년선(안변~감호, 116.8km)으로 동해안을 따라 종단한다. 금강산 외금강 지역을 지나는 철도이다. 안변역에서 강원선으로 환승할 수 있다.

고성군 영역 안에는 **렴성역, 두포역, 남애역, 고성청년역**(고성읍, 해방 당시 장전역), **금강산청년역**(온정리, 해방 당시 외금강역), **삼일포역, 감호역**이 있다. 여객 전용역인 **렴성역**을 제외하면, 모두 여객과 화물 겸용역이다.

🚉 금강산청년선은, 1929년에 처음 개통되어 운행하다 6·25 전쟁 이후 폐선된 동해북부선(안변~양양)을 1990년대 들어서 복구한 노선이다. 1997년 안변역에서 금강산청년역까지의 노선이 복구되었다. 이후 2007년 5월 17일 금강산청년역에서 출발한 열차가 삼일포역을 지나 감호역과 군사분계선을 통과해

남한 최북단역인 제진역에 왔다가 돌아가는 시험 운행을 했다. 남한 고성의 제진역과 북한 고성의 감호역에는 2003년 11월 남북교류를 위한 출입 업무를 총괄하는 동해선 철도 남북출입사무소가 설치되었다.

도로

고성군은 서쪽에 태백산맥이 길게 뻗어 있고, 주요 간선도로는 해안선을 따라 놓여 있다. 도로교통이 여객과 화물 수송을 주로 담당한다. 🔲 원산~금강산 고속도로는 1급도로를 1989년 강원도가 자체 기술력으로 고속도로로 완공시켰다. 이 고속도로는 고성의 주요 간선도로로, 관광객 수송에서 큰 역할을 한다. 온정~금강 간 도로와, 봉화~월비산 간, 온정~신계 간의 도로가 있다.

외금강의 관문, 금강산청년역.

태백산맥이 동해안과 가까워 해안 평야지대가 좁게 나타난다. 그래서 도로망의 밀도는 낮은 편이다. 고성읍에서 평양까지는 약 302km, 강원도 소재지인 원산까지 102km, 통천까지 43km, 금강까지 44km이다. 고성~원산 간, 고성~월비산리 간, 고성~통천 간, 고성~금강산 간, 고성~해금강 간 정기버스가 운행된다.

　남쪽으로 우리 쪽 고성군의 간성읍까지 58km, 속초까지는 83km이다. 남북의 끊어진 도로와 철도를 연결하기로 합의한 '6·15 공동선언'에 따라 금강산관광이 활성화된 2003년 9월에 금강산 육로가 이어졌다. 남북을 연결한 도로의 남쪽에는 남북출입사무소가, 북쪽에는 북남출입사무소가 세워졌다. 처음에는 버스만 다닐 수 있었으나 2008년 3월부터는 승용차로도 이동할 수 있게 되었다.

해운

고성군은 해안선이 길고 수위 변화가 적어 해운 교통이 발달했다. 고성만에 자리한 고성항은 겨울에 얼지 않는 부동항이다. 방파제의 길이는 180m이고 부두의 길이는 100m, 항구가 차지하는 면적은 약 75,000㎡이다. 고성항은 통천항, 원산항, 흥남항을 비롯한 동해안 항구들과 수상 항로로 연결되어 해마다 약 5만여 톤의 국내 화물을 수송한다. 고성과 원산 사이에 정기 여객선이 운행된다. 고성항에서 뱃길로 통천까지 50km, 원산까지 106km이다.

역사와 문화

고구려 때 지명인 '달홀'의 '달'은 산을 의미하고 '홀'은 도시나 마을을 뜻하는 옛말로, '높은 산을 낀 고을'이라는 뜻이다. 748년 달홀을 한자로 표기하면서 고성(高城)이 되었다.

고대

본디 삼한시대 부족국가인 예(濊)의 영토였다. 고구려에서는 2개의 지역으로 나누어 북쪽은 달홀(達忽), 남쪽은 수성(䢘城)이라 했는데, 오늘날 남북 양쪽 고성과 영역이 비슷하다. 신라에 편입된 뒤 569년(진흥왕 30) 달홀주로 승격되었다. 757년(경덕왕 16) 달홀과 수성을 합쳐 고성군이 되어 명주 도독부(강릉)에 예

금강산 3대 고탑으로 꼽히는 신계사 3층탑. 신계사는 2007년 남북 공동불사로 복원되었다.

속되었다. 신라 돌곽흙무덤(석곽고분)인 삼일포리 고분군(봉화리)에서 삼국시대 동해안 지방의 문화를 연구하는 데 의미있는 유물인 금귀고리와 청동팔찌, 쇠널못 등이 출토되었다.

금강산은 이 시기에 개골산, 상악산, 풍악산이라 불렀다는 기록이 《삼국사기》와 《삼국유사》에 전한다. 금강산을 방문한 가장 오랜 기록은 6세기 신라 때 화랑 영랑(永郎), 술랑(述郎), 안상(安祥), 남랑(南郎)이 관동지방을 유람하다가 해금강에 와 하루만 있다 가려 했으나 삼일포의 승경에 매료돼 사흘을 머물렀다고 해서 삼일포(三日浦)라는 이름을 얻었다는 기록이다. 그들이 유람하고 갔다는 사선정(四仙亭)이 있고, 삼일포 북쪽 바위 단서암(丹書巖)에는 '영랑도 남석행(永郎徒南石行)'이라는 명문이 남아 있다. 9세기 통일신라 말기 최치원(崔致遠, 857~?)이 외금강에 왔다가 구룡폭포가 보이는 바위에 새겼다는 여덟 글자 '천장백련 만곡진주(千丈白練 萬斛眞珠, 천길 흰 비단 드리웠는가, 만섬 진주알 흩뿌렸는가)'가 남아 있다.

고성의 경제와 문화를 뒷받침하는 육로와 해로가 일찍이 발달했다. 문헌에 가장 먼저 등장하는 육상 교통로는 신라도(新羅道)다. 당나라 지리학자 가탐(賈耽)의 《고금군국지(古今郡國志)》에 따르면, 발해와 신라 사이에 연결된 상설 교통로로, 39개의 역사와 역관이 설치돼 있었다. 신라도는 오늘날 원산 덕원에서 고성을 지나 신라 수도 경주로 이어지는 도로로, 발해 사신들의 사행길로 이용되었다.

신라는 통일 후 지방에 사찰을 지어 민심을 통합하려 했다. 신계사(神溪寺)는 외금강의 유서 깊은 신라 사찰로, 유점사, 장안사, 표훈사와 함께 금강산의 4대 사찰의 하나이다. 신라 3대 고탑(古塔)의 하나인 신계사 3층탑 보존 유적 제1234호은 전형적인 9세기 석탑 양식으로, 통일신라 말기 지방 불교가 크게 일어났음을 보여주는 유적이다. 11개의 전각을 거느린 대가람이었으나 1951년 전화(戰火)로 불에 타 소실되었다. 그 신계사 터 ^{국보 유적 제95호}에 2007년 남북이 공동 불사로 복원했다. 유점사(楡岾寺)는 통일신라 때 외금강에 창건된 절로, 금강산 4대 사찰의 하나이다. 유점사 터 ^{보존 유적 제1719호}가 남아 있다. 원산 역사박물관에 보존된 유점사 53존불의 하나인 금동불상은 균형미와 정교함이 돋보이는 조각상이다.

고려

995년(성종 14) 전국을 10개 도로 개편할 때 삭방도 아래 고성군과 수성군으로 나뉘어 편입되었다. 1018년(현종 9) 지방 행정구역을 5도와 양계로 재편하면서 동계(東界)에 속해 고성현과 간성현이 되었다. 간성현은 그 뒤 간성군으로 승격되었다. 바위가 많은 고장이라는 뜻에서 풍암(豐巖)이라는 별호로도 불렸다. 고려 말에 교육제도가 정비되면서 이용계(李龍溪)가 간성향교를 세웠다.

고려에 와서 금강산 사찰은 전성기를 맞아 국가의 지원과 왕실의 비호를 받으며 성장했다. 《신증동국여지승람》에는 금강산 내금강과 외금강에 모두 108곳의 절간이 있었다고 한다. 오늘날 금강산에 있는 문화 유적의 상당수가 고려시대에 제작되었다.

1344년 금강산 사찰을 관장하는 관청을 따로 두어 행사 비용을 국가에서 지원했다. 오늘날의 강원도에 해당하는 지역에서 거둔 세금을 금강산 절로 보내도록 했는데 흉년이 들어도 면제해주지 않았다. 이 때문에 인근 백성들이 무거운 조세 부담을 지고 불교 행사에 동원되는 등 사회문제를 낳았다. 문인 최해

(崔瀣, 1287~1340)는 "금강산 길가에 사는 백성들은 (금강)산은 어찌하여 다른 데 있지 않고 우리 고장에 있어서 이 고생을 시키느냐며 원망한다"며 이를 비판했다.

주둔리 무지개다리(발연사 홍예교) 국보 유적 제106호

발연사(鉢淵寺)는 신라 승려 진표(眞表)가 770년(혜공왕 6)에 외금강 주둔리에 창건한 절이다. 발연사는 6·25 전쟁 때 소실됐으나, 발연사 터에는 아치형 돌다리가 남아 있다. 길이는 13m, 너비는 3.1m이다. 개울 바닥에서 제일 높은 곳까지는 약 9m이다. 판돌의 무게는 1톤이나 되는데, 부채형 판돌 40개 이상을 다듬어서 26단으로 맞물려 쌓아 무지개 모양으로 정교하게 만들었다. 다리를 받치는 교각이 오늘날까지 건재하다. 북한에서 가장 오래된 돌다리의 하나로, 고려의 우수한 석조건축기술을 보여주는 유적으로 보고 있다.

발연사 무지개다리. 절은 전쟁 때 소실되었으나 이 아름다운 다리는 남아 있다.

겸재 정선의 진경산수화 〈금강전도〉. 우리나라 국보 제217호.

조선

간성과 고성은 오늘날의 남고성, 북고성과 지리적으로 비슷한 영역이다. 간성군에 속해 있던 고성현이 조선 세종 때 고성군으로 승격되면서, 간성군과 고성군은 독립된 행정구역이 되었다. 1895년(고종 32) 전국이 23부제를 실시하면서 간성군과 고성군은 강릉부 관할이었다가, 이듬해 13도제를 실시하면서 강원도에 속하게 되었다.

온정리에는 왕이 온천욕을 하기 위해 머무르던 별궁 고성행궁이 있었다. 《조선왕조실록》에 따르면, 세종 때 고성에 온천이 있어 행궁을 세웠으며 세조

만물상의 전망대 역할을 하는 천선대의 가을 모습.

가 이곳을 수리해 묵었다는 기록이 있다. 교육기관으로 고성향교가 간성향교와 함께 지방 교육을 담당했다.

숭유억불정책을 펴면서 불교는 박해를 받았지만, 한편으로는 조정의 지원이 이어져 금강산에는 큰스님들이 배출되었다. 세조는 1461년 불경을 번역하기 위해 간경도감(刊經都監)을 설치했으며, 강원도에서 거두는 세헌미(歲獻米)를 금강산 사찰에 보내도록 했다. 표훈사 주지 서산대사(휴정)의 제자 사명대사(유정)는 임진왜란 때 유점사를 기반으로 강원도에서 승병을 일으켜 평양성과 행주산성 전투에서 전공을 세웠다. 8도 도총섭(都摠攝)에 임명되어 승군을 지휘하는 한편, 가토 기요마사[加藤淸正]와 네 차례 만나 일본과의 강화 교섭을 이끌었다.

17세기 중엽부터 문인들의 금강산 유람이 활발해졌다. 금강산 여행은 조선 경치를 노래하고 그린 진경시와 진경산수화라는 '진경문화'의 빛나는 성취를 낳았다. 겸재 정선(鄭敾, 1676~1759)은 금강산을 소재로 한 진경산수화를 개척해 조선의 독자적 회화로 뿌리내렸다. 이후 18세기 후반 단원 김홍도를 비롯한 화가들의 붓끝에서 금강산 그림은 황금기를 구가했다. 유홍준은 《나의 북한문화유산답사기》에서 "금강산이 명산인 것은 그 자체의 아름다움보다도 그 아름다움을 찾아오는 끊임없는 유람의 역사 속에서 이루어진 것"이라고 말한다.

근대

1914년 고성군을 폐지하고 간성군에 합쳤는데, 이때 군청을 간성면에 두었다. 1919년 군청을 고성으로 옮기고 고성군으로 이름을 바꾸었다. 철도와 함께 금강산 여행은 새로운 전기를 맞았다. 1914년 8월 **경원선**(서울~원산)이 개통되면서, 한 달 이상이 걸리던 여행길이 5~7일로 줄어들어 금강산 여행은 대중화시대를 맞았다. 원산역에서 내린 여행객들은 원산항에서 증기선을 타고 고성으로 들어왔다. 외금강의 관문인 장전항(오늘날의 고성항)은 전국적인 지명도를 가진 관광항으로 부상했다. 그러다 1930년대에 외금강역(오늘날의 금강산청년역)을 경유하는 동해북부선이 완공되고, 철원에서 내금강까지 연결하는 금강산전기철도가 개설되면서 금강산은 열차 여행 시대로 접어들었다. 온정리는 관광촌이 되어 여관과 식당이 즐비했고, 철도국에서 직영하는 호텔, 온천장, 스키장 등이 들어섰다. 1930년대 후반에는 이용객이 15만 명을 넘었다. 금강산 관광은 기행문학을 낳아, 최남선의 〈금강예찬(金剛禮讚)〉, 정비석의 〈산정무한(山情無限)〉 등 기행문들이 쏟아져 나왔다.

현대

해방 당시 고성군은 북위 38°선 이북 지역으로 북한 영역이었다. 6·25 전쟁 때 361고지와 월비산 등이 격전지가 되면서 수많은 문화 유적과 유물이 불타고 사라졌다. 4대 사찰 가운데 표훈사만이 구사일생으로 살아남았고, 고성의 외금강 지역은 유점사, 신계사를 비롯한 사찰과 암자가 소실되었다. 고성 읍내는 성한 건물이 거의 남아 있지 않았다.

고성군은 비슷한 면적으로 남북이 분단되었다. 군사분계선을 두고 양측으로 2km씩 4km 폭의 비무장지대[Demilitarized Zone, DMZ]가 설정되고, 해상으로는 북방한계선[Northern Limit Line, NLL]이 고성군 앞바다를 갈라놓게 되었다. 양사언의 전설이 깃든 자연호수 감호(鑑湖)와 비래정(飛來亭)은 비무장지대 안에 갇히게 되었다.

고성군 인민위원회 소재지인 고성읍은 북한 고성군의 정치·경제·문화의 중심지로, 인구의 33%가 거주하고 있다. 온정리에는 금강산 **야외영화관**(1500석)과 **고성군 인민병원**(200병상)이 있다.

1984년 금강산관광이 외국인에게 허용되면서, 고성행궁 터의 금강산온천(외금강온천)^{천연기념물 제226호}을 비롯해 금강산호텔 등 관광시설이 문을 열었다. 1998년 금강산관광선 금강호가 입항하면서 고성항은 외금강 관광의 관문이 되었다. 2008년 금강산관광이 중단된 뒤, 방치된 금강산관광지구를 외국인을 대상으로 하는 국제 관광단지로 재탄생시키는 **원산~금강산 국제관광지대** 구상이 2014년 발표되었다. 세계적 명승지 금강산을 품은 고성군은 이 청사진의 한 축을 담당하고 있다.

금강산온천

고성군 여행

예로부터 금강산은 "글로도 다 써낼 수 없고 그림으로도 다 그려낼 수 없다[畫不盡 畵不得]"고 했으며, 최남선(崔南善, 1890~1957)은 "금강산을 읊은 시를 다 한 자리에 모을 수 있다면 도서관을 하나 채울 수 있을 것"이라고 했다. 금강산의 명성은 외국에도 알려져서, 《조선왕조실록》에는 "중국의 사신이 오면 꼭 금강산을 보고 싶어 하며, 고려에서 태어나 친히 금강산을 보는 것이 소원이다[願

구룡폭포. 금강산의 가장 아름다운 폭포라는 예찬을 듣는 폭포이다.

生高麗國 親見金剛山]라는 말이 중국에 있을 정도이다"라고 기록돼 있다. 이사벨라 버드 비숍(Isabella Bird Bishop, 1831~1904)은 《조선과 이웃나라들(Korea and her Neighbours)》에서 금강산의 아름다움은 여느 명산의 아름다움을 초월한다면서, "묘사라고 해봐야 그저 카탈로그에 불과하다. 아름다움의 요소요소로 가득 찬 이 거대한 협곡을 마주하면 마취당한 양 도취되는 게 현실이다."(A description can be only a catalogue. The actuality was intoxicating, a canyon on the grandest scale, with every

옥류동의 가을

해금강문. 해금강에 들어서는 문과 같다는 바위섬.

삼일포. 관동팔경 중 하나로 예로부터 유람객이 많이 찾는 명승지이다.

element of beauty present.)라고 예찬했다.

계절마다 풍경이 달라, 봄에는 금강산(金剛山), 여름에는 봉래산(蓬萊山), 가을에는 풍악산(楓嶽山), 겨울에는 개골산(皆骨山)이라고 했다. 또 눈이 내렸을 때는 설봉산(雪峰山), 묏부리가 서릿발 같다고 상악산(霜嶽山) 등으로도 불렸다.

고성항에서 6km 거리의 온정리는 예로부터 외금강 여행의 베이스캠프 역할을 했다. 모든 외금강 여행길은 온정리에서 시작되었고 내금강과 해금강을 연결하는 거점이었다.

외금강의 진수를 보여주는 여행 노정은 금강산의 웅장한 산악미를 대표하는 만물상 코스와, 폭포와 어우러진 계곡미를 대표하는 구룡연 코스가 있다.

세상 만물의 형태를 한곳에 옮겨놓은 모습이라는 만물상(萬物相)은 금강산의 절경으로 꼽힌다. 만물상 코스의 묘미는 깎아지른 층암절벽과 기기묘묘한 바위와 봉우리에서 만물의 모습을 감상하는 데 있다. 삼선암(三仙巖)[천연기념물 제220호]은 만물상 어귀에 하늘을 찌를 듯 높이 솟은 세 개의 바위로, 오랜 기간 바람에 깎여 만들어진 예리한 형상이 돋보인다. 삼선암 뒤에 솟은 귀면암(鬼面巖)[천연기념물 제224호]은 화강암의 풍화작용으로 생긴 기암이다. 천녀봉(天女峰, 936m)에 있는 천선대(天仙臺)[천연기념물 제216호]는 화강암의 절리와 풍화로 인해 고깔 모양을 한 봉우리다. 망양대에 오르면 운무(雲霧) 위로 떠오른 일망무제(一望無際)의 만물상을 관조할 수 있다. 단원 김홍도가 뱃길로 다녀갔던 이 코스는 만상정~삼선암~귀면암~안심대~하늘문~천선대~망양대에 이르는 약 3km 노정으로 왕복 약 3시간 걸린다.

구룡연 코스는 구룡폭포와 구룡연, 상팔담, 비봉폭포, 연주담, 옥류담 등 유명한 폭포와 연못이 집중돼 있다. **구룡폭포**(높이 74m, 폭 4m)[천연기념물 제225호]는 설악

해금강 솔도. 소나무가 자라는 바위섬이다.

산의 대승폭포, 개성의 박연폭포와 더불어 우리나라 3대 폭포의 하나로, 구룡대의 깎아지른 골짜기를 뒤흔들며 쏟아지는 폭포수가 장관이다. 구룡폭포 아래 팬 아홉 개의 연못 **구룡연**(九龍淵, 깊이 약 13m)에는 금강산을 지키는 아홉 마리의 용이 살았다는 전설이 전해진다. 구룡폭포 위에는 여덟 개의 못이 계단처럼 층층이 흘러내리는 **상팔담**(上八潭)천연기념물 제219호이 있다. 상팔담과 구룡폭포, 구룡연은 극치의 계곡미를 연출하며 금강산의 승경으로 꼽힌다. 신계사~금강문~연주담~구룡폭포~구룡대로 이어지는 노정으로, 왕복 약 4~5시간이 걸린다.

금강산 외금강의 절경은 해금강에 이르러 완성된다. 해금강은 외금강의 동

고성 참대밭

쪽에 펼쳐진 아름다운 호수와 바다, 기암괴석, 백사장, 솔숲 등이 조화를 이루는 명승지다. 해금강문(海金剛門)천연기념물 제229호은 해식작용에 의해 2개의 화강암 돌기둥 위에 바위가 지붕처럼 얹혀 있는 형상을 한 자연 바위섬이다. 마치 바다 위에 떠 있는 문과 같은 형상이어서 해금강에 들어서는 문과 같다고 해서 붙여진 이름이다. 해금강 솔도(송도 松島)천연기념물 제228호는 화강암이 오랜 세월 비바람과 파도에 깎여 이루어진 바위섬으로, 흙이 거의 없지만 소나무가 뿌리를 박고 푸르게 자라고 바닷새들이 서식한다. 고성항과 해금강 사이에 있는 삼일포(면적 0.79㎢, 둘레 5.8㎞)천연기념물 제218호는 본래 만이었는데 남강의 모래가 만 입구에 쌓이면서 바다와 분리되어 생긴 석호이다. 기괴한 암석과 36개 봉우리가

창터 소나무림. 구룡연구역 신계동 입구(온정리)에 있는 자연림이다.

맑은 호수에 비치고 4개의 섬이 물 위에 떠 있는 듯한 비경이 펼쳐진다. 외금강의 만물상을 바다로 옮겨온 것 같다고 해서 이름 붙은 해만물상(海萬物相)이 유명하다.

금강산은 온대남부 계통의 식물부터 아한대성 식물에 이르기까지 다양한 식물과 고유한 특산식물이 많아 대자연식물원을 방불케 해 자연보호구로 지정돼 있다. 금강초롱(Hanabusaya asiatica)과 금강국수나무(Pentactina rupicola) 등 17종의 특산식물과 1,000여 종의 희귀식물이 자생하고 고성 참대밭^{천연기념물 제415호}이 있다. 우리나라의 소나무, 금강소나무(Pinus densiflora f. erecta Uyeki)는 금

삼일포리 단풍관

강산에서 따온 이름이다. 결이 곱고 단단하며 목재로 켠 뒤에도 크게 굽거나 트지 않으며 잘 썩지도 않아 예부터 소나무 중에서 최고로 쳤으며, 궁궐 전각이나 사찰을 지을 때 썼다.

구룡연구역 신계동 입구(온정리)에 **창터 소나무림** 천연기념물 제416호이 있다. 면적 180,000㎡(5만4천평)의 자연림으로 200년 된 소나무부터 젊은 소나무까지 나이와 크기가 다양한 소나무들이 어울려 살아가고 있다. 자연스럽게 갱신되고 세대교체되는 아름다운 솔숲이다. 멸종 위기종인 남생이가 최근 금천리 흑연늪에 서식하고 있음이 발견돼 **외금강 남생이 살이터** 천연기념물 제230호로 지정해 보호하고 있다.

고성의 전통 요리로는 금강잣죽이 있다. 금강산 일대에는 예로부터 질 좋은 잣이 많이 생산되어, 잣죽을 즐겨 쒀 먹어 '금강산죽'이라고도 불린다. 전복, 섭조개와 함께 삼화(三貨)라 불린 해삼은 고급 요리 재료로 쓰였다. 〈고성읍지〉

해삼탕. 해삼은 예로부터 고성군의 특산물이다.

는 해삼을 고성 지방의 특산물로 소개하고 있다. **해삼탕**은 해삼을 도톰한 편으로 썰어 끓는 소금물에 데치고 닭고기는 납작하게 썰어 농마(감자 전분)와 양념으로 재웠다가 끓는 물에 데친다. 파, 홍당무, 생강, 풋고추를 썰어 기름을 두른 냄비에서 볶다가 해삼을 넣은 다음 간장과 조청을 넣고 끓인다. 해삼에 색이 오르면 국물, 소금, 닭고기, 다진 파와 마늘, 후춧가루, 농마물을 넣은 다음 참기름을 쳐서 낸다.

험준한 산발을 따라 마감단계 공사 중인 고성군민1호발전소

산업

농업과 수산업을 함께 하는 반농반어 협동농장이 많다. 풍해를 막기 위해 1958년부터 바람막이숲(방풍림)을 가꾸어왔다. 2021년 9월에도 200정보(약 200만㎡, 60만평)에 나무를 심어 바람막이숲을 조성했다. 최근에는 풍해(風害)에 맞서 수천㎡에 달하는 제방 공사를 했다. 또 관개공사를 벌여 저수지와 양수장을 건설했다. 1990년대 중반 월비산 발전소를 준공해 지역의 기반 전력을 생산하고 있으며, 고성군민1호발전소는 2024년 현재 막바지 공사가 한창이다.

농림어업
① 농축산업

논농사를 위주로 하며, 과수밭과 참대밭의 비중도 높다. 논벼는 삼일포 협동농장, 봉화 협동농장, 렴성 협동농장, 순학 협동농장에서, 옥수수는 순학 협동농장, 삼일포 협동농장, 렴성 협동농장에서 주로 생산한다. 최근 해안지대의 지형 특성과 기후 조건에 맞는 선진 영농법을 도입하는 등 농업 경영에서 새로운 변화가 일어나고 있다. 고성읍 협동농장에서는 선진농법인 '이른큰모에 의한 논벼이랑 재배방법'을 도입하고, 물관리를 토양과 논벼의 생육단계별 특성에 맞게 차별화했다. 또 옥수수 농사에서는 영양단지(영양물질이 많은 흙덩이)에 심어 키운 모를 단지째로 밭의 구덩이에 옮겨 심는 원형재배방법을 도입했다. 순학 협동농장에서는 벼 강화재배 방법을 도입했다. 이 농법은 적은 양의 큰 모를 일정 거리를 두고 심어 키우는 재배 방식으로, 모판 면적이 작고 모판에서 키우는 기일이 짧아 인력과 자재를 절약할 수 있어 효율적이다. 온정 협동농장에서는 관개시설을 정비하는 한편, 양수장을 새로 건설했다. 순학 협동농장, 운곡 협동농장 등에서는 유기농법 농사를 짓는데, "거름더미의 높이가 곧 쌀더미의 높이"라는 표어 아래 유기질 거름을 생산하고 있다.

남새(채소)는 삼일포 남새전문협동농장과 온정 협동농장 등에서 유기질비료를 써서 생산한다. 1985년부터 삼일포 농장에서는 담수화한 삼일포의 물을 관개용수로 이용해왔는데, 2022년 관개수로를 근본적으로 개선했다.

과일은 국영 고성 과수농장(룽동리)의 생산량이 절반 이상을 차지한다. 이 농장은 렴성천 근처에 있으며 주로 배와 사과, 복숭아, 감, 포도를 생산한다. 모든 협동농장에서는 뽕나무를 키워 잠업을 하는데, 대부분 뽕누에를 친다.

강원도 전체 참대밭의 약 67%가 고성군에 있다. 참대 재배에 좋은 기후 조건을 지닌 삼일포에서 1960년대부터 시험 재배를 시작해, 참대 전문 생산기지인 고성 참대사업소가 세워졌다. 관광품 수요로 참대 재배 면적이 꾸준히 늘고 있다.

뜨락또르(트랙터)를 비롯해 모내는 기계, 알곡기, 분쇄기 등이 보급되었다. 개간사업도 꾸준히 일어나 2019년에는 불모지이던 갈대밭 적성벌을 논밭으로 개간했다.

국영축산과 협동축산, 농장원의 부업축산이 결합해 함께 발전해왔다. 소와 돼지, 닭, 오리, 토끼를 많이 기른다. 주요 업체로는 고성 닭공장과 고성 오리목장이 있다. 협동농장마다 지대 특성에 맞게 수의방역과 축산기술지도 체제가 갖춰져 있다.

'고성 천연꿀'은 북한에서 최고 품질로 평가받는다. 온정리 양봉기지는 해마다 봄부터 가을까지 많은 양의 꿀을 채취하는데, 품질 우선을 경영전략으로 내세우고 있다.

고성 은정차 재배원

북한에서는 전통차 마시는 풍습을 장려하고 있다. 2009년경 문을 연 고성 은정차 재배원은 은정차의 대표적 생산지이다. 은정차는 1983년 중국 산둥성에서 들여온 차나무를 비슷한 위도의 고성군 등지에서 기후와 토질 등 자연환경에 적응시켜 생산한 차이다. 카페인, 타닌, 비타민이 풍부하고 이뇨, 해독, 항암 작용과 노화 방지 효과가 있다고 한다. 재배원에서는 냉해를 받지 않고 바람의 영향도 적으며 물 스밈이 좋아 차나무 재배에 유리한 야산을 찾아 꾸준히 차나무밭을 넓히고 있다.

② **수산업**

산업에서 수산업이 차지하는 비중이 높다. 앞바다는 한류와 난류가 만나는 수역으로, 어장이 발달했다. 명태와 정어리, 임연수어, 멸치, 청어, 가재미(가자미), 송어, 까나리, 공미리, 공치(꽁치), 고등어, 낙지(오징어), 황어 등이 많이 잡힌다. 특히 문어와 섭조개, 털게는 고성의 특산물이다.

고성 수산사업소는 자체의 냉동공장, 통졸임공장 등을 갖춘 종합 수산기지로 발전하고 있다. 두포 수산사업소는 중소어업과 소

수산사업소 노동자들의 문어잡이 모습

규모 어업이 결합해 있다. 종곡 수산협동조합, 남애 수산협동조합, 장전 수산협동조합은 주로 소규모 어업을 한다.

앞바다에는 100여 정보(약 100만㎡, 30만평)에 달하는 양식장이 있어, 미역, 다시마, 전복, 밥조개(가리비), 섭조개를 양식한다. 담수 양어장이 금천리에 있다.

경공업

경공업은 참대와 산림자원, 수산자원 등 지역 자원에 기반을 두고 발전해왔다. 선박수리, 농기계, 방직 및 피복, 제약, 건재 부문의 공장이 있으며, 최근 여자 옷공장과 종이공장, 제약공장 등을 새로 준공했다.

① 일용품 공업

자체 원료에 기반해 참대 일용품과 목재 일용품, 화학 일용품, 짚풀 공예품 등을 생산한다. 특히 참대 제품은 고성군의 특산물이다. 고성 영예군인일용품공장(고성읍)과 **고성 참대일용품공장**(고성읍), **공예품 생산협동조합**(온정리)에서는 참대를 원료로 참대 의자와 참대 꽃바구니, 함, 부채, 낚싯대 등 80여 종의 제품을 생산해 전국에 공급한다. 또 지팡이, 물주리(담배 물부리), 풍경화를 비롯한 공예품과 기념품을 만들어 관광객에게 판매한다. 2022년 8월 강원도 인민소비품 전시회에 참대 제품을 출품해 호평을 받았다.

② 식료품 공업

수산물 가공업이 압도적 비중을 차지한다. 고성 수산사업소는 냉동공장, 통졸임공장 등을 갖추고 자체로 수산물 가공업을 하며 종합수산기지로 성장하고 있다.

고성 식료공장(고성읍)은 고기와 채소를 비롯한 식료품을 가공하며 식료품 공업의 주도적 역할을 한다. 주로 금강산과 동해안의 풍부한 자원을 바탕으로 된장과 간장, 기름, 당과류, 청량음료 등 다양한 식료품을 생산한다. 최근에는 고구마를 원료로 제품을 개발했으며 금강산 백도라지로 제조한 '백도라지술'은 고성 특산물로 알려져 있다. 고성 장공장, 고성 과자공장에서는 장류와 당과류 등을 생산한다. 금강산 샘물공장이 있다. 고성 은정차 재배원은 차를 재배할 뿐만 아니라, 차 가공공장을 세워 녹차와 홍차, 철관음(鐵觀音) 등 다양한 제품을 생산하고 있다.

금강산 샘물공장

금강산 수출품 생산사업소

금강산의 천연원료로 건강식품을 생산하는 기업이다. 자체 상표인 '화원(花院)'을 내건 제품들은 영양학적, 약리적 효과가 높아 찾는 수요가 많은데, 특히 천연 벌꿀은 북한에서 최고급 품질로 평가된다. 금강산에서 채취한 산나물, 버섯, 산열매로 만든 특산품을 비롯해 술과 건강식품 등 주요 제품만 해도 40여 가지에 이른다. 벌꿀 제품 중 '개성고려인삼'을 꿀에 원형 그대로 재워 만든 '인삼꿀'이 인기가 있다.

특히 최근에는 벌풀(꿀벌이 나무순과 꽃술에서 뒷다리에 묻혀 가져오는 진) 제품의 수요가 높다. 특산품인 송이버섯, 검정버섯, 봇나무혹버섯, 두릅, 삼지구엽초, 더덕, 도라지, 오미자, 도토리, 솔꽃가루, 마가목을 비롯한 산나물류와 가루제품류, 단졸임(잼)류도 천연의 맛과 향기를 그대로 살려 호평을 받고 있다.

금강산 동석동굴에서 나오는 샘물로 빚은 '화원소주'는 숙성 과정에 생겨나는 천연향이 보존돼 부드럽고 연한 소주의 풍미를 느낄 수 있어 인기가 높다. '화원' 제품은 금강산지구를 비롯한 전국의 관광지, 평양의 호텔과 백화점에서 판매중이다.

금강산 수출품 생산사업소의 상표 화원(花院)의 벌풀꿀

중공업

기계공업은 지역의 수산업과 농업을 뒷받침하는 산업이다. 선박수리공장과 농기계작업소, 농기구공장, 기계수리공장, 건재공장 등이 있다. 1972년에 창설된 선박수리공장은 배를 수리하고 어선을 건조하는 곳이다.

상업

고성군의 공식시장은 고성시장(고성읍)과 두포시장(두포리)이 있다. 소규모 시장이다.

교육

69개의 탁아소와 67개의 유치원이 있어, 어린이들을 보육하고 있다. 고성 소학교를 비롯한 22개의 소학교와 영웅 고성초급중학교, 고성 고급중학교, 금강 고급중학교, 종곡 고급중학교를 비롯한 18개의 고등중학교, 1개의 고등농업전문학교가 있다. 노동자들이 원격교육을 통해 전문학교와 대학교의 교육과정을 이수할 수 있는 체계를 갖추고 있다.

온정리 유치원 어린이들

교류협력

금강산관광

1998년 11월 18일, 강원도 동해항에서 826명을 실은 현대 '금강호'가 금강산을 향해 역사적 첫 출항을 해 북한 고성항에 도착하면서 시작되었다. 금강산관광의 단초를 제공한 것은 현대그룹으로, 1989년 1월 정주영 회장이 방북해 '금강산 관광 개발 및 시베리아 공동 진출에 관한 의정서'를 체결하면서 물꼬를 텄다. 그러나 북한 핵 문제로 남북관계가 경색되면서 무산되었다가, 1998년 출범한 김대중 정부의 햇볕정책으로 결실을 보게 되었다.

현대그룹은 북한 조선아시아태평양평화위원회('아태평화위원회'로 줄임)와 합의를 통해 1998년 금강산관광 개발사업권을 따냈고, 한국관광공사도 2001년 6월 공동사업자로 참여했다. 관광 코스는 초기에는 구룡연과 만물상, 삼일포, 해금강 등 외금강과 해금강 일대를 도는 순환 코스였다. 금강산 관광선은 계절에 따른 금강산의 이름을 빌려와 금강호, 봉래호, 풍악호, 설봉호라 불렸다. 그러나 배로 관광객을 수송하는 데는 인원의 제한이 있어 육로 관광의 필요성이 제기되었다.

2002년 9월, 아태평화위원회와 현대그룹은 추가 협상을 통해 '금강산관광 활성화를 위한 당국 간담회'를 계기로 금강산 활성화 방안에 합의했다. 북한이 2002년 11월 13일 금강산 일대를 관광특구로 지정하면서 육로 관광의 길이 열렸다.

2003년 9월 1일, 버스를 타고 군사분계선을 통과해 금강산으로 직행하는 육로 관광이 공식적으로 시작되었다. 고성항이 관문 역할을 한 해로 관광은 2004년 1월을 마지막으로 육로 관광에 바통을 넘겼다. 도로뿐만 아니라 철도로 금강산관광이 추진되면서 남한 고성의 제진역부터 금강산청년역까지 철도가 연결되었다. 금강산 정기 여객열차를 운행할 계획이 추진되면서 금강산 철도여행시대가 열리리라는 기대가 높아졌다.

'금강호'의 역사적 첫 출항. 1998년 11월 18일, 826명을 실은 채 금강산을 향하고 있다.

금강산관광은 22개 명승 구역 가운데 3코스, 4코스에 해당하는 외금강과 해금강 지역에 한정돼 있었다. 금강산의 진면목을 보려면 내금강 관광이 이루어져야 하지만, 북한의 군사지역이 포함돼 있어 개방이 쉽게 이루어지지 않았다.

2006년 초, 현대아산과 아태평화위원회의 재협상을 통해 2007년부터 관광 지역이 내금강으로 확대되었다. 공식적인 내금강 관광은 2007년 6월 1일부터 시작되었다.

2008년 3월, 승용차 관광이 이루어졌다. 7월에는 금강산 최고봉인 비로봉 관광이 이루어질 예정이었다.

2008년 7월 11일, 관광객 사망 사건이 일어나면서 금강산관광은 전면 중단되었다. 금강산 누적 관광객이 200만 명을 앞둔 상황이었다.

2009년 8월, 현대아산 현정은 회장이 북한을 방문하고, 2010년 2월 8일에는 남북 당국 간 실무회담이 열렸으나 금강산관광 재개로 이어지지는 못했다.

2015년, 김정은 위원장이 신년사에서 금강산 사업을 추진하겠다고 밝힌 데 이어, 9월에는 남북 고위급 만남에서 민간 교류 활성화에 합의하면서 관광 재개의 전망이 높아졌다. 그러나 남북 관계가 악화하면서 북한의 핵실험과 연이은 미사일 발사로 무산되었다.

2018년 4월 27일, 남북정상회담을 계기로 남북화해 분위기가 조성되었다. 6월 12일 북미 정상회담에서 한반도 평화체제 구축에 합의하고, 9월에 평양에서 남북정상회담이 재개되면서 금강산관광 재개에 대한 기대가 어느 때보다 높아졌다. 2018년 11월 18일, 금강산에서 현대아산과 북한 아태평화위원회가 주관한 금강산관광 20주년 남북공동행사가 개최되었다.

2019년, 김정은 위원장이 신년사에서 금강산관광을 대가 없이 재개할 뜻이 있다고 밝혔지만, 그해 2월, 북미 정상회담이 불발되면서 금강산관광 재개는 다시 불확실해졌다. 10월 23일, 김정은 위원장이 10여 년 동안 방치된 금강산 관광시설을 돌아보며 건물을 새로 건설하겠다고 피력하였다.

2021년, 북한은 금강산관광을 독자적으로 개발하겠다는 의지를 밝혔다.

2022년 3월, 현대아산이 지은 호텔 '해금강'이 철거되었다.

고성군 송지호의 바람, '다시 잇다, 다시 있다'

기후 그래프(14개 지역)

북한 철도망

참고 문헌

사진 저작권

기후 그래프(14개 지역)

이 책은 대한민국 기상청 자료를 참고하여 만든 북한 지역의 기후 그래프를 제시하고 있다. 우리 기상청은 현재 북한 지역 중 27개 지점에 관한 데이터를 제공하고 있는데, 그중 11개 지점이 《북한지리지》 1권과 2권에 실린 지역이다. 이 최근 기후 데이터를 못 구한 나머지 4지역은, 기후 특성이 비슷한 인근 지역의 데이터를 참고삼아 그래프를 제시하고 있다. 과일군은 남포시의 것을, 순천시는 안주시의 것을, 세포군은 평강군의 것을 참고하도록 안내하고 있으며, 옹진군은 해주시의 것을 참고한다.

1 압록강 하류와 상류

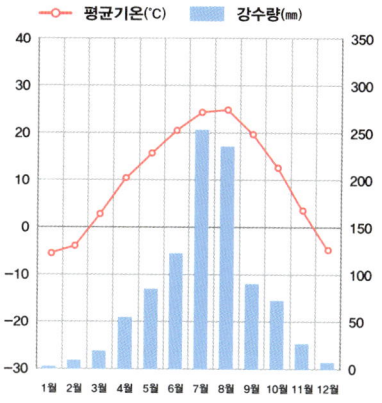

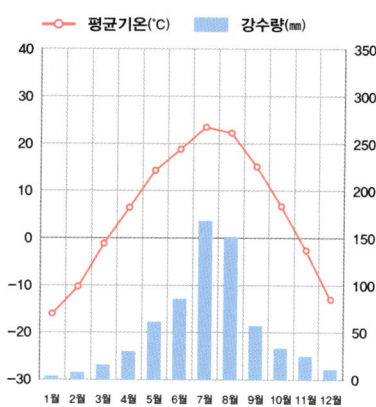

2 동위도 내륙고원과 동해안

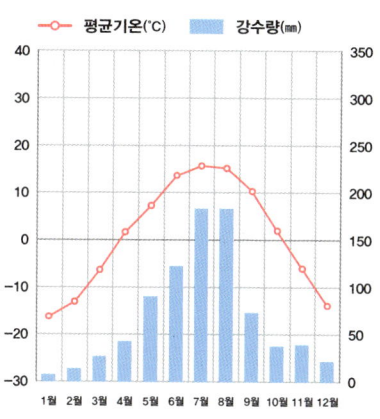

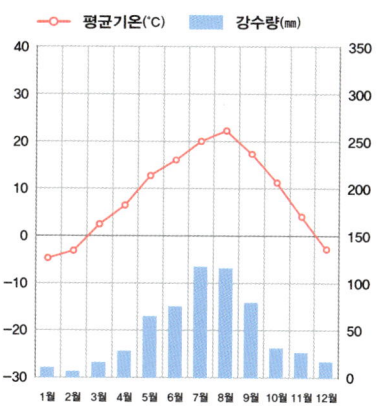

3 함경도의 두 해안도시

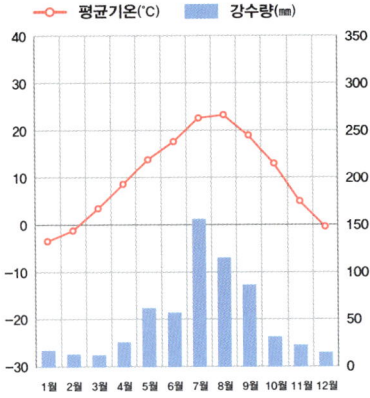

신포시 기후 그래프 (1991~2020년)

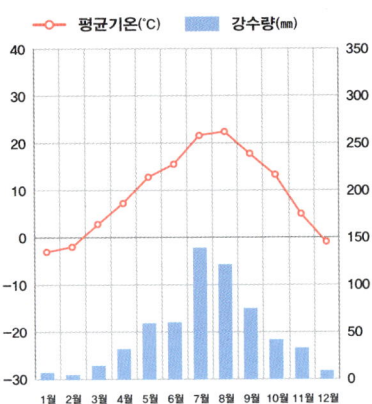

김책시 기후 그래프 (1991~2020년)

4 평안도와 함경도의 평야지역

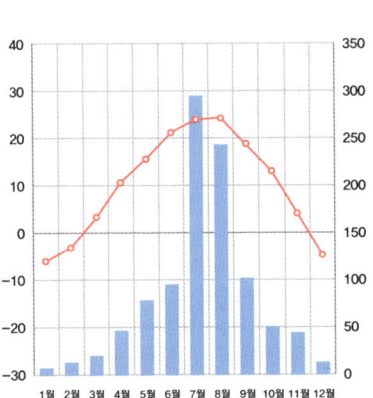

안주시(순천시) 기후 그래프 (1991~2020년)

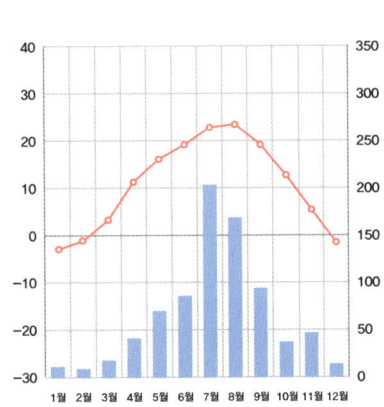

함흥시 기후 그래프 (1991~2020년)

5 서해안과 동해안의 항구도시

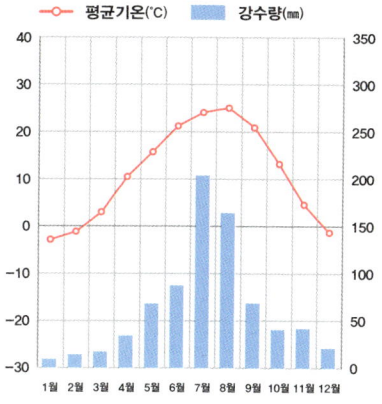

남포시(과일군) 기후 그래프 (1991~2020년)

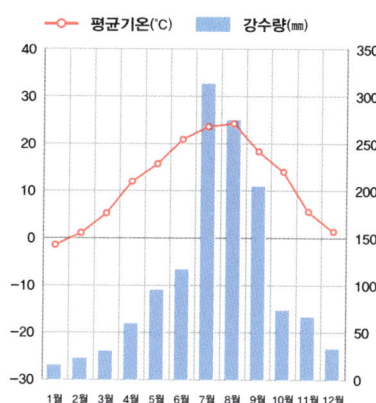

원산시 기후 그래프 (1991~2020년)

6 강원도의 내륙과 해안

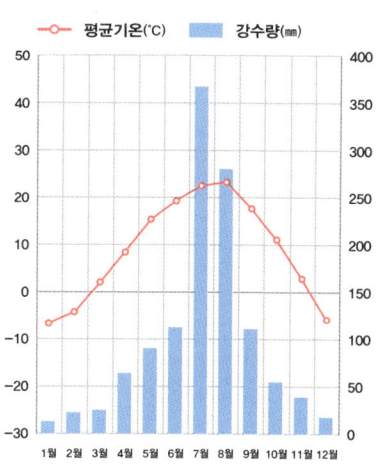

평강군(세포군) 기후 그래프 (1991~2020년)

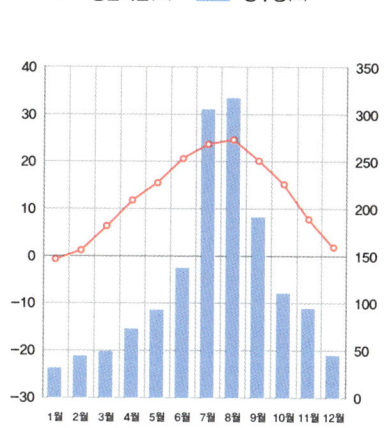

고성군 기후 그래프 (1991~2020년)

7 황해도의 대표 두 도시

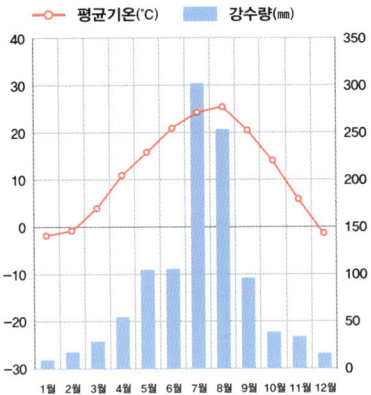

해주시 기후 그래프 (1991~2020년)

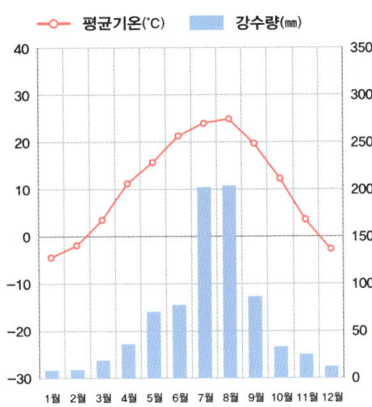

사리원시 기후 그래프 (1991~2020년)

북한 철도망

* 한국교통연구원 자료와 한국산업은행 자료를 참고하여 작성하였음.

참고 문헌

*《북한지리지 1》과《북한지리지 2》를 만들며 참고한 문헌입니다.

자료

《한국민족문화대백과사전》, 한국학중앙연구원, https://encykorea.aks.ac.kr

《조선지리전서》, 교육도서출판사, 1990년

《조선향토대백과》, 평화문제연구소 · 과학백과사전출판사, 2003~2004

《북한지도집》, 국토지리정보원, 2013

《북한 기상 30년보: 1990~2020》, 대한민국 기상청

《북한 기상 연보 2023》, 대한민국 기상청

《조선민주주의인민공화국 2008년 인구 일제조사 전국보고서》, 중앙통계국, 2009

《동북아 북한 교통 자료집》, 한국교통연구원, 2016

《조선유적유물도감》, 교육도서출판사, 1990

《북한 문화재 해설집-석조물편》, 국립문화재연구소, 1997

《북한 국보유적 연혁자료집》, 국립문화재연구소, 2012

《조선료리전집》, 조선료리협회, 1994~2000

《교육신문》, 교육신문사, 2012~2022

《금수강산》, 오늘의조국사, 2016~2024

《로동신문》, 로동신문사, 2012~2024

《조선》, 조선화보사, 2016~2024

《조선중앙통신》, 조선중앙통신사, 2020

《약천집(藥泉集)》, 남구만(南九萬), 1723년경

《택리지(擇里志)》, 이중환(李重煥), 1751년경

《백두산유록(白頭山遊錄)》, 박종(朴琮), 1764년경

《을병연행록(乙丙燕行錄)》, 홍대용(洪大容), 1766년경

《열하일기(熱河日記)》, 박지원(朴趾源), 1780년경

《의유당관북유람일기(意幽堂關北遊覽日記)》, 의유당(意幽堂) 남씨(南氏), 1829년경

《호동서락기(湖東西洛記)》, 김금원(金錦園), 1850년경

《대동여지도(大東輿地圖)》, 김정호(金正浩), 1864년경

《대동지지(大東地志)》, 김정호(金正浩), 1861~1866

《조선과 이웃나라들[Korea and her Neighbours]》, 이사벨라 버드 비숍(Isabella Bird Bishop), 1897

《백두산을 찾아서―잃어버린 풍경 2, 1920~1940》, 민태원 (외) 씀, 이지누 엮음, 호미, 2005

《신여성, 길 위에 서다―잃어버린 풍경 3, 1920~1940》, 나혜석 (외) 씀, 서경석·우미영 엮음, 호미, 2007

《여성, 오래전 여행을 꿈꾸다―의유당관북유람일기, 호동서락기, 서유록》, 의유당·금원·강릉 김씨 씀, 김경미 엮고 옮김, 나의시간, 2019

《(잡지로 보는) 한국 근대의 풍경과 지역의 발견 4. 경기도, 황해도》, 부산대학교 한국민족문화연구소 편, 국학자료원, 2013

《(잡지로 보는) 한국 근대의 풍경과 지역의 발견 10. 평안도》, 부산대학교 한국민족문화연구소 편, 국학자료원, 2013

《(잡지로 보는) 한국 근대의 풍경과 지역의 발견 11. 함경도》, 부산대학교 한국민족문화연구소 편, 국학자료원, 2013

《(서울에서 원산까지) 경원선 따라 산문 여행》, 방민호 엮음, 예옥, 2020

《경의선 따라 산문 여행: 경성에서 신의주까지》, 방민호 엮음, 예옥, 2023

《동아일보》, 동아일보사, 1920~30년대

《신동아》, 동아일보사, 1930년대

《조선일보》, 조선일보사, 1920~30년대

김동환(金東煥, 1901~?)의 시집과 산문집

김소월(金素月, 1902~1934)의 시집

정지용(鄭芝溶, 1902~1950)의 시집

강경애(姜敬愛, 1906~1943)의 소설집과 산문집

김기림(金起林, 1908~?)의 시집과 산문집

백석(白石, 1912~1996)의 시집

이용악(李庸岳, 1914~1971)의 시집

윤동주(尹東柱, 1917~1945)의 시집

권태응(權泰應, 1918~1951)의 시집

김종삼(金宗三, 1921~1984)의 시집

이정호(李貞浩, 1930~2016)의 소설집과 산문집

전혜린(田惠麟, 1934~1965)의 산문집

논문과 책

강정원 외, 《북한의 민속》, 민속원, 2020

강주원, 《휴전선엔 철조망이 없다―평화와 공존의 공간 되찾기, 인류학자의 제언》, 눌민, 2022

권혁재, 《한국지리》, 법문사, 1995

김우선·김현종, 〈지명어 후부 요소 '덕(德)'의 지리적 분포와 특성―북한 지역을 중심으로〉, 《지명학》, 제38호, 2023

김정숙·차은정, 《밥상 아리랑: 북녘에서 맛보는 우리음식 이야기》, 빨간소금, 2020

노영돈, 〈간도 영유권 문제와 '조중변계조약'의 의미〉, 《군사(軍史)》 제108호, 2018. 9.

박수진·안유순 편,《북한지리백서: 인문, 자연, 환경》, 푸른길, 2020

박흥수,《달리는 기차에서 본 세계》, 후마니타스, 2015

뿌리깊은나무,《한국의 발견, 강원도》, 뿌리깊은나무, 1984

신미아,〈북한과 중국 내 고구려 유적 세계유산 등재 관련 주요 쟁점 연구〉,《고구려발해연구(高句麗渤海硏究)》40집, 2011. 7.

심혜숙 글, 안승일 사진,《백두산》, 대원사, 1997

에카르트 데게 저, 김상빈 역,《새로운 북한, 오래된 북한: 독일 지리학자의 북한 답사 앨범》, 푸른길, 2020

옛길박물관,《옛길박물관: 길 위의 역사, 고개의 문화 (옛길편)》, 대원사, 2014

유종호,《다시 읽는 한국 시인: 임화, 오장환, 이용악, 백석》, 문학동네, 2002

유종호,《사라지는 말들—말과 사회사》, 현대문학, 2022

유홍준,《나의 북한 문화유산답사기(상)》, 중앙M&B, 2000

유홍준 편,《금강산》, 학고재, 1998

이덕주,〈초기 한글 성서 번역에 관한 연구〉,《한글 성서와 겨레 문화》, 기독교문사, 1985

이선희,〈조선 후기 황해도 수영(水營)의 운영〉,《한국문화(韓國文化)》38, 2006

이승기,《겨레의 꿈 과학에 실어: 비날론 발명 과학자 이승기 박사의 수기》, 615출판사, 2011

이일야,《아홉 개의 산문이 열리다: 해주에서 … 장흥까지》, 조계종출판사, 2016

이찬우,《북한경제와 협동하자》, 시대의창, 2019

장경희,《북한의 박물관》, 예맥, 2011

정창현,《북한의 국보유적 기행》, 역사인, 2021

정창현,《북한 박물관 기행》, 굿플러스북, 2023

통일연구원,《2022 북한의 공식 시장 현황》, 2022

하효길 글, 송봉화 사진,《서해안 배연신굿 및 대동굿: 중요 무형문화재 제82-나호》, 국립문화재연구소, 2002

한식재단 편,《숨겨진 맛, 북한 전통음식 첫 번째》, 한식재단, 2013

한식재단 편,《그리움의 맛, 북한 전통음식 두 번째》, 한식재단, 2016

홍민·차문석·정은이·김혁,〈북한 전국 시장 정보: 공식시장 현황을 중심으로〉,《KINU 연구총서 16-24》, 통일연구원, 2016

JTBC 제작팀,《두 도시 이야기: 서울·평양 그리고 속초·원산》, 중앙books, 2019

KDB 산업은행,《2020 북한의 산업 I》, KDB 산업은행, 2020

KDB 산업은행,《2020 북한의 산업 II》, KDB 산업은행, 2020

KDB 산업은행,《2020 북한의 산업 III》, KDB 산업은행, 2020

사진 저작권

차례 뒷면(16~17쪽) 사리원시 경암호; Raymond Cunningham

해주시

23쪽 수양산폭포; Raymond Cunningham | 24쪽 북숭미나리; Bing Liu | 31쪽 해주항; 평화문제연구소 | 34쪽 (왼쪽)진철대사 비석, (오른쪽)해주 다라니석당; 조선사진가동맹 | 36쪽 신광사 가는 길; 안산문화재단 김홍도미술관 | 39쪽 부용당; David Stanley | 41쪽 태봉각; 평화문제연구소 | 43쪽 해주 석빙고; 조선사진가동맹 | 45쪽 해주 항아리; 국립민속박물관 | 48쪽 사미정; 평화문제연구소 | 49쪽 해주비빔밥; 조선사진가동맹 | 56쪽 해주 대경가공사업소; 조선사진가동맹 | 58쪽 해주 편직공장; 평화문제연구소 | 61쪽(위) 구제유치원; 조선사진가동맹 | 61쪽(아래) 영광동 아동공원; 평화문제연구소 | 62쪽 바둑원; 조선사진가동맹 | 63쪽 연하고급중학교; Raymond Cunningham | 66쪽 김제원대학; 평화문제연구소 | 68쪽 김금화, 안승삼, 최음전; 국가유산청 무형유산기록관 | 71쪽 바다내음; 통일부

옹진군

78쪽 남해로동자구 오리골; 평화문제연구소 | 85쪽(위) 삼산리 고인돌; 평화문제연구소 | 85쪽(아래) 로호리 고인돌; 평화문제연구소 | 89쪽 1872년 옹진군 지도; 서울대학교 규장각 한국학연구원 | 91쪽 옹진 식물원; 평화문제연구소 | 92쪽 김고추장구이; 조선사진가동맹 | 93쪽 온천려관; 평화문제연구소 | 95쪽 대기리 집들이; 조선사진가동맹 | 96쪽 옹진 토끼종축장; 조선중앙TV | 97쪽 호두농장; 평화문제연구소 | 98쪽 서해리 참대농장; 평화문제연구소 | 99쪽(위) 옹진 참김으로 만든 상품; 조선사진가동맹 | 99쪽(아래) 랭정리 석굴 따는 어민들; 평화문제연구소 | 100쪽 옹진 바닷가 양식사업소; 평화문제연구소 | 102쪽 마산중학교; 평화문제연구소 | 104쪽 김금화; 국가유산청 무형유

산기록관

과일군

112쪽 자매도; 평화문제연구소 | 113쪽 오정천 전경; 평화문제연구소 | 119쪽 논벌리 전경; 평화문제연구소 | 124쪽(위) 풍천읍성 터; 평화문제연구소 | 124쪽(아래) 1천년 된 은행나무; 평화문제연구소 | 129쪽 과일군 인민병원; 평화문제연구소 | 133쪽 풍천식당; 평화문제연구소 | 135쪽(위) 송곡리 과수농장; 평화문제연구소 | 135쪽(아래) 덕안리 과수농장; 평화문제연구소 | 139쪽 과일군 기와공장; 조선사진가동맹 | 141쪽 과일농장 유치원; 평화문제연구소 | 142쪽(위) 조광래 고등중학교; 평화문제연구소 | 142쪽(아래) 과수연구소; 조선사진가동맹

순천시

152쪽 순천 시가지; 평화문제연구소 | 154쪽 순천갑문; 평화문제연구소 | 161쪽 동암동 동굴에서 출토된 화석들; 조선사진가동맹 | 162쪽 신암고인돌; 평화문제연구소 | 164쪽(위) 천왕지신무덤; 조선사진가동맹 | 164쪽(아래) 벽화 중 천왕 부분; 조선사진가동맹 | 167쪽 순천 도서관; 평화문제연구소 | 169쪽(위) 평리 농장; 평화문제연구소 | 169쪽(아래 왼쪽) 룡봉리 농장; 평화문제연구소 | 169쪽(아래 오른쪽) 담배농장; 평화문제연구소 | 172쪽 순천 메기공장; 조선사진가동맹 | 175쪽 순천 구두공장 과학기술보급실; 조선사진가동맹 | 177쪽 순천 제약공장; 평화문제연구소 | 178쪽 순천 화학련합기업소; 조선사진가동맹 | 179쪽 순천 화력발전소; 조선중앙TV | 180쪽 순천 세멘트공장 전경; 평화문제연구소 | 181쪽 순천 린비료공장; 조선사진가동맹 | 183쪽 서문중학교; 평화문제연구소 | 185쪽 숭산스님; 조계종 화계사

사리원시

193쪽 사리원시 운하 주변 풍경; 평화문제연구소 | 198쪽 미곡리 봉산나무리벌; 조선사

진가동맹 | 202쪽 길성포; 평화문제연구소 | 205쪽 정방폭포; 평화문제연구소 | 206쪽 정방산성; 조선사진가동맹 | 211쪽 민속거리; 조선사진가동맹 | 213쪽(위) 성불사; 조선사진가동맹 | 213쪽(아래) 성불사 응진전과 5층석탑; 조선사진가동맹 | 215쪽 경암루 앞 봉산탈춤; 국립민속박물관 | 218쪽 미곡 협동농장; 조선사진가동맹 | 219쪽 사리원 과수농장; 조선사진가동맹 | 222쪽 사리원 대성타올공장; 조선사진가동맹 | 223쪽 사리원 방직공장; 조선사진가동맹 | 224쪽 사리원 학생신발공장; 조선사진가동맹 | 225쪽 사리원 기초식품공장; 조선사진가동맹 | 227쪽 사리원 뜨락또르부속품공장; 평화문제연구소 | 229쪽 경암소학교; 평화문제연구소 | 232쪽 강건대학; 평화문제연구소

원산시

243쪽 원산시 전경; 조선사진가동맹 | 250쪽 원산항; David Stanley | 252쪽(위) 명적사 대웅전; 조선사진가동맹 | 252쪽(아래) 명적사 대웅전 문조각; 조선사진가동맹 | 259쪽 송도원 국제소년단 야영소; 조선사진가동맹 | 260쪽 송도원 돌불고기; 조선사진가동맹 | 262쪽 원산 갈마해안관광지구; 조선사진가동맹 | 266쪽 원산 양어사업소; 조선사진가동맹 | 267쪽 원산제염소; 조선사진가동맹 | 270쪽 송도원 종합식료공장; 조선사진가동맹 | 271쪽 원산 구두공장; 조선사진가동맹 | 275쪽 원산육아원과 원산애육원; 조선사진가동맹 | 276쪽 원산 농업대학; 조선사진가동맹

세포군

287쪽 세포고원 방목장; 평화문제연구소 | 297쪽 성산원; 조선사진가동맹 | 299쪽 삼방약수; 조선사진가동맹 | 300쪽 삼방협곡 입구; 조선사진가동맹 | 301쪽 삼방폭포; 평화문제연구소 | 302쪽 삼방 료양소; 평화문제연구소 | 303쪽 세포려관; 조선사진가동맹 | 304쪽 참매; 조선사진가동맹 | 306쪽 세포군민발전소; 조선사진가동맹 | 309쪽 세포 조선소; 평화문제연구소 | 312쪽 세포지구 축산기지 방목장; 조선사진가동맹 | 313쪽 세포지구 사료 관리장; 조선사진가동맹 | 315쪽 삼방중학교; 평화문제연구소 | 316쪽 세

포 문화회관; 평화문제연구소

고성군

325쪽 겨울 금강산; 평화문제연구소 | 326쪽 비봉폭포; 조선사진가동맹 | 327쪽 비로봉의 해돋이; 조선사진가동맹 | 330쪽 남강 참대밭; 평화문제연구소 | 333쪽 금강산청년역; 조선사진가동맹 | 335쪽 신계사 3층탑; 조선사진가동맹 | 338쪽 발연사 무지개다리; 조선사진가동맹 | 339쪽 겸재 정선의 〈금강전도〉; 리움미술관 | 340쪽 천선대; 조선사진가동맹 | 343쪽 금강산온천; 평화문제연구소 | 344쪽 구룡폭포; 조선사진가동맹 | 345쪽 옥류동의 가을; 조선사진가동맹 | 346~347쪽 해금강문; 조선사진가동맹 | 348~349쪽 삼일포; 조선사진가동맹 | 351쪽 해금강 솔도; 조선사진가동맹 | 352쪽 고성 참대밭; 평화문제연구소 | 353쪽 창터 소나무림; 조선사진가동맹 | 354쪽 삼일포리 단풍관; 평화문제연구소 | 355쪽 해삼탕; 조선사진가동맹 | 356쪽 고성군민1호발전소; 조선사진가동맹 | 359쪽 수산사업소 노동자들; 평화문제연구소 | 361쪽 금강산 샘물공장; 평화문제연구소 | 362쪽 '화원' 벌풀꿀; 조선사진가동맹 | 363쪽 온정리 유치원 아이들; 평화문제연구소 | 365쪽 '금강호' 첫 출항; 현대아산 | 366쪽 고성군 송지호의 바람, '다시 잇다, 다시 있다'; 고성군청

만든 사람들

- **전국남북교류협력 지방정부협의회**

  대한민국의 새로운 도약과 한반도 평화 정착을 바라는 전국 시군구 지방자치단체장의 정책 협의를 위하여 구성된 협의회.
  지방자치단체 차원에서 남과 북의 교류를 촉진하고, 이러한 상호 소통과 교류를 통해 민족 화해와 협력에 이바지함을 목적으로 한다.

- **북한지리지 편찬실**

  자문

  이남주(李南周) | 성공회대 인문융합콘텐츠학부 중어중국학전공 교수
  유경호(劉景鎬) | 서울 숭실고등학교 (前) 교사
  이경수(李環洙) | 서울대학교 한국정치연구소 선임연구원
  이주성(李柱成) | 남북협력민간단체협의회 사무총장
  함보현(咸普賢) | '법률사무소 생명' 대표 변호사

  집필과 제작

  김기헌(金基憲) | 북한학, 연구
  남우희(南祐姬) | 연구, 집필, 편집
  박소연(朴昭娟) | 연구, 집필
  선우정(宣友正) | 연구, 디자인
  유경호(劉景鎬) | 지리교육학, 연구
  정숙경(丁淑鏡) | 연구, 집필
  황주은(黃住恩) | 도시행정학, 연구

  행정 지원

  이재상(李在祥) | 남북경제문화협력재단 사무처장
  이황미(李黃美) | 남북경제문화협력재단 운영팀장

남북교류협력을 위한

북한지리지 2

— 해주시, 옹진군, 과일군, 순천시, 사리원시, 원산시, 세포군, 고성군

ⓒ 전국남북교류협력 지방정부협의회, 2025
ⓒ 남북경제문화협력재단 북한지리지 편찬실, 2025
ⓒ 내숲, 2025

펴낸날 2025년 2월 25일

기획	전국남북교류협력 지방정부협의회
집필	남북경제문화협력재단 북한지리지 편찬실

펴낸곳	내숲
출판등록	2024년 3월 12일 제2024-000005호
주소	(01193) 서울시 강북구 삼양로 27길 80
팩스	0508-927-8106
전자우편	sfpc2024@naver.com

ISBN	979-11-991138-2-4 04980

이 책에 수록된 내용(글, 지도, 디자인 등)은 모두 저작권이 있습니다. 전체 또는 일부분을 사용하고자 할 때는 먼저 저작권자로부터 서면으로 된 동의서를 받아야 합니다.